VANHAVÉRE1980

GUSTAVE LARROUMET

Membre de l'Institut

VERS ATHÈNES

ET

JÉRUSALEM

JOURNAL DE VOYAGE EN GRÈCE ET EN SYRIE

PARIS
LIBRAIRIE HACHETTE ET Cie
79, BOULEVARD SAINT-GERMAIN, 79

1898

VERS ATHÈNES

ET

JÉRUSALEM

OUVRAGES DU MÊME AUTEUR

PUBLIÉS PAR LA LIBRAIRIE HACHETTE ET Cie

Marivaux, sa vie et ses œuvres, d'après de nouveaux documents, avec deux portraits; 3e édition. Un vol. in-16, broché. 3 fr. 50

Ouvrage couronné par l'Académie française.

La Comédie de Molière, l'auteur et le milieu; 4e édition. Un vol. in-16, broché. 3 fr. 50

L'Art et l'État en France. un vol. in-16, broché. 3 fr. 50

Études d'histoire et de critique dramatiques. Un vol. in-16, broché. 3 fr. 50

Études de littérature et d'art. Un vol. in-16, broché. 3 fr. 50

Nouvelles études de littérature et d'art. Un vol. in-16, br. 3 fr. 50

Études de littérature et d'art, troisième série. Un vol. in-16, broché. 3 fr. 50

Études de littérature et d'art, quatrième série. Un vol. in-16, broché. 3 fr. 50

Petits portraits et notes d'art. Un vol. in-16, broché. 3 fr. 50

Racine (*collection des Grands Écrivains français*). Un vol. in-16, avec un portrait, broché. 2 fr.

Coulommiers. — Imp. Paul BRODARD. — 1084-97.

GUSTAVE LARROUMET

Membre de l'Institut

VERS ATHÈNES
ET
JÉRUSALEM

JOURNAL DE VOYAGE EN GRÈCE ET EN SYRIE

PARIS
LIBRAIRIE HACHETTE ET Cie
79, BOULEVARD SAINT-GERMAIN, 79

1898

Droits de traduction et de reproduction réservés.

AVANT-PROPOS

Je réunis dans ce volume deux séries de lettres, la première, sur la Grèce, publiée en 1896 par le *Temps*, la seconde, sur la Syrie, publiée en 1897 par le *Figaro*. Aux cours des deux voyages qu'elles racontent, j'ai contracté de nombreuses obligations et je les mentionne chemin faisant. Je dois témoigner ici ma vive reconnaissance envers MM. Adrien Hébrard et Fernand de Rodays, directeurs des deux grands journaux parisiens qui ont bien voulu accueillir ces lettres et leur laisser une entière liberté.

Ces deux voyages m'ont conduit aux deux villes saintes de l'humanité, à Athènes et à Jérusalem, aux deux patries que tout homme formé par la civilisation moderne chérit après la sienne, aux deux sources de raison et de foi où se sont abreuvées son enfance et sa jeunesse. J'ai exprimé sincèrement les impressions de ce double culte, ressenties aux lieux mêmes qui l'ont inspiré.

J'ai apprécié sur place l'œuvre considérable et peu coûteuse, insuffisamment connue du grand public, que la France poursuit en terre hellénique. J'ai essayé de montrer son importance; je voudrais lui recruter beaucoup de partisans. En ce moment où les études classiques reçoivent chez nous de rudes assauts, une visite au pays d'où elles viennent procure une notion plus nette de ce que leur doivent l'Europe et la France. Les Anglais et les Allemands leur conservent une grande place. L'esprit d'initiative, de commerce, d'industrie et de colonisation que l'on veut ressusciter chez nous, n'a pas souffert chez eux, bien s'en faut, du soin avec lequel ils maintiennent la tradition gréco-latine.

Au moment où j'ai visité la Grèce, elle était à la veille d'une crise que personne, pas même les Grecs, ne croyait aussi prochaine et aussi terrible. Je ne me doutais guère, en voyant les petits soldats bleus parader avec leurs beaux fusils et les jolis evzones si fiers de leurs costumes romantiques, qu'avant un an ils seraient en ligne contre les Turcs et aussitôt écrasés. L'avant-garde de l'Europe a reculé devant la barbarie impénitente. La défaite des Grecs et la victoire des Turcs sont un double malheur pour la civilisation.

Certes, les Grecs ont été d'abord bien imprudents et bien fanfarons, puis singulièrement prompts à la déroute. Mais que d'excuses aux sentiments divers qui les ont poussés à la guerre! Que de circonstances atténuantes pour leur affolement devant l'ennemi! Par tout ce que nous savons déjà, ce que nous soupçonnons, ce que nous apprenons peu à peu, il est certain que, à tous les moments du conflit, l'Europe, soi-disant unie, en fait divisée par les plus étroites préoccupations de l'intérêt personnel, a fait de mauvaise besogne; le « concert » des puissances a tourné au profit de la Turquie.

Il semble aussi que la France, la plus ancienne amie de la Grèce, a suivi bien docilement l'action incertaine de l'Europe. Après les massacres d'Arménie, l'écrasement de la Grèce attriste profondément tous ceux qui détestent la barbarie et la cruauté, qui aiment la civilisation et la justice, qui ne croient pas que, même après 1870, la France, sous prétexte de recueillement et de prudence, doive abandonner son rôle historique. Un grand peuple ne vit pas seulement de sécurité, mais d'honneur.

Si j'avais visité la Grèce avant les événements que je rappelle, j'aurais développé les sentiments que je me contente d'indiquer ici. J'ai tenu, du moins, à marquer une date qui me dégage aux yeux des lecteurs.

En Syrie, notre situation est inquiétante; la France y a déjà perdu beaucoup de terrain et, si elle n'avise, il ne restera bientôt plus qu'un souvenir de son action glorieuse et bienfaisante en ce pays, si riche de passé et d'avenir. Tandis que les missions religieuses et l'Alliance française poursuivent avec ténacité leur œuvre de civilisation et d'expansion pour notre langue, véhicule de nos idées et servante de nos intérêts, notre action politique s'affaiblit chaque année. Il ne fallait pas ici d'expéditions coûteuses et sanglantes. Un peu de suite et de volonté y auraient suffi.

Pour la Syrie comme pour la Grèce, s'en prendre au gouvernement, c'est-à-dire aux divers ministères qui se sont succédé depuis la mort de Gambetta et de Jules Ferry, serait trop facile et manquerait de franchise. Ils ont suivi l'opinion; ils n'ont fait que ce que nous voulions; les Chambres les ont largement approuvés. Aussi devons-nous faire virilement notre examen de conscience, et puisque, dans la France libre, l'opinion est souveraine, l'éclairer, dans la mesure de notre information et de notre autorité, nous tous qui écrivons et parlons.

Mes deux voyages ont été très courts; j'aurais voulu les faire plus longs et étudier plus profondément les sujets si divers que j'effleure. En quittant après quelques heures l'île historique, le champ de fouilles, la cité vivante, la terre ou la mer délicieuses à contempler, j'ai souvent redit en moi-même, avec Maurice Barrès : « Beauté que je n'ai pas épuisée et que je ne reverrai plus.... » Mais on fait ce qu'on peut et je m'estime très heureux d'avoir pu prendre quelques semaines à mon labeur parisien et regarder moi-même, après avoir tant regardé par les yeux d'autrui.

Je souhaite donner à ceux qui me liront le désir de faire comme moi. Tout voyage est un affranchissement. Il y a dans le seul fait de quitter son milieu et de voir par un bout l'infinie variété des hommes, une nécessité d'inventaire de comparaison. Sur le profit moral que procure le voyage, je voudrais pouvoir transcrire les réflexions justes et fines par lesquelles Paul Bourget, le plus voyageur des écrivains français contemporains, « un mandarin cosmopolite », comme quelqu'un l'a appelé un jour, terminait ses *Sensations d'Italie*. J'y renvoie mon lecteur, comme à la meilleure préface de tout récit de voyage.

Ce profit individuel tourne au profit général et, de celui-ci, aucun peuple n'a plus besoin que le nôtre. Nous avons l'esprit aussi étroit que vif et la vue aussi courte que rapide. Nous sommes remuants et dociles, frondeurs et respectueux. Avec nos révolutions périodiques et la liberté complète de la presse, nous avons plus de maîtres, plus tracassiers et plus gênants, qu'aucun peuple d'Europe. La routine et les préjugés nous dévorent. Nous sommes casaniers; nous faisons consister le bonheur dans un bien-être mesquin et somnolent, émoustillé par les commérages, les petites vanités et les petites jalousies. Lorsque, par grand hasard, nous passons la frontière, nous emportons avec nous notre misérable esprit de blague vaniteuse. Il y a, dans l'esprit et les mœurs de la France, quelque chose d'infiniment doux, un charme supérieur à tout, qui, au retour, ressaisit et enchante celui qui a quitté la patrie. Mais que de défauts avec cela et qui seraient faciles à corriger avec des vues plus larges et plus fréquentes sur le dehors! Bien des fois, j'ai eu l'occasion de souhaiter, pour mes compatriotes, le sérieux, l'attention, la liberté d'esprit de l'Anglais, ou même de l'Allemand en voyage. Il est facile de plaisanter les Cooks; il vaudrait mieux leur emprunter ce qu'ils ont de bon, car ils en ont beaucoup.

Les deux voyages dont on va lire le récit étaient courts et peu coûteux. Bien des gens, occupés et peu fortunés, pourront les faire, car plusieurs entreprises en organisent chaque année de semblables. Ils y apprendront que la France et Paris ne sont pas tout l'univers, que la vie ne tient pas tout entière dans une sous-préfecture, ni même sur le boulevard, ni même au quartier latin. Lorsqu'un certain nombre de ses hommes de lettres, de ses journalistes, de ses professeurs, voire de ses députés, vont chercher chaque année au dehors un peu de liberté d'esprit, d'expérience et de comparaison, un pays s'en porte mieux.

G. L.

PREMIÈRE PARTIE

VERS ATHÈNES

VERS ATHÈNES

I

DE MARSEILLE A ITÉA

LE DÉPART. — LES PASSAGERS. — L'HELLÉNISME. — LA TRAVERSÉE. LA MER IONIENNE. — ITHAQUE.

En mer, 2 avril 1896

Le mistral attendait dimanche matin, à Marseille, les passagers du *Sénégal* et leur ménageait une déconvenue. Le navire était tout prêt au bassin de la Joliette, mais, avec ce terrible vent, il y aurait eu un sérieux danger à tenter la sortie du port. Tandis que des tourbillons de poussière roulaient sur la ville, de la Major à Notre-Dame-de-la-Garde, la mer moutonnait dru entre les îles et la pointe du Pharo. Le départ était fixé pour trois heures de l'après-midi. A ce moment, le commandant Rebufat faisait afficher, sur le pont, un avis informant les passagers que l'appareillage aurait lieu à la première embellie. Celle-ci était espérée pour six heures : le mistral tombe souvent au coucher du soleil. A six heures, il redoublait de violence et nous devions nous mettre à table, en nous résignant à prendre contre terre notre premier repas de mer.

On cause peu à bord le jour de l'embarquement. Chacun garde vis-à-vis de ses voisins la froideur qui est, en voyage, la forme suprême de la politesse. On s'étudie et on se réserve. Ici, pourtant, beaucoup se connaissent, mais, occupés à s'installer, ils n'ont pu se retrouver encore. Après le dîner, ils fraternisent sommairement et un petit nombre reste sur le pont. Le mistral glacé fait grelotter sous les plaids et les couvertures de voyage; on est fatigué d'une nuit en wagon. Le mieux est de dormir et l'on s'étend sur les couchettes étroites, où il faut se tenir à plat, comme une lettre dans son enveloppe.

Un second avis nous a prévenus que, peut-être, l'appareillage aurait lieu vers onze heures du soir. Je me réveille après un sommeil qui me semble long. Le navire est immobile et silencieux; aucun bruit de manœuvre et pas le moindre roulis. Je consulte ma montre; il est quatre heures et demie du matin. Je vais me rendormir, lorsqu'à un coup de sifflet le branle-bas commence à bord. C'est le départ! Chacun saute à bas de sa couchette et, bientôt, tout le monde est sur le pont. Le navire s'ébranle; avec une grande sûreté de manœuvre, il traverse le bassin, tourne la jetée et, longeant les îles du Frioul, gagne le large. A cinq heures et demie, Marseille a disparu derrière nous.

La mer est dure et ses effets ne tardent pas à se

faire sentir. Bientôt les fauteuils de la dunette se couvrent de paquets gémissants, d'où sortent des têtes pâles. C'est l'affaire d'un jour ou deux, si le vent continue. Il baisse, heureusement, à mesure que la journée s'avance et, dès demain, il n'y aura plus guère de malades. En vingt-quatre heures, l'apprentissage de la mer sera fait. Déjà, le soir du premier jour, presque tout le monde s'est montré à table.

Le *Sénégal* est un paquebot à hélice, âgé de quelque vingt ans, mais bon marcheur et bien aménagé. Si les cabines sont étroites et obscures, il a de beaux salons et offre de vastes espaces pour la promenade. Il emporte cette fois deux cents passagers de première classe, c'est-à-dire le double de ce qu'il peut contenir normalement, et le personnel est quelque peu ahuri. Mais, somme toute, le service est suffisant. La nourriture est copieuse : les Anglais ont imposé leurs habitudes à la Compagnie des Messageries maritimes, et on fait à bord cinq repas par jour, dont deux très solides.

Peu à peu, après avoir retrouvé ses amis, on se met en rapport avec les inconnus. Les présentations s'échangent; à la fin du premier jour, toutes les civilités sont faites. Le *Tour du Monde*, organisateur du voyage, a eu soin de faire remettre à chaque passager un livret de renseignements : itinéraire, vie à bord, programme des jeux olympiques, notes archéologiques, liste des passagers. Comment se répartissent les fervents de la Grèce qui ont répondu à son appel?

Ils comprennent des professeurs, des hellénistes et des archéologues — dont l'un, M. Salomon Reinach, nous a donné le plus complet de nos manuels d'antiquités, et un autre, M. Monceaux, a publié avec M. Laloux un grand ouvrage sur les fouilles d'Olympie, — des artistes, des hommes de lettres, des magistrats, des prêtres, des officiers, des médecins, de jeunes ménages, des collégiens et un certain nombre de personnes de tout âge, sans indication spéciale. Toulouse a beaucoup donné, presque autant que Paris; Lyon, Lille, Orléans, Rouen, la plupart des grandes villes de France sont représentées. Nous avons aussi des professeurs allemands et suisses, un sénateur belge, M. Paul Janson, plusieurs de ses compatriotes, des Anglais. Enfin, un groupe d'athlètes, bicyclistes, coureurs, foot-ballistes et escrimeurs, qui vont concourir aux jeux olympiques. Ils n'ont pas encore revêtu le costume professionnel, mais ils sont reconnaissables, outre leur prestance, à quelques détails particuliers de coiffure ou de chaussure. Pour s'entretenir ou montrer leurs talents, ils grimpent dans la mâture et font des rétablissements sur les rembardes. Quelques Tartarins ont coiffé des chéchias rouges et des casques coloniaux, chaussé des guêtres de cuir ou des knuckleboots.

Au coucher du soleil, nous serons en vue de la Corse, et, à la nuit, nous entrerons dans les bouches de Bonifacio. En attendant ces deux distractions, on cause et on lit. Causeries et lectures ont la Grèce pour objet. MM. Reinach et Monceaux, très entourés, donnent obligeamment tous les renseignements désirables. Aux mains des liseurs, s'éparpillent les livres usuels de la bibliothèque hellénique. Je reconnais les volumes d'Edmond About, Belle, Gaston Deschamps, Diehl, et quelques ouvrages d'archéologie ou d'histoire : Croiset, Collignon, Laloux. La couverture bleue des guides Joanne alterne avec les rouges Bœdeckers. Même, quelques liseurs d'âge mûr feuillettent des livres classiques, comme la vénérable histoire grecque de Duruy. Nous entrerons demain dans les mers parcourues par Énée et Ulysse; nous franchirons le détroit de Messine, entre Charybde et Scylla, inoffensifs, mais toujours célèbres. Et j'aperçois un Virgile, voire un Homère, livres de classe, salis et tachés d'encre par des mains juvéniles, que des hommes faits ont emportés pour ce voyage. Les écoliers à tête grise, qui, jadis, apprenaient ces vers grecs et latins ou les copiaient en pensums, les relisent aujourd'hui entre un double mirage. Ils revoient leurs vieux lycées, et repassent les heures de leur lointaine jeunesse; ils rêvent à cette Grèce, nourrice de l'Europe, qu'ils verront dans trois jours, et dont le nom, avec ceux de leur pays, de la Judée et de l'Italie, est des premiers qu'ait retenus leur mémoire d'enfant.

Il y a là quelque chose de touchant et une piété de pèlerinage ennoblit ce groupe de touristes. Songez que, pour beaucoup d'entre eux, ce voyage est un sacrifice autant qu'un plaisir : il représente une assez grosse dépense, imputée sur l'épargne passée ou les économies futures. La pensée commune qui les anime n'est pas celle des simples Cooks. Il s'agit d'autre chose que de visiter en badauds des monuments ou des sites consacrés. L'attrait des jeux olympiques eux-mêmes est secondaire; s'ils étaient donnés ailleurs qu'en Grèce, ceux qu'ils attireraient ne sont pas les passagers du *Sénégal*. C'est la reconnaissance pour la pensée et la beauté antiques, entrevues à travers les ennuis du collège, qui a déterminé ceux-ci à entreprendre ce voyage. Hommes, ils sentent la grandeur de ce que, enfants, ils ont souvent méconnu. Formés par la vie, ils estiment à leur prix les exemples de vertu, de liberté et de courage que la Grèce et l'Italie ont légués à l'Europe et par lesquels le monde ancien continue l'éducation du monde nouveau.

Car le meilleur de l'âme moderne est formé par le legs de l'âme antique. Si, depuis Athènes et Rome, la terre s'est agrandie de tout le ciel, ce qui est d'énergie humaine prend encore son modèle sur les exemples anciens. Et l'Italie ne se comprend que par la Grèce. Pour nous Français, entre les peuples d'Europe, notre part dans la civilisation est de continuer le rôle d'Athènes et de Rome. La France est le troisième terme d'une évolution dont les deux premiers sont l'un grec, l'autre romain. Art, littérature, état social, politique, notre être et notre action plongent leurs racines et puisent leur sève dans le passé gréco-romain. Corneille et Racine s'expliquent par Sophocle et Euripide, Mirabeau par Démosthène et les Gracques; notre architecture et notre sculpture prolongent, depuis quatre siècles, l'antiquité retrouvée. Dès qu'elle fut sortie des ruines et des bibliothèques, nous avons recueilli l'âme antique. Plutarque a été longtemps notre bréviaire d'héroïsme. Nos politiques et nos généraux pensent et combattent encore avec la pensée et l'idéal qui sont nés au pied du Pnyx et dans la plaine de Marathon.

Le soir du départ, M. Monceaux fait sa première conférence hellénique. L'enceinte est étroite et incommode; de longues tables et des bancs massifs restreignent l'espace. Pourtant presque tous les passagers sont là, entassés les uns sur les autres; très peu sont restés sur le pont, quoique la soirée soit belle et que, déjà, le mistral glacé ait fait place à une brise tiède. Avec ces bancs et ces tables, sous la lumière diffuse des lampes, on dirait une classe mêlée. Tous les âges y figurent, de la première jeunesse à la vieillesse commençante. Quelques-uns des auditeurs sont assis par terre et beaucoup se préparent à prendre des notes. Un appareil Molteni est dressé et une toile blanche va recevoir les projections photographiques. A côté est la table du conférencier. M. Monceaux y prend place et ceux des officiers du bord, que la manœuvre laisse libres, se groupent derrière lui.

Au milieu d'une attention religieuse, le professeur parle d'Olympie. Avec une grande netteté et une simplicité parfaite, il expose l'histoire des fouilles et leur état actuel; il énumère et classe les ruines. A mesure que sa démonstration se poursuit, les monuments apparaissent sur la toile. L'écueil d'un tel sujet est dans sa trop complète connaissance, car il est vaste et personne ne le connaît mieux que le conférencier. Celui-ci pourrait se faire honneur de son érudition et il a le bon goût de ne pas même indiquer que, en France, l'historien d'Olympie, c'est lui-même. Cette causerie dit tout l'essentiel et rien de plus. En une heure, M. Monceaux a fait l'histoire, la topographie et la description des ruines. Savant et spécialiste, il s'est mis à la portée de son auditoire composite et l'a pleinement satisfait.

Le lendemain soir, devant le même auditoire, toujours aussi nombreux, la conférence est consacrée à Delphes. Ici, l'exposition est plus malaisée, car il n'y a pas de photographies à projeter. Pour des raisons de priorité et dans l'intérêt de la publication scientifique, la commission des fouilles de Delphes a interdit de prendre des vues. La leçon n'en est pas moins claire, et les développements se laissent suivre avec la même facilité que la veille.

Le conférencier nous parle aussi du Péloponèse, que nous n'aurons pas le temps de voir. Il fait défiler et commente Mistra, l'ancienne Sparte, ses ruines françaises et son église romano-byzantine, le Taygète et ses *langadas*. Puis, c'est un petit cours d'architecture et de sculpture primitives, utile préparation aux visites d'Olympie et de Delphes, où nous trouverons des œuvres de la même époque. Sur la toile blanche paraissent les étranges statues de l'ancienne acropole d'Athènes, avec leurs jambes engainées, leurs gestes raides, leurs vêtements à plis droits, leur chevelure moutonnante, leurs yeux obliques et le sourire étrange qui met un mystère dans ces faces mutilées.

Pendant les trois jours de navigation qui nous conduiront de Marseille aux côtes de Grèce, nous n'aurons pas d'autre distraction que ces causeries. Le premier soir, les jeunes gens et les jeunes filles ont un peu dansé. Le second, la femme d'un des organisateurs du voyage, Mme Fontaine, s'est mise au piano; avec beaucoup de justesse et de force, elle a chanté un air de *Samson et Dalila*. C'est tout. Dans le programme primitif, nous devions traverser les bouches de Bonifacio, le lendemain du départ, à sept heures du matin, et le détroit de Messine, le troisième jour, à midi. Les quatorze heures perdues à Marseille ont fâcheusement modifié ce projet. Nous sommes arrivés devant Bonifacio à la nuit tombante et, des côtes corses, longées à grande distance, nous n'avons vu que des profils indistincts. Il fait tout à fait sombre lorsque le *Sénégal* s'engage dans le détroit, et nous n'apercevons que des silhouettes de montagnes, piquées par les feux blancs et rouges des phares. L'un de ces feux est celui de l'îlot Lavezzi, où la *Sémillante* se perdit corps et biens pendant la guerre de Crimée. Nous aurions voulu saluer de loin le petit cimetière où dorment, bercés par la mer, les marins et les soldats français. Un officier du bord raconte le drame avec une précision de termes qui fait frissonner ses auditeurs. Il les rassure en leur expliquant qu'un pareil sinistre n'est plus à craindre avec un navire à vapeur, surtout tel que le *Sénégal*!

La nuit et la journée de navigation qui nous séparent du détroit de Messine se passent sans autre incident qu'un orage violent au milieu du jour. Une trombe se forme vers l'ouest et nous espérons assister au phénomène. Elle se dissipe à peine formée et le ciel redevient bleu, d'un bleu doux et pâle, qui n'annonce pas encore la Grèce et l'Orient. Il se couvre de nouveau, vers le coucher du soleil, au moment où nous arrivons en vue d'Alicudi, la première et la plus petite des îles Lipari. Bientôt Stromboli paraît au loin, sur la gauche du navire. Les éruptions intermittentes de la montagne volcanique se succèdent de dix minutes en dix minutes. Une lueur rouge illumine brusquement le sommet de la montagne, dure une trentaine de secondes et s'éteint. Le phénomène se reproduit une dizaine de fois dans la nuit déjà noire. Comme pour compléter ce spectacle, la mer est phosphorescente. Ainsi, dans ces parages dont le feu souterrain travaille incessamment le fond, les flots eux-mêmes semblent jeter la flamme. A l'avant, le navire émiette un cristal diamanté; à l'arrière, il déroule un manteau de velours semé de pierreries.

Après dîner, nous sommes à l'entrée du détroit de Messine. Au moment où le *Sénégal* s'y engage, une pluie diluvienne commence. Elle va durer jusqu'à minuit. Cependant, tout le monde reste sur le pont pour voir le détroit. On s'abrite comme on peut, sous la saillie de la dunette et la tente ruisselante. Hélas! le voile d'eau permet à peine de distinguer les vagues silhouettes de l'Italie et de la Sicile. Bientôt cependant, à droite, une longue ligne de feux indique les quais de Messine. Ce n'est pas, sous cette cataracte et dans ce noir d'encre, la Messine que Banville, sans l'avoir vue, décrivait joliment en deux vers chimériques :

> Messine est une ville étrange et surannée
> Que baigne en son azur la Méditerranée.

Une demi-heure après, à gauche, voici les lumières de Reggio, ramassé sur lui-même. Vers minuit, nous doublons le cap Spartivento, « l'éparpilleur des vents », et nous entrons dans la mer Ionienne.

Le lendemain, nous voguons toute la journée par une mer calme, une brise tiède et un ciel clair. On cause et on lit; le pont est un salon-bibliothèque. Vers trois heures, nous arrivons en vue de Céphalonie. C'est la Grèce! Comme par enchantement, la mer se colore tout à coup d'un vert d'émeraude. Par contraste, le ciel se couvre et le vent fraîchit. C'est grand dommage. Le continent hellénique commence à se dessiner dans le lointain. Ses montagnes sont d'une grande pureté de lignes. Sous le soleil elles doivent être radieuses. A cette heure, elles sont ternes et mornes. Attendons le grand magicien qui transfigure tout. Le navire passe entre Céphalonie et Leucade, près du fameux *saut*, dont la falaise rougeâtre se profile à l'horizon et, soudain, à droite, surgit un pic aride, pelé, brûlé par le vent et le soleil. C'est Ithaque.

Ainsi vue par la pointe, l'île paraît toute petite et parfaitement stérile. Elle inspire beaucoup d'admiration pour le patriotisme d'Ulysse qui la préférait aux pays les plus enchantés. J'ai l'*Odyssée* à la main, dans la traduction de Giguet, qui me fut jadis donnée en prix, et je lis : « J'habite la riante Ithaque; autour, la mer est parsemée d'îles voisines les unes des autres, toutes du côté de l'aurore et du soleil; Ithaque, la plus humble, s'en éloigne, et, la dernière, sort des flots, du côté des ténèbres. Apre contrée, mais nourricière d'une vaillante jeunesse, nulle terre ne me semble plus douce. Deux déesses me désirèrent pour époux, mais elles ne purent fléchir mon cœur, tant sont puissants et doux les souvenirs de la famille et de la patrie. » Aucun toit ne fume sur les pentes de l'île et il semble que, depuis les temps héroïques, elle ait perdu ses habitants.

Mais, la pointe doublée, le spectacle change. Les montagnes moins abruptes commencent à se couvrir de vignes, d'oliviers et de pins. C'est bientôt un paysage tout grec, ni riche ni pauvre, d'une fertilité moyenne, mais varié et équilibré, avec le contraste des cultures riantes et la masse sévère des montagnes. Des villages nichent dans les plis de terrain. Des moulins à vent hérissent les cimes. Voici, tout au bord de la mer, une bande verte qui doit être une prairie. On s'étonne que, dans l'*Odyssée*, Télémaque refuse les chevaux que lui offre Ménélas, sous prétexte qu'il ne pourrait pas les nourrir dans la sèche Ithaque : « Tu règnes sur de vastes plaines, où le lotus et le souchet marécageux croissent en abondance, où foisonnent le froment, l'épeautre et l'orge. Il n'y a point, dans ma patrie, de prés ni d'espace pour les chars. Elle ne nourrit que des chèvres et elle est plus agréable que des pâturages à chevaux. » Même sous un ciel sans lumière, la patrie d'Ulysse est une entrée digne de la Grèce. Son aspect robuste et gracieux ressemble au héros qui l'a immortalisée. Elle aussi résume les traits dominants de la nature grecque.

Nous longeons l'archipel des îles multiples qui s'égrènent sur les côtes d'Acarnanie. Elles s'enfoncent dans le crépuscule, rosées et bleuissantes sous un rayon du soleil couchant, qui perce les nuages au moment de disparaître derrière Ithaque. Nous entrons dans le golfe de Patras. Demain, au lever du jour, nous aurons traversé celui de Corinthe et nous mouillerons devant Itéa, le port de Delphes. Ma prochaine lettre vous dira notre visite au sanctuaire d'Apollon.

II

DELPHES

ITÉA. — AGOYATES ET SOLDATS. — LA MONTÉE DE DELPHES; LE BERGER. — LA VALLÉE DE DELPHES ET LE CHAMP DES FOUILLES. — AU THÉATRE. — AU MUSÉE. — LA DESCENTE.

Itéa, 3 avril

Elle a été singulièrement dure notre première journée en Grèce, mais comme nous sommes payés de nos peines! Nous emportons d'ici un souvenir inoubliable, et aucun de nous ne regrette la fatigue de ce début.

A quatre heures, ce matin, nous étions en vue d'Itéa. A notre droite, la double cime du Parnasse, couverte de neige, brillait dans la nuit. De la côte, une flottille de barques venait vers notre navire, sur la mer calme comme un lac de Suisse. Avec ces hautes montagnes, cette bande de plaine entre le rivage et les premières pentes, cette nappe d'eau capricieusement découpée par les sinuosités du rivage, l'aspect du paysage rappelait tout à fait le lac des Quatre-Cantons. En une demi-heure, tous les passagers étaient rendus au port. Cent cinquante chevaux, mulets ou ânes et une dizaine de voitures étaient rangés au bout d'une petite jetée de bois. Les hommes se hissent en selle, les dames montent en voiture, et notre troupe se met en marche, bariolée et bruyante, semant à travers la campagne les sonnailles, les rires et les chants, tranchant par ses couleurs vives sur le vert tendre des feuillages. Jamais, depuis les jours où florissait le culte d'Apollon, aussi nombreux cortège n'avait suivi ce chemin.

Nous traversons une riche plaine couverte de vignes et d'oliviers. C'est la plaine de Krissa. On s'est, jadis, beaucoup battu pour sa possession. Elle fut le théâtre et l'enjeu de la *Guerre sacrée.* Elle est peuplée et les passants n'y sont pas rares. En voici même d'un aspect tout oriental : une famille de chameaux, les parents à la démarche comiquement solennelle, les petits espiègles et sautillants.

Une bonne route monte d'Itéa vers Delphes. Mais elle est longue. Tandis que les voitures la suivent, les cavaliers prennent un sentier plus direct. Il est dur et raide dès l'abord; bientôt il devient abrupt et inquiétant. Couvert de cailloux ronds, que hérissent des roches pointues, il ne semble praticable que pour les chèvres. Avec une merveilleuse sûreté de pied, guidées à la voix par leurs maîtres qui les précèdent, nos montures le gravissent aisément. Bientôt, nous regardons d'un œil rassuré les abîmes que nous longeons et l'aspect général de la chaîne.

Ces montagnes de Phocide sont d'une beauté terrifiante et l'on comprend que l'imagination grecque en ait fait le séjour d'une divinité redoutable. Noires d'une végétation courte, sous laquelle paraît par larges plaques la roche blanche ou rouge, elles sont parsemées de blocs énormes, semblables à d'immenses projectiles, lancés par des géants. Tout à l'heure, c'était la Suisse. Maintenant, c'est le chaos qui précède, dans les Pyrénées, le cirque de Gavarnie. Par delà les premières cimes, se hérissent des cimes plus hautes, dominées par le Parnasse, qui paraît et disparaît à travers les dentelures de la chaîne.

Nous avons avec nous autant de guides que de montures, car chaque propriétaire, l'agoyate, conduit sa bête. Dans ce coin reculé, le costume national persiste encore. Il y a bien, çà et là, quelques complets verdâtres, des chapeaux melons ou canotiers, mais les fustanelles et les capes, les jambières et les calottes l'emportent de beaucoup. Tout cela est horriblement sale et la couleur primitive des étoffes, blanche, bleue ou rouge, se devine à peine sous une couche épaisse de crasse et de boue. Pourtant, ces loqueteux n'ont rien de laid ni de banal. Le voisinage de la nature et la simplicité de l'existence les ennoblissent et les embellissent.

De distance en distance, sous les oliviers de la plaine et aux tournants du sentier, des soldats sont postés par groupes de quatre ou cinq, plutôt, paraît-il, pour nous faire honneur que pour nous protéger, car on nous affirme que le pays est sûr. Il paraît, cependant, que, ces derniers mois, il y avait encore des brigands dans la montagne de Delphes. Admettons que c'étaient les derniers. Ces soldats, eux aussi, sont mal tenus. Leurs pantalons gris ont des trous et leurs capotes bleues sont aussi sales que les fustanelles des montagnards. Quelques-uns, au lieu du soulier d'ordonnance, portent la chaussure nationale, large et pointue, avec une houppette de laine au sommet. Tenue à part, ces petits hommes, secs et basanés, ont l'air militaire.

A un détour du chemin, un cri d'admiration court le long de la colonne. Appuyé sur un long bâton à bec recourbé, un berger profile sur le ciel une silhouette sculpturale. Maigre, barbu et bazané, vêtu d'une peau de mouton, il nous regarde, sans étonnement, une singulière noblesse dans l'œil. Se voyant admiré, il accentue sa pose, les deux mains sur le sommet de son bâton, la jambe droite en avant et la tête appuyée sur l'avant-bras. C'est une vision d'*Œdipe roi*, l'apparition d'un des bergers qui percèrent les pieds du fils de Laïus et l'exposèrent sur le Cithéron.

Nous traversons Chrisso, l'ancienne Krissa. C'est aujourd'hui un pauvre village accroché à mi-hauteur de la montagne. Tous les habitants sont sur la route, aux fenêtres, sur les balcons. Ils ont pavoisé leurs maisons de drapeaux grecs et français. A l'entrée du village, une inscription nous souhaite la bienvenue. Nous échangeons des saluts, des Καλ' ἡμέρα! « Bonjour! » des Ζήτω ἡ Ἑλλάς! et des Ζήτω ἡ Γαλλία! « Vive la Grèce! » et « Vive la France! »

Enfin, après deux heures de montée, voici Kastri, le nouveau Kastri, reconstruit par la France tout près de l'ancien, qui couvrait l'emplacement de Delphes. Cette dépossession ne s'est pas faite sans difficultés. Il a fallu chasser de force les habitants de leurs pauvres maisons. Aujourd'hui, largement indemnisés, ils se trouvent au mieux dans les nouvelles. Eux aussi ont fabriqué des drapeaux et nous saluent au passage.

Lorsque les Gaulois vinrent piller Delphes, ils montaient du côté opposé au nôtre, par la route de Béotie, et la vue du sanctuaire, avec ses temples en amphithéâtre, ses statues de bronze, ses colorations éclatantes les frappa d'admiration. Nous ne voyons d'abord, nous, que des rochers grisâtres, parsemés de pierres informes. C'est le champ des fouilles, à l'entrée duquel nous attend le directeur de l'École française d'Athènes, M. Homolle. Bientôt, nous allons éprouver un étonnement aussi vif que celui de nos pères, quoique différent.

D'abord le site. C'est une gorge étroite et profonde, avec une échappée de vue sur un horizon lointain de montagnes et de vallées. Tout le caractère de la contrée, depuis Itéa et Chrisso, se concentre ici. Des rochers à pic dominent la vallée. Ce sont les roches Phœdriades, « les brillantes », ainsi nommées de l'éclat aveuglant qu'elles offrent sous le soleil d'été. Aujourd'hui, le ciel est voilé; des nuages noirs roulent sur nos têtes et des vapeurs blanchâtres montent des bas-fonds. Parfois, cependant, le soleil paraît, et ces contrastes d'ombre et de lumière font ressortir la beauté forte et triste du paysage. A notre gauche, une profonde coupure arrête la muraille de rochers, et, du sommet, tombe en cascade la fontaine de Castalie.

Au pied des roches Phœdriades, sur la pente de la montagne, s'étagent les ruines. Du point où nous les apercevions d'abord, elles ne nous disaient pas grand'chose et toute notre curiosité était pour le pays. Cela va changer. Conduits par M. Homolle, nous nous engageons sur la voie sacrée, dont le dallage est ininterrompu. Notre guide nous décrit les processions antiques qui montaient ce chemin en chantant, après s'être purifiées à la fontaine de Castalie. Nous voici au pied d'un mur, construit en blocs énormes. C'est un mur pélasgique; il formait l'enceinte du sanctuaire. Dès lors, nous défilons entre les restes de monuments qui racontent toute l'histoire grecque. Elle se résume dans cet espace étroit, avec ses grandeurs, ses noms illustres, son patriotisme de race, ses haines acharnées de peuples. Voici, à droite, le monument des Lacédémoniens, élevé par Lysandre, après la victoire d'Ægos-Potamos. Juste en face est le monument élevé par les Athéniens, en mémoire de Marathon. Ainsi les deux villes qui se disputaient l'hégémonie de la Grèce attestent leur rivalité, front contre front, avec une provocation jalouse. Des deux côtés de la voie sacrée, l'affirmation de la grandeur d'Athènes fait pendant à la marque de son abaissement.

Puis, c'est le monument de Tégée, et le piédestal sur lequel se dressait la statue de Philopœmen; ensuite, les deux monuments circulaires, consacrés par Argos, en souvenir de sa victoire sur

Lacédémone. Ainsi, partout des rivalités privées subsistant dans le sanctuaire de la patrie commune; partout l'antagonisme des cités représenté par celui des monuments. Tous ces murs, toutes ces bases, sont couverts d'inscriptions.

La montée ménage ici un premier palier et la voie sacrée fait un coude. Alors commence la série des *trésors*, petits temples où les villes conservaient leurs offrandes, monuments d'orgueil et de piété. Sicyone, Cnide, Thèbes, Potidée, Syracuse, Athènes, avaient chacune le leur. Celui de Cnide offre un tel fini d'exécution qu'il est comparable au seul Erechtéion d'Athènes. La frise et le fronton sont retrouvés; nous les verrons tout à l'heure dans le musée provisoire, élevé sur le flanc de la montagne. Leurs sculptures sont d'un art sobre, un peu sec, mais d'une finesse et d'une fermeté nerveuses. Le trésor des Athéniens, qui couronne le premier tournant de la voie sacrée, contenait la dîme du butin fait à Marathon et, sur une large marche d'escalier, les lettres Μ Α Ρ Α Θ, colossales et espacées, très pures de forme, se lisent avec la même netteté que si elles étaient gravées d'hier.

A gauche, se dresse un rocher noirâtre, qui semble arrêté en équilibre sur la pente. C'est la première pierre de la Sibylle, le plus ancien monument du culte célébré en cet endroit. La prophétesse rendait ses oracles du haut de ce rocher, avant l'établissement du culte pythien.

Un second mur pélasgique sert de soubassement à la terrasse du temple d'Apollon, au-devant duquel s'étend l'aire des processions. C'est ici, selon la légende, que le dieu vainquit le serpent Python. De ce palier, le regard embrasse la succession des édifices qui s'échelonnaient sur la pente de la montagne. Avec le souvenir de l'*Ion* d'Euripide, l'ancien Delphes revit dans sa splendeur, lorsque, au jour levant, Phoibos versait la lumière sur sa ville. La fumée de la myrrhe montait vers le ciel; les prêtres arrosaient le parvis avec des vases d'or, le balayaient avec des branches d'olivier et écartaient à coups de flèche les oiseaux attirés par la chair des victimes. Ici, pour les anciens Grecs, était le centre de la terre, le nombril du monde, marqué par la pierre blanche, sur laquelle Oreste suppliant vint s'asseoir, poursuivi par les Euménides.

Sur l'aire du temple est un autre monument des Athéniens, et, par là, s'atteste encore l'énorme place qu'Athènes, au temps de sa puissance, s'était attribuée dans le sanctuaire. En revanche, après la guerre Sacrée, les Phocidiens, longtemps maîtres du pays et du temple, ont durement expié leur domination. Vaincus, ils ont dû payer une amende énorme et leurs inscriptions ont été martelées. Les comptes de cette amende viennent d'être retrouvés et ces inscriptions mutilées se voient sur les murs, toutes fraîches, semble-t-il, de l'effacement.

Autour du temple étaient le monument de Gélon, en souvenir de sa victoire d'Himère sur les Carthaginois, et le lion d'Alexandre, avec des œuvres de Bion et de Lysippe, disparues sans laisser d'autres traces que leurs bases. Nous reconnaissons l'ἄδυτον, le sanctuaire suprême, où coulait la fontaine Kassotis, dont les eaux donnaient la vertu prophétique. C'est là que la Pythie s'asseyait sur le trépied, au-dessus d'une fissure du rocher, d'où sortaient des exhalaisons enivrantes. Un tremblement de terre a bouché la fissure et elle n'a pu encore être dégagée.

Enfin, soutenu par un mur énorme et dominant la succession des temples échelonnés, venait le théâtre. Il est complètement déblayé et l'œil embrasse ses trente-cinq rangs de gradins. Ils sont en parfait état de conservation, de même que le pavé de l'orchestre. Le mur de scène a disparu. Quelle que fût son élévation, il ne pouvait cacher le panorama de montagnes que les spectateurs avaient devant les yeux. De leur place, ils dominaient les étages du sanctuaire et de la vallée de Delphes. Ainsi, la nature et l'art leur offraient un spectacle qui doublait la force de l'impression transmise par les vers des poètes. Une tragédie d'Eschyle, ou les hymnes en l'honneur d'Apollon, entendus en cet endroit, devaient surpasser tout ce que, depuis, l'art dramatique a pu produire sur les hommes assemblés.

Peu à peu, les touristes, disséminés à travers les ruines, sur les pas de MM. Homolle, Monceaux et Reinach, qui leur donnent des explications avec une complaisance inépuisable, se réunissent au théâtre et se groupent sur les gradins. A la prière de ceux qui l'avaient entendue pendant la traversée, Mme Fontaine consent à se placer sur la scène, devant l'emplacement de la θυμέλη, l'autel de Bacchos, et, d'une superbe voix de contralto, elle chante le *Noël païen*, de Massenet, et l'air d'*Orphée*, de Gluck : « Divinités du Styx ». L'acoustique est parfaite ; la double invocation aux dieux antiques monte, pure et sonore, entre les flancs de la montagne et vibre sur les temples. C'est la première fois, depuis deux mille ans, que leur culte est célébré en cet endroit. Pourquoi les frères Mounet ne sont-ils pas du voyage ? Avec quelques vers, ils nous auraient communiqué une émotion encore plus forte que celle des représentations d'Orange.

Des applaudissements enthousiastes remercient Mme Fontaine. Ils redoublent avec fureur, lorsque M. Homolle, qui s'était attardé avec quelques amis au temple d'Apollon, paraît dans l'orchestre. Peu à peu, à mesure que nous l'écoutions, en montant la voie sacrée, la grandeur de son œuvre, présentée par l'auteur, avec une simplicité parfaite, nous remplissait d'admiration. Vues d'en bas, dans leur masse confuse, les ruines nous disaient peu de chose. Visitées de près et en détail, elles nous ont révélé un intérêt et un prix inestimables. La religion et l'art de l'ancienne Grèce, dans tout leur développement, sont représentés ici par des monuments de première importance. Les cinq cent mille francs que la France a engagés dans cette entreprise ont donné des résultats au moins égaux au million dépensé par les Allemands à Olympie. On ne le sait pas assez dans notre pays, car le directeur de ces fouilles a négligé de leur faire de la réclame. La publication d'un ouvrage complet sur Delphes, après l'achèvement prochain des travaux, montrera l'importance des résultats.

Il est midi, et voilà quatre heures que nous parcourons les ruines. Nous avons grand'faim et nous descendons, avec empressement, vers un champ d'orge, au bord du ruisseau formé par la fontaine de Castalie, qui coule en cascatelle sur la pente raide. C'est là que le commissaire du *Sénégal* a fait porter les paniers de provisions pour le déjeuner. Au moment où le repas commence, la pluie se met à tomber. L'entrain et l'appétit n'en sont pas diminués. On s'abrite sous les oliviers sacrés, on ouvre les parapluies, on se couvre de manteaux. Ce repas, très copieux en son désordre, s'achève vite, car la pluie augmente rapidement. Bientôt, c'est une averse. On se presse d'autant plus de se rendre au musée.

Celui-ci est installé dans un hangar provisoire, au flanc de la colline, à gauche du champ de fouilles. Là, sont réunis les sculptures, les bronzes, les inscriptions, les fragments de toute nature ramenés au jour. Il y a, dans le nombre, beaucoup d'œuvres de premier ordre, toutes mutilées, mais plusieurs en bon état de conservation relative. Comme documents, il faut citer d'abord les deux hymnes à Apollon, restitués par MM. Weill et Théodore Reinach. Comme œuvres, toute l'histoire de l'art antique est représentée ici : l'exécution sèche et énergique des premiers temps, le faire nerveux des bonnes époques, l'exécution moelleuse des siècles suivants, les habiletés de l'école gréco-romaine. Nous admirons le grand fronton qui couronnait le monument de Cnide et la noble attitude de l'Apollon, au bras levé, le Sphinx des Naxiens, les sculptures athéniennes, la Dispute du Trépied, le Combat devant Troie, etc.

Ce sont là des fragments considérables, mais des fragments, sauf le Sphinx qui pourra être reconstitué en entier. Voici maintenant trois œuvres maîtresses qui ont plus ou moins souffert, mais dont l'ensemble subsiste. D'abord trois cariatides dansant. Accolées dos à dos, elles offrent une analogie frappante avec le groupe célèbre de Germain Pilon. L'auteur et la signification de l'œuvre sont inconnus. On peut supposer, à la vigueur robuste de ces jeunes filles et à leur tunique courte, que ce sont de jeunes Lacédémoniennes dansant la χαρίατις. Mais, assurément, c'est une des œuvres les plus exquises de l'art grec. Puis une statue d'homme d'un modelé vigoureux, dont le docteur Guinon, notre compagnon de voyage, admire beaucoup la vérité réaliste. Elle appartient à l'école de Lysippe et représente un athlète thessalien, dont une inscription retrace le nom et les exploits. La tête, avec ses yeux levés au ciel, offre une expression singulière de tristesse calme et comme de douleur résignée. Un délicieux Antinoüs a été une des découvertes capitales des fouilles. Les Parisiens ont pu voir, à l'École des beaux-arts, une photographie représentant le moment de la trouvaille, lorsque, au fond d'une tranchée, la tête et le buste de l'éphèbe sont sortis de terre et ont revu le soleil.

A mesure que la visite s'avance, notre émotion

devient très vive. Nous éprouvons une joie patriotique devant les résultats de l'œuvre si courageusement entreprise, poursuivie, menée à bien par des Français, à travers les difficultés locales, les jalousies, les ennuis et les obstacles de tout genre. Notre enthousiasme éclate après la narration, toujours sobre et modeste, que nous fait M. Homolle, sans oublier ses prédécesseurs, MM. Foucart et Wescher en 1860 et 1861, M. Haussoullier, en 1880.

Un triple ban salue les dernières paroles de M. Homolle. A ce moment, le démarque de Chrisso, M. le Dr Aristophanis Papaloukas, monte sur un piédestal antique et lit en grec le compliment de bienvenue que voici. Ses paroles sont traduites en français, après chaque phrase, par M. Condoléon, aide-éphore des fouilles et conservateur du musée :

France! C'est un nom grand et doux. Sur les ruines de Delphes, je salue, au nom du dème de Chrisso et de tout le pays, je salue de tout mon cœur les nobles et distingués enfants de la France. Oui, je dis, ô étrangers, bienvenus soyez-vous parmi nous. Les Hellènes n'oublient pas le passé et, lorsqu'ils se souviennent de tout ce que la France a fait pour la Grèce et pour l'humanité, les Grecs songent avec confiance à ce que la France pourra faire encore pour eux dans l'avenir. Les Grecs ont trois amours : l'amour de Dieu, l'amour de la Grèce et l'amour de la France, qui est pour la Grèce une grande sœur et une fidèle amie. Donc, Mesdames et Messieurs, vive la France et vive nos hôtes français!

Une acclamation unanime de Ζήτω ἡ Ἑλλάς! répond à M. Papaloukas. Pour remercier M. Homolle et le démarque, votre correspondant est hissé bon gré mal gré sur le piédestal d'où vient de descendre M. Papaloukas. Rappelant le sac de Delphes par les Gaulois, il voit dans les fouilles françaises une réparation de l'antique outrage. Les fils, en confessant l'erreur des pères, travaillent pour l'honneur de la Grèce et le bien de l'humanité. Ils ont gravi la montagne sacrée en écoliers et en pèlerins, l'âme pleine du souffle parti de ces sommets. Français et chrétiens, ils viennent saluer une autre patrie et confesser une autre foi. Ils apportent ici l'hommage d'une nation qui s'efforce de continuer l'œuvre de la Grèce et qui met son honneur dans ce rôle de disciple. Si l'oracle ne parle plus sur le rocher de Delphes, les restes du sanctuaire y racontent toujours le premier éveil de la pensée humaine, son élan vers le mystère et la poésie. A l'aurore du monde, le dieu de la lumière dissipait au pied du Parnasse les premières ténèbres et triomphait des premiers fléaux. Il continuait l'œuvre de Prométhée, libérateur du genre humain. Tant que les hommes auront conscience du passé de leur race, Delphes sera pour eux un objet de vénération.

M. Paul Janson, au nom de ses compatriotes belges et des étrangers présents, a voulu rendre hommage à la France et à son œuvre. Avec une éloquence chaleureuse, il rappelle les liens qui unissent son pays au nôtre. On parle français en Belgique; il réclame donc pour ce pays, où l'art européen déroule une de ses plus belles pages, le droit de s'associer au triomphe que des Français décernent en ce moment à ceux des leurs qui honorent leur patrie en servant l'histoire de l'art.

Et puis, voilà qu'une voix harmonieuse se fait entendre. Un félibre, M. Jourdanne, s'adresse au démarque et à M. Homolle dans la langue des troubadours. Ces paroles ailées et chantantes ont une parenté d'accent et de rythme avec la langue « aux douceurs souveraines ». L'orateur rappelle que le Midi de la France, de Marseille à Bordeaux, est une terre plus grecque que le Nord. Puisqu'il est admis que tout méridional est plus ou moins Marseillais, le Midi tourne cette raillerie en éloge et, comme Marseille, fille de Phocée, réclame l'honneur de son origine hellénique.

M. Homolle peut compter, et c'est là, je le crois bien, ce qui lui est le plus sensible, que les visiteurs de Delphes vont être en France les apôtres convaincus de son œuvre. Je répète qu'il a été trop modeste en tout ceci. Tandis que les fouilles d'Olympie étaient célébrées de manière retentissante, la publicité faite à celles de Delphes se bornait à quelques correspondances bien simples, au récit d'une visite fait par M. Georges Perrot, à une lecture de M. Homolle dans une séance publique de l'Institut, à quelques articles de revues spéciales et à une exposition de photographies et de moulages dans une salle de l'École des beaux-arts. On n'a pas encore mesuré l'étendue et l'importance des résultats obtenus.

Cependant la soirée s'avance et il faut songer au retour. La pluie est devenue torrentielle et nous sommes recrus de fatigue. Après un dernier regard sur la voie sacrée, nous remontons en selle. Le paysage est sinistre à cette heure, sous les nuages noirs qui couronnent les cimes. La descente commence, pénible et éparpillée. Il y a quelques chutes, mais leurs victimes sont arrêtées par les agoyates avant de rouler sur la pente. A sept heures du soir, nous pouvons enfin nous sécher et nous reposer à bord du *Sénégal*, où nous attendent un bon repas, de grands feux et nos couchettes. Nous sommes sur nos jambes ou à dos de mulet depuis seize heures!

Non seulement personne ne se plaint, mais l'enchantement est général. Malgré les meurtrissures que les selles grecques nous ont laissées sur le dos, la poitrine et le reste, malgré la pluie, nous ne regrettons pas que notre première journée en Grèce nous ait fait payer notre plaisir, ni même qu'elle n'ait pas été égayée par un ciel bleu. Phoibos n'a fait que se montrer au seuil de son sanctuaire, mais, pour sentir la profonde tristesse de ce site sauvage, il était bon de le voir sous une tempête, avec des éclairs et des grondements de tonnerre dans le lointain, comme aux jours où la Pythie prophétisait.

Cette nuit, le *Sénégal* va refaire en sens inverse la traversée du golfe de Corinthe et descendre la côte occidentale du Péloponèse. Demain, au point du jour, nous serons en face de Katakolo, le port de Pyrgos et d'Olympie. C'est de là que sera datée ma prochaine lettre.

III

OLYMPIE

PYRGOS. — EVZONES ET GENDARMES. — LE MUSÉE D'OLYMPIE ; L'HERMÈS DE PRAXITÈLE. — L'ALTIS ; LE TEMPLE DE ZEUS ; L'HÉRÉON ; LE STADE. — PRÉLUDE AUX JEUX OLYMPIQUES.

Katakolo, 3 avril

Nous avons dû, ce matin, nous lever d'aussi bonne heure qu'hier, à quatre heures, et c'est au petit jour que nous apercevons l'Élide. Notre navire a mouillé dans une baie large et profonde. La mer décrit une courbe régulière entre le cap Katakolo et une côte basse. Le pays qui s'étend devant nous n'a plus l'aspect sauvage de la Phocide. Il est plat et coupé de lagunes. L'horizon est formé de collines moyennes, aux formes élégantes, couvertes d'une riche végétation. Nous allons parcourir une de ces contrées les plus accessibles et les plus fertiles du Péloponèse.

Nous sommes encore tout raides de la chevauchée d'Itéa, et quelques-uns d'entre nous n'ont pu se décider à quitter leurs cabines. Pourtant, les barques du pays déposent sur la plage le personnel à peu près complet du *Sénégal*. Quelques pas nous mènent au chemin de fer. Un train spécial nous attend et, en vingt minutes, nous conduit à Pyrgos. Ici, il faut descendre et traverser la ville pour gagner une autre gare, celle du chemin de fer d'Olympie, où nous trouvons un nouveau train spécial.

Des drapeaux grecs et français flottent aux fenêtres et, aux deux gares, des vivats bien nourris nous saluent. Nous répondons par le Ζήτω ἡ Ἑλλάς d'usage. L'officier qui commande la gendarmerie de la ville se met à notre disposition. Ses bons offices seront purement honorifiques. Toute la journée, nous ne rencontrerons, sauf une tentative d'exploitation, que bienveillance et bienvenue.

Aux deux gares et à Olympie, des soldats sont en armes, comme sur la route de Delphes. Ils présentent le même aspect de saleté, à l'exception d'un peloton d'*evzones*, troupe légère, analogue à nos chasseurs à pied. Les evzones, seuls de l'armée grecque, portent le costume national. Ils ont la fustanelle, les hautes guêtres, la petite veste à manches flottantes, la calotte et la chaussure à bouffettes. Ils sont si jolis que les amateurs de photographie, fort nombreux dans notre troupe, demandent à quelques-uns de poser et les petits soldats s'y prêtent avec un plaisir visible. On voit au premier coup d'œil que le soldat grec, bien ou mal tenu, a beaucoup d'amour-propre. Hier, à la descente de Chrisso, par un chemin où il est déjà difficile de se tenir en équilibre, tandis que notre caravane, éreintée, descendait lentement à dos de mulets, un gendarme bondissait devant nous avec une agilité de chèvre et faisait de la fantasia, une fantasia à pied et sans poudre, mais il nous faisait expliquer par les agoyates que, si un aigle passait dans l'air, il l'abattrait à balle franche.

Mêlés aux jeunes evzones, svcltes et secs comme des cigales, circulent des soldats de police gros et gras, avec la robuste carrure de la quarantaine. Leur uniforme bleu de ciel et leur casque bavarois rappellent le temps du roi Othon. Personne n'a l'idée de leur demander leur image; mais, lorsqu'ils voient les evzones devant l'appareil, ils viennent spontanément se ranger auprès d'eux dans la position réglementaire du soldat sans armes, avec une correction et une raideur qui doivent être aussi un legs de l'ancienne dynastie.

De Pyrgos, nous sommes à Olympie en trois quarts d'heure. Depuis le lever du jour, des nuages lourds traînaient sur le ciel bas. Nous espérions qu'ils allaient se dissiper et qu'une seconde édition de la pluie de Delphes nous serait épargnée. Au moment où nous descendons de wagon, de grosses gouttes tombent et, bientôt, c'est un déluge. En face de la station, sur deux monticules, s'élèvent deux vastes édifices. L'un est un hôtel, l'autre le musée, où sont réunis les résultats des fouilles. Ruisselants et muets, nous gagnons le musée, la tête basse, sans rien voir que la terre jaune où nous enfonçons jusqu'à la cheville.

Tandis que le commissaire du *Sénégal* va demander

à l'hôtel une salle pour déjeuner à l'abri, nous entrons au musée. Le jour est mauvais et la pluie est la plus grande ennemie de l'enthousiasme. Pourtant, dès l'entrée, l'impression est si puissante qu'elle domine tout. Comme installation, ce musée est un modèle et fait grand honneur aux architectes allemands. Tout y est conçu pour la clarté et la facilité de l'examen. Aucun luxe d'architecture; rien qui détourne l'attention réservée aux seules œuvres. De vastes surfaces, peintes en rouge pâle ou foncé, de larges tables, des vitrines sans ornements. Comme disposition générale, celle du temple grec, avec les divisions consacrées : πρόναος, ναός et ὀπισθόδομος.

Le ναός ici est une grande salle centrale, ayant exactement les dimensions du temple de *Zeus olympios*, dont elle renferme les sculptures, rétablies dans leur ordonnance primitive. Des deux frontons, celui de l'est représente les préparatifs du concours de chars entre Pélops et Œnomaos. Malgré bien des mutilations, il est d'un grand intérêt pour l'histoire de la sculpture grecque. C'est encore, dans l'attitude des figures, la raideur archaïque, et, comme composition, une sorte de gaucherie puissante. Le fronton ouest représente le combat des Centaures et des Lapithes aux noces de Pirithoos. Il est d'un art plus avancé que l'autre, mais, avec plus de science, c'est la même force. La brutalité sauvage de la lutte et les passions diverses des personnages sont rendues avec une largeur et une franchise qui annoncent la maîtrise suprême de l'âge suivant. L'Apollon surtout, au centre de la composition, est superbe de majesté tranquille.

Contre le mur de fond se dresse la *Victoire* colossale de Pæonios, le sculpteur thrace. Elle était placée en avant du temple de Zeus, sur un piédestal, dont l'inscription retrouvée porte les noms de l'auteur et des donateurs. C'est une œuvre maîtresse et qui, par des mérites différents, égale notre *Victoire de Samothrace*. On peut reprocher à celle-ci un excès de mouvement et une légèreté quelque peu voulue; mais, en revanche, quelle envolée et quelle grâce! L'œuvre de Pæonios, plus tranquille et d'un sentiment plus grave, offre quelque lourdeur au milieu du corps. Ces deux victoires sont typiques dans un genre où les Grecs ont excellé, depuis la petite Victoire déliant ses sandales, que nous verrons à Athènes, au musée de l'Acropole, jusqu'aux figures colossales, comme celles du Louvre et d'Olympie. Ils aimaient à représenter ces messagères de gloire, prenant leur vol pour apporter à la patrie lointaine la nouvelle du triomphe. Celle du Louvre est debout sur l'avant d'une trirème; celle d'Olympie s'élance du sommet de l'Olympe. Toutes deux ont le corps jeté en avant et les vêtements collés au corps par le vent de la mer et des hautes cimes.

Derrière la grande salle, l'ὀπισθόδομος est réservé à l'Hermès de Praxitèle. C'est peut-être ici le plus parfait chef-d'œuvre de la sculpture grecque après Phidias. Dans cette figure charmante et forte, les diverses qualités de l'art grec atteignent un degré suprême d'équilibre, de puissance et de goût. M. Salomon Reinach se charge de le commenter. Il le fait avec une sûreté de science, une chaleur d'enthousiasme, une lucidité d'exposition qui transportent son auditoire. Des applaudissements répétés le remercient. Nous applaudissons beaucoup, depuis notre entrée en Grèce, avec une force et une conviction croissantes. Nous sommes fourbus et mouillés, mais l'impression de la beauté grecque et notre reconnaissance pour nos guides sont les plus fortes. D'autant que les spectacles vont croissant d'importance et d'intérêt. A Delphes, l'athlète et l'Antinoüs nous avaient fortement saisis. A côté de l'Hermès, ils s'écrouleraient. Pour l'importance totale, l'œuvre de Delphes égale celle d'Olympie, mais l'Hermès est un morceau unique. On ne peut en rapprocher que la Vénus de Milo. Celle-ci est l'apothéose de la beauté féminine; l'Hermès d'Olympie est le type souverain de l'éphèbe, de l'homme dans la fleur de la jeunesse, de la force et de l'élégance viriles. Un lit d'argile l'a protégé pendant des siècles. L'expression de cette tête et le modelé de ce torse sont intacts. Le marbre a conservé la teinte dorée que le soleil de Grèce dépose sur le paros. Malheureusement, le bras droit et les jambes manquent. Celles-ci ont été remplacées par une restauration allemande, singulièrement malheureuse. Grâce à elle, ce corps divin semble cagneux.

Au dehors, la pluie continue, copieuse et régulière. Du péristyle, nous regardons avec envie et crainte un vallon qui s'étend au pied d'une colline boisée, le mont Kronios, entre le lit d'un torrent, le Cladeus, et un fleuve respectable, l'Alphée, le plus sérieux de la Grèce, qui, aujourd'hui, roule de vrais flots. C'est le champ de fouilles. Le Joanne de l'antiquité, Pausanias, nous prévient que, en tout temps, la vallée d'Olympie « est un endroit humide ». Nous songeons que, par un temps pareil, ce doit être un marécage et que nous y serons les pieds dans l'eau et la tête sous la pluie. La curiosité et le sentiment que l'occasion manquée ne se retrouverait plus sont les plus forts. Un groupe d'intrépides se forme et, sous la conduite de M. Monceaux, nous descendons vers l'enceinte olympique. Il est presque aphone, M. Monceaux; les conférences à bord, les explications individuellement prodiguées, les réponses complaisantes aux questions souvent saugrenues, la fatigue commune et le surcroît de fatigue personnelle l'ont épuisé. Il tient bon cependant, et, peu à peu, il retrouve assez de voix pour se faire entendre. En nous voyant marcher à sa suite, les timides qui nous regardent de là-haut, sous la colonnade du musée, se piquent d'émulation. Beaucoup descendent et, bientôt, la caravane presque complète patauge derrière le démonstrateur.

Entre deux haies de broussailles et d'arbustes verts, parmi les vieilles pierres, les fragments de marbre et les débris de socles, nous arrivons aux ruines par le côté ouest. Ici se trouvaient la palestre, le gymnase, des constructions romaines et l'atelier où Phidias dressa le modèle de son Jupiter olympien. M. Monceaux parle sous la pluie, d'une voix où le rhume ressemble à de l'émotion. Les parapluies ronflent sous l'averse, et, chacun, avançant la tête pour entendre, reçoit dans le cou l'eau qui ruisselle sur le taffetas de ses voisins. C'est lugubre. Avec ces pierres dans l'herbe et ces curieux qui écoutent, montés sur les marbres, on se croirait à un enterrement au Père-Lachaise, un jour de mauvais temps, au moment des discours.

L'enceinte sacrée d'Olympie, l'*Altis*, était à l'origine un bois d'oliviers et de platanes, qu'Hercule, dit la légende, entoura d'une clôture. Des arbres d'autrefois, il n'y a plus trace, l'Altis ayant été recouvert depuis des siècles par les alluvions de l'Alphée et déblayé seulement à partir de 1875. Quelques arbustes, cependant, ont poussé depuis à travers les ruines et rendent à l'Altis quelque chose de sa physionomie primitive. Partout l'asphodèle, la fleur des immortels, dresse ses tiges arborescentes. L'Altis n'a donc plus l'aspect aride qu'offrent d'habitude les champs de fouilles. La nature y reprend son œuvre, et, dans quelques années, le terrain sera ombragé, car il est des plus fertiles. Alors, par un beau temps, ce sera un des coins les plus délicieux de la Grèce, une oasis de verdure, un sanctuaire d'histoire et d'art. L'imagination évoquera sans effort l'Altis d'autrefois, avec son bois sacré, ses temples intacts, les cortèges religieux suivant le chemin des processions et le chant des hymnes montant, à travers les arbres, avec la fumée des sacrifices.

Parmi les nombreux édifices qui se pressaient

dans l'Altis, il en est deux d'une importance exceptionnelle, le temple de Zeus et l'Héréon ou temple de Junon.

Élevé sur un soubassement qui dominait l'enceinte, le temple de Zeus contenait la statue célèbre de Phidias. S'il n'a été rien retrouvé de celle-ci, que les matières précieuses dont elle était faite vouaient au pillage, on voit encore, à l'intérieur, le pavé de marbre noir sur lequel elle se dressait. D'énormes colonnes soutenaient les frontons que nous avons vus tout à l'heure au musée. Chacune d'elles est réduite à quelques tambours, mais, devant la façade méridionale du temple, plusieurs sont couchées tout du long, les tambours disjoints. Un tremblement de terre les avait abattues et les fouilles les ont découvertes, telles que le cataclysme les avait laissées. L'impression que produisent ces colosses est terrifiante. On songe au fracas formidable qu'ils firent en tombant, à l'aspect de leurs masses se disloquant dans l'air.

L'Héréon était le plus ancien des temples doriques et, primitivement, il avait des colonnes de bois. On les remplaçait à mesure qu'elles tombaient de vétusté et Pausanias en vit encore une, en bois de chêne. Aussi, les colonnes de pierre qui leur ont succédé à diverses époques offrent-elles les spécimens les plus variés. On suit, sur le sol ou au musée, les formes successives du fût et du chapiteau grec, entre le viiie et le ve siècle. C'est dans l'Héréon qu'ont été trouvés l'Hermès et une tête archaïque de femme colossale, qui appartient sans doute à la vieille statue d'Héra.

Nous parcourons les autres monuments de l'Altis, le Pélopéion, le Métroon, la terrasse des trésors où, comme à Delphes, chaque cité conservait ses offrandes, les logements des prêtres et des hôtes, le palais du Sénat olympique, la maison de Néron, etc. Puis nous arrivons par un tunnel colossal à l'entrée du stade, où tous les cinq ans la Grèce célébrait ses jeux nationaux. Seule, l'amorce de la piste a été déblayée et l'on voit sur le sol la ligne de calcaire blanc d'où partaient les coureurs, avec les trous carrés où s'enfonçaient les poteaux contre lesquels ils étaient placés et les rainures triangulaires où ils appuyaient le pied pour prendre leur élan.

Si l'Altis est un marécage, le stade est un lac. Pourtant telle est la force des souvenirs qui s'éveillent en cet endroit, que nous restons longtemps, les pieds dans l'eau, à regarder l'espace d'où s'envola tant de gloire humaine, où le peuple grec célébrait sa force et sa beauté, où il s'exaltait de son héroïsme, en écoutant Hérodote lire les fragments de son histoire.

Nous méritons une récompense, et nous l'avons en sortant du stade. Rapidement, la pluie cesse et le ciel s'éclaircit. Entre les nuages espacés, paraît un azur léger. Le soleil brille bientôt et le paysage se pare d'une grâce exquise. Il est doux et calme. Le mont Kronios, qui forme le fond du tableau, est de proportions moyennes et les collines qui bordent l'Alphée sont charmantes de lignes. Rien ici qui rappelle la grandeur sauvage de Delphes. C'est un décor de fête et de joie. Dans ce cirque, les pompes religieuses exprimaient la majesté sereine de Zeus; les cortèges des triomphateurs, après des victoires si enivrantes qu'elles dépassaient les forces humaines et qu'on mourait de leur excès, se déroulaient à travers une fête de la nature. L'art se réglait sur elle. Il était radieux, il exprimait la joie de vivre et l'eurythmie de l'existence, les deux buts sur lesquels l'esprit grec réglait son idéal.

Proposée pour la première fois en 1713 par un savant français, le P. Montfaucon, commencée en 1829 par la mission française de Morée, la découverte d'Olympie a été reprise et menée à bien par les Allemands, de 1875 à 1881, sur l'initiative et les conseils de l'historien Ernest Curtius. Les résultats sont merveilleux. La découverte des deux frontons du temple de Zeus, de la Victoire de Pæonios et de l'Hermès de Praxitèle, le déblaiement de l'Altis et de ses alentours, suffiraient à l'honneur de l'entreprise et à justifier les dépenses qu'elle a provoquées. Mais les trouvailles de détail — fragments de statues, bronzes, inscriptions, ustensiles — ajoutent à l'histoire de la civilisation et de l'art grecs des documents du plus grand prix. On a le sentiment, au sortir de Delphes et d'Olympie, les deux champs de fouilles les plus célèbres et les plus considérables de la Grèce, avec Mycènes et Délos, que l'archéologie grecque, malgré l'Acropole d'Athènes, n'a commencé que dans ces vingt-cinq dernières années à retrouver les monuments de la plus noble race humaine. Cette œuvre est poursuivie par la France et l'Allemagne. La France a donné le signal et, outre le mérite de l'initiative, elle a fait autant avec moins de ressources que sa puissante rivale. Nos Français avaient peu d'argent et luttaient contre toutes sortes d'obstacles, qui leur venaient de la concurrence étrangère, de la jalousie grecque et même de leur pays. Les Allemands avaient pour eux l'argent, la concordance des efforts, toutes sortes de facilités qui nous manquaient. Profitons de l'exemple que nous ont plusieurs fois donné nos rivaux; laissons, comme eux, le champ libre aux initiatives, en disciplinant les bonnes volontés et, surtout, faisons connaître les résultats obtenus, pour obtenir de nouveaux sacrifices et de nouveaux efforts.

Nous revenons à la gare, séchés par le soleil et reposés par l'admiration, mais affamés. Le commissaire du *Sénégal*, homme prévoyant, a fait des provisions énormes de viandes froides, de pâtés et de conserves. Il a été bien inspiré, et il a songé à tout, car c'est le vendredi saint et on peut faire maigre. Je n'ai jamais vu, au total, réfection aussi copieuse, en gras ou en maigre, offerte, deux jours de suite, à des gens qui en avaient aussi grand besoin. Nous avions espéré manger à l'hôtel, dans une salle louée pour le repas. Les organisateurs du voyage étaient entrés en pourparlers avec les propriétaires et ils espéraient former avec eux une *symphonie*, comme on dit ici. Mais la subtilité grecque a voulu exploiter la situation. A mesure que la pluie augmentait et rendait plus désirable le repas à l'abri, l'hôtelier élevait ses prétentions; il finissait par demander le quadruple de la somme acceptée au début de l'entretien. Le commissaire a rompu les négociations et, par une inspiration de génie, il a décidé que le repas aurait lieu en wagon, dans le train resté sur gare.

Si la pluie avait continué, le service de voiture à voiture aurait été fort malaisé et nous aurions mangé des sauces aquatiques. Le soleil arrange à souhait la situation; les garçons portent leurs plateaux de portière en portière et nous déjeunons, avec la gaieté des Français en voyage, sous l'œil des Grecs qui nous regardent en rangs serrés, maintenus par les gendarmes. La curiosité seule les attire, car la race est très sobre : il lui suffit, pour se régaler, d'une olive et d'un verre d'eau ou, comme fête, d'une tranche de rahat-loukoum et d'un verre de raki. En outre, elle observe les prescriptions de l'Église. L'officier de gendarmerie, qui nous suit depuis le matin, accepte par politesse de déjeuner avec nous, mais il ne mange presque rien, en s'excusant sur le jeûne. Nous avons dû scandaliser quelque peu les spectateurs de notre repas.

Après le déjeuner, sous le clair soleil, dans la cour déjà séchée de la gare, nos athlètes organisent des « jeux olympiques » fort élémentaires, car le saute-mouton en est la partie principale. Puis c'est le saut en longueur et quelques soldats grecs y prennent part. La vigueur antique a passé dans leurs jambes nerveuses. Nos professionnels gardent l'avantage, mais ils sont serrés de près. Evzones à la taille de guêpe, gros gendarmes, paysans en fustanelle, bergers en lourdes capes rient à belles dents. Au moment du départ, la cordialité est très vive. Cette race gaie a trouvé chez nos Français des qualités semblables aux siennes. Quand le train s'ébranle, elle nous acclame avec effusion.

A six heures, nous sommes de retour au navire. Cette nuit nous ferons le tour du Péloponèse pour arriver devant Nauplic vers huit heures du matin et, de là, visiter Argos, Mycènes et Tirynthe. C'est beaucoup pour une seule journée, mais il paraît que nous aurons le temps de tout voir.

IV

ARGOS — MYCÈNES

NAUPLIE; CANONS, FANFARES ET SERPENTEAUX. — ARGOS; LE THÉÂTRE. — LA MONTÉE DE MYCÈNES. — LA PORTE DES LIONS; L'AGORA; LES FOUILLES DE SCHLIEMANN. — LES ATRIDES; L'HORIZON DE MYCÈNES. — LE TRÉSOR D'ATRÉE.

Nauplie, 4 avril

Enfin, voici le soleil et la lumière de Grèce ! Au réveil, lorsque nous montons sur le pont, à l'appel de la cloche annonçant l'arrivée en rade de Nauplie, nous avons la très agréable surprise de trouver un temps superbe. Pas un nuage dans le ciel, pas une vapeur à l'horizon. Un azur profond enveloppe la mer et la terre comme une coupe parfaite, sans une tache, d'une couleur plus intense au sommet, plus nuancée sur les bords. La côte dessine un vaste arc de cercle, bleuissant sur le vert de la mer. Au-dessus, un amphithéâtre de collines roses et de montagnes brunes, couronnées au loin par des cimes blanches de neige. C'est une fête de la lumière; c'est aussi la première révélation de cette limpidité de l'air qui, en Grèce, dessine les formes avec un relief unique. L'œil embrasse l'ensemble et les détails sans confusion ni mirage ; il apprécie la différence des plans et la longueur des distances, la valeur propre de chaque élément du spectacle, avec une netteté de vision qui n'a d'égale en aucun pays, disent les voyageurs. Sous cette clarté vive et douce, dans cette tiède atmosphère, l'enchantement est complet. Pour la première fois, baigné par elle, on apprécie l'amour des Grecs pour l'ἡδὺ φῶς, la « douce lumière » ; on comprend cet instinct et ce besoin de netteté qui étaient le fond de leur esprit.

A mesure que le navire se rapproche de la côte, le profil de Nauplie se précise. Au fond du golfe, marquant l'entrée du port, se dresse le fort Bouzi, où habite le bourreau. A droite, le fort Palamède surmonte une falaise abrupte, à mi-hauteur de laquelle, par un contraste pacifique, un ermite a installé sa cellule, surmontée d'une grande croix, peinte à la chaux sur la roche grise. A droite, au second plan, la montagne de Larissa, que couronnent les ruines, encore imposantes, d'un de ces châteaux francs, si nombreux en Grèce. La ville s'étage sur la pente d'une presqu'île rocheuse ; elle ne regarde la mer que de côté et se tourne vers la plaine d'Argos.

A peine conduits à terre par les petites barques, dont les mariniers nous démontrent une fois de plus la vérité de l'épithète homérique sur les « paroles ailées » des Grecs, ἔπεα πτερόεντα, nous sommes au milieu d'une population en fête. Par une coïncidence assez rare, la Pâque orthodoxe coïncide avec la Pâque catholique. Les dates de cette même fête, qui se poursuivent à travers les deux calendriers, grec et grégorien, se sont rencontrées cette année : c'est le samedi saint et Christ va ressusciter ; grand prétexte à réjouissances, auxquelles prennent part toutes les classes de la population. Sur le rivage, devant une porte fortifiée que surmonte le lion de saint Marc — sculpté à profusion, depuis Morosini, sur les murs de la ville, — une batterie tire des salves, sous le commandement d'un superbe capitaine à longues moustaches. Les artilleurs en grande tenue, un peu plus propres que les soldats rencontrés jusqu'ici, servent avec assez de précision leurs pièces de montagne, toutes petites, puis ils s'attellent aux bricoles et rentrent en ville, trompettes en tête.

Partout éclatent des serpenteaux dont la grosseur semble vouloir compenser la petitesse des canons. Ils sont redoutables, car ils dessinent de longs zigzags et l'un de nous en reçoit un qui endommage fortement son pantalon. Il leur arrive de causer des blessures assez sérieuses, mais c'est un chapitre prévu de ces sortes de réjouissances. Une fanfare, copieusement galonnée de jaune et précédée d'une bannière reluisante, s'engage dans la rue principale, avec un cortège d'amateurs ; au milieu des gamins, abondent les fustanelles des grands jours, presque blanches.

Nous traversons Nauplie avec la foule, pour gagner la gare. La ville est bien bâtie et pittoresque, avec ses murs peints à l'italienne, entremêlés d'encorbellements turcs. Au sortir d'un bastion, voici la gare, sans clôture. Comme à Katakolo et à Pyrgos, on pénètre de la rue sur la voie sans barrières. De même, aux passages à niveau. Lorsqu'un obstacle, voiture ou troupeau, se trouve sur la voie, le train, qui va toujours lentement, ralentit encore et attend pour passer.

La ligne court sur Argos, à travers une large et riche plaine. A droite, nous apercevons bientôt un monticule grisâtre : c'est Tirynthe, que nous visiterons au retour et dont, ainsi vu, l'importance s'apprécie mal. En quelques minutes, nous sommes en gare d'Argos. Sous cet antique et illustre nom, s'est formée une ville toute moderne et sans histoire. Elle s'étale largement, en trois tronçons, au pied de la montagne de Larissa. Il faut la traverser de bout en bout pour gagner le théâtre antique, seul reste de son passé. Elle est coupée de places et de jardins, autour desquels s'égrènent comme au hasard des maisons sans caractère, riches ou pauvres. En ce matin de fête, il n'y a d'autre animation qu'une sortie d'église et, vers le centre, un marché en plein air. A la mairie, quelques beaux fragments de sculpture forment un petit musée.

Selon la coutume constante des Grecs, le théâtre d'Argos était aménagé au flanc d'une colline. Il a suffi de tailler les gradins dans le roc, en profitant d'une dépression naturelle de Larissa. Le mur de scène n'a laissé aucune trace, mais une partie des gradins est bien conservée et le tracé des autres est encore apparent. Comme à Delphes, les vingt mille spectateurs qu'il pouvait contenir avaient devant les yeux, en suivant la représentation, une admirable nature. Devant eux, jusqu'à la mer, la vaste et fertile plaine; à droite les montagnes d'Arcadie; à gauche Tirynthe et l'âpre massif dont Mycènes garde l'entrée. Nulle part en Grèce, même à Athènes, au théâtre de Bacchos, le paysage et les souvenirs qu'il éveille n'encadraient mieux le poème dramatique. Ce cirque de montagnes a été l'arène des passions légendaires qui fournissaient une matière inépuisable à la tragédie grecque. Depuis les temps héroïques, des images superbes de passion et de beauté, de grandeur et de crime, flottent sur ces campagnes. Agamemnon traversait cette plaine en revenant de Troie, pour gagner le nid d'aigle où l'attendaient le filet de Clytemnestre et la hache d'Egisthe. Là-bas, sur cette montagne, Oreste et Electre réalisaient les plus terribles ou les plus touchantes formes du parricide, de l'amour filial et de l'amour fraternel. A chaque instant, au bas de cet amphithéâtre, les paroles prononcées par les acteurs nommaient des lieux que les spectateurs voyaient au même moment.

Formés par la culture grecque, malgré ce qu'elle eut d'incomplet ou d'indirect pour la plupart d'entre nous, l'émotion nous rend silencieux, et sur ces gradins, il nous semble entendre une voix, la voix de la Melpomène antique, qui, après deux mille ans, vibre encore dans l'air. Nous regardons longuement la mer qui brille à l'horizon, la tache grise que fait Tirynthe sur le vert de la campagne, le pli sombre de montagne où se cache Mycènes, la suite de cimes d'où les veilleurs de nuit guettaient les feux annonçant la prise de Troie.

Il faut plusieurs appels pour nous décider à descendre. L'impression est si vive que, ici comme à Olympie, nous ne songeons même pas au contraste du présent et du passé. Quitter le théâtre d'Argos pour regagner la gare, cela ne provoque pas les plaisanteries faciles qui devraient venir en pareil cas. Nous sommes très loin de la *Belle Hélène* et des Grecs d'opérette. Il en est ainsi depuis le début du voyage : cette forme de « la gaîté française » perd ses droits et je crois bien qu'il en sera de même jusqu'à la fin.

Encore quelques minutes de chemin de fer jusqu'à la station de Mycènes. C'est une maisonnette, isolée en plein champ, au pied d'un monticule sur lequel se hérissent les pauvres maisons du village de Kharvati. La ligne passe assez loin de la cité d'Agamemnon, comme si le prosaïsme de la civilisation moderne voulait respecter la grandeur du passé. Nous allons payer ce respect assez cher.

Il est onze heures et le soleil brûle. Quelques voitures sont venues d'Argos pour transporter les dames. A nous, les hommes, il faut une heure de marche pour gagner Mycènes. La route monte, elle est durement pierreuse et bientôt nous sommes en nage. Des plaintes à moitié ironiques, à moitié sérieuses, s'élèvent de la colonne, qui s'allonge sur le ruban jaune et poudreux. Bientôt, c'est une lamentation générale, coupée de silences résignés.

A mesure que nous avançons la contrée prend un aspect sinistre; une ligne de montagnes se dresse bientôt devant nous, grise, nue et abrupte. Autant la plaine que nous venons de quitter est fertile et riante, autant cette chaîne est stérile et sombre. A droite court le lit desséché d'un torrent; à gauche des murs de pierres sèches zèbrent le flanc des montagnes; devant nous, plus haute à mesure que nous avançons, se dresse la cime qui porte Mycènes. Déjà nous apercevons les énormes murs pélasgiques qui formaient l'enceinte de l'acropole et, comme les sentinelles avancées de la citadelle, partout se montrent des ruines confuses. La végétation devient plus rare; encore quelques pas, elle se réduit à de maigres broussailles. Une malédiction semble peser sur ce coin de terre, souillé par tant de crimes. La montagne est comme vêtue de deuil; la terre et les rochers sont couleur de rouille, de cendre et de sang. Bientôt la route est devenue un sentier difficile; nous sommes en pleine montagne. Tout à coup, ce sentier fait un coude brusque sur la droite et, au fond d'une allée formée de deux énormes murailles, la fameuse *porte des Lions* apparaît.

Il est plus de midi; nous mourons de fatigue, de chaleur et de faim. Les organisateurs du voyage avaient prévu le déjeuner pour cette heure-là et en cet endroit. Une triste nouvelle nous attend : un accident est arrivé à la charrette des provisions et il faut attendre deux ou trois heures qu'elles soient montées à bras. C'est d'abord un cri unanime de fureur et de désespoir. Puis il faut bien se résigner. On souffle un peu, dans l'ombre de l'allée colossale; on laisse aux retardataires le temps d'arriver et, en les mettant au courant, on les console. Puis s'élève la voix de M. Monceaux, monté sur le linteau de la porte. Jamais conférencier n'escalada pareille tribune. Il raconte la légende des Atrides et ce que l'histoire en retient ou y ajoute; il expose les fouilles de Schliemann en cet endroit et leur merveilleux succès.

L'écueil, devant les monuments trop décrits et trop représentés, c'est que la vue directe soit inférieure à l'attente escomptée. Ici, l'impression est plus forte que tout ce que l'on a pu voir ou lire. Au fond de l'allée pélasgique, la porte s'ouvre, colossale et surbaissée. Sur le linteau, les lionnes archaïques se dressent, décapitées, les pattes de devant appuyées contre une base de colonne, dans une pose qui les étire, les allonge et accuse leur caractère félin. La colonne serait l'autel de la cité, et les deux lionnes le garderaient, comme les animaux héraldiques qui accotent les blasons du moyen âge. Cette sculpture est gauche et puissante dans son réalisme primitif. Elle évoque le souvenir des œuvres assyriennes. On songe à la *Lionne blessée* qui traîne en rugissant ses pattes de derrière paralysées et à la *Chasse du roi*, avec ses quatre lions morts, le mufle contre terre et le corps allongé.

La porte des Lions est l'entrée colossale d'une cité de géants et tous les drames qui ont passé par là semblent réglés par un tel décor. Ici, les passions devaient être surhumaines; l'action et la pensée, le geste et la voix n'y pouvaient être que terribles. Et ceci n'est pas une impression ressentie après coup : on ne saurait rien de la légende qu'en cet endroit, devant une telle architecture, l'imagination formerait d'elle-même des rêves effrayants.

La porte franchie, nous sommes dans une enceinte circulaire que limite à gauche un haut rempart pélasgique et, à droite, un abîme bordé d'un mur semblable. En face et au-dessus, des ruines s'étagent sur une pente raide. Cette enceinte serait l'ancienne agora. Tout autour, une double rangée de dalles est plantée droit en terre. Sur celles-ci, d'autres dalles posées à plat formaient comme un énorme banc de pierre. On suppose que là, se tenait l'assemblée des chefs du peuple, en présence du roi, telle que la décrit Homère : « Les hérauts réclament le silence et les anciens, assis dans l'enceinte sacrée, sur des pierres polies, empruntent les sceptres des hérauts à la voix retentissante. Ils s'appuient sur ces sceptres lorsqu'ils se lèvent et donnent tour à tour leur avis. » Ces « pierres polies » ont été dégagées par les fouilles de Schliemann.

Les mêmes fouilles ont creusé, au milieu de l'enceinte, une profonde excavation, où se trouvaient les tombes dont la découverte eut un si grand retentissement. Schliemann était déjà tout joyeux d'avoir déblayé le banc circulaire de l'agora, qui lui semblait confirmer de si exacte manière la description donnée des assemblées héroïques par Homère, son dieu, sa loi et son guide, lorsque la pioche des ouvriers mit successivement à découvert cinq tombeaux. C'étaient autant de trésors et eux aussi vérifiaient Homère, qui parle de « Mycènes abondante en or ». Ils contenaient dix-sept cadavres, les uns réduits à l'état de squelettes, les autres partiellement conservés. Ces cadavres étaient littéralement bardés d'or — masques, diadèmes, cuirasses, bijoux, — et, au fond des sépulcres, ils brillaient comme des idoles d'une fabuleuse richesse. Schliemann s'empressa de télégraphier au roi de Grèce et à l'univers qu'il venait de découvrir les tombeaux d'Agamemnon et de sa suite, de Cassandre et du cocher Eurymédon, égorgés par Clytemnestre et Egisthe, puis ensevelis dans l'agora avec les honneurs dus au roi des rois, à sa captive et à ses fidèles. Cela lui plaisait à dire : l'enthousiasme qu'il éprouvait de sa découverte était la seule preuve dont fût appuyée l'hypothèse. Ce qui est certain, c'est que l'heureux chercheur venait d'exhumer toute une civilisation, conservée par son art. Il y a désormais un art mycénien.

Nous verrons ce trésor au musée d'Athènes. En attendant, nous parcourons Mycènes, où la Société archéologique d'Athènes a continué les fouilles de Schliemann. Depuis l'agora jusqu'au sommet de la montagne, les constructions s'échelonnent, profondément ruinées et, cependant, de destination assez reconnaissable pour offrir un vif intérêt, un guide archéologique à la main. Depuis le début du voyage, nous ne quittons pas le Joanne, dont les auteurs sont tous d'anciens membres de l'École d'Athènes. On ne saurait être plus clair, plus judicieux et plus impartial, en des questions aussi malaisées, qu'il s'agisse de fouilles françaises, comme à Délos, ou allemandes, comme à Mycènes. M. Monceaux ajoute la vie de la parole au témoignage du livre. Ce qui nous appartient en propre, c'est l'impression, qui est saisissante pour tous.

Il n'est pas de Français un peu cultivé, de si médiocre bachelier, dont la mémoire ne soit hantée par les grandes ombres de la tragédie grecque. Ces héros ont gravi ces escaliers de pierre noirâtre; ils ont vécu entre ces murs farouches. Voici, dans une cour, trois grandes jarres de terre cuite, où ils conservaient l'huile et le vin. D'innombrables débris de poterie racontent leur vie domestique et religieuse. Cette anse, où paraît un reste de peinture, servit à des libations funèbres. Parmi ces débris, la plupart d'entre nous glanent des souvenirs. Je regrette beaucoup certaine panse d'amphore que j'avais déterrée avec effort. Elle avait son élégance barbare et offrait de curieux dessins. Je l'ai perdue de vue un moment, et je ne l'ai plus retrouvée. Elle doit, à cette heure, figurer en bonne place dans une collection. Nous trouvons quelques poupées en terre cuite, semblables à celles que les enfants de tous les temps et de tous les pays dessinent sur les murs ou aux marges de leurs cahiers d'école, mais les enfants qu'ont amusés celles-ci sont morts depuis des milliers d'années et la poussière que nous soulevons est faite de leur cendre.

Du sommet de l'acropole, la vue embrasse le cirque des montagnes, la plaine et la mer. Isolée par des ravins profonds et ne communiquant avec la chaîne que par une bande de terre fortement défendue, ceinte de murailles colossales partout où l'escalade était possible, la forteresse semble régner encore sur la contrée que ses maîtres avaient asservie. Au loin, c'est la terre fertile et la mer par où viennent les richesses. Les rois de Mycènes mettaient en lieu sûr, dans cette forteresse, leurs récoltes et leur or. Du sommet de ce rocher, leur regard fouillait au loin. Les sentiments qu'éprouvaient ces âmes orgueilleuses et féroces, mais ouvertes à la tendresse et à la piété, les grands poètes de la Grèce nous les racontent, mais en visitant leur séjour, la tristesse sauvage et l'âpre beauté du site doublent l'impression des vers où survirent les passions des Atrides.

La visite a été longue, sous le soleil toujours plus ardent et, malgré la fatigue croissante, personne n'a lâché pied. Enfin, du bas de la montagne, un signal nous apprend que les vivres sont arrivés. Il est plus de trois heures et, depuis cinq heures du matin, nous n'avons rien pris. Nous descendons bien vite et nous suivons, à droite, le chemin du monument appelé le *trésor d'Atrée* ou le *tombeau d'Agamemnon*, qui s'ouvre au flanc d'une colline, à quelque cent mètres de la porte des Lions. L'entrée rappelle tout à fait celle-ci ; la nature des matériaux et l'appareil sont les mêmes. L'énorme porte s'ouvre sur la nuit du souterrain, mais, avant d'y pénétrer, nous songeons au repas. Ce monument était certainement un tombeau, ou plutôt une nécropole, comme en témoignent les fouilles. Depuis le jour où les dernières funérailles y furent célébrées, jamais des hommes ne mangèrent en cet endroit, aussi nombreux et de plus grand appétit. Puisque ces agapes faisaient plaisir aux morts, les mânes des Atrides doivent être contents; ils sont largement honorés.

Le trésor d'Atrée semble postérieur aux tombeaux de Mycènes et, comme construction, il représente un art beaucoup plus avancé. Il consiste en une grande salle en forme de ruche, de quinze mètres de haut, construite en assises annulaires de pierres énormes, posées les unes sur les autres en encorbellement. A côté se trouve une autre salle, plus petite, carrée et taillée dans le roc. C'est la chambre sépulcrale proprement dite, la première servant de temple funéraire.

Le moyen par lequel ces pierres ont été mises en place est, comme pour tous les monuments pélasgiques, un problème d'architecture. M. Henri Poincaré, le célèbre géomètre, qui est du voyage, étudie ce problème. Puisque, dit-il, le tombeau est bâti dans le flanc évidé d'une colline, il est probable que les constructeurs cyclopéens ont ménagé un noyau de terre, sur lequel ils ont construit. Le mur édifié, ils auront enlevé la terre qui avait servi de support à la construction. Ainsi la difficulté aurait été diminuée de moitié. Elle reste suffisante pour leur honneur et pour exercer encore la curiosité des architectes.

ARGOS — MYCÈNES.

Le soleil descend vers la montagne de Mycènes, mais notre journée n'est pas finie. Nous avons encore à voir Tirynthe. Cette visite a été suivie d'incidents qui ont prolongé très tard une expédition commencée de très bonne heure. Après la vie antique, nous avons rencontré la vie moderne et la Grèce contemporaine après la Grèce des héros. Nous avons vu les mœurs grecques par un côté imprévu et intéressant. Nauplie nous a reçus, harangués, fêtés. Il y a là matière à une seconde lettre. Je vous l'enverrai demain.

V

TIRYNTHE
LA VEILLÉE DE PAQUES A NAUPLIE

L'ACROPOLE DE TIRYNTHE. — LES MURS PÉLASGIQUES; LES GALERIES COUVERTES. — LE RETOUR A NAUPLIE; RÉCEPTION. — L'OFFICE DE NUIT. — M. LE CONSEILLER COTSAKIS.

En mer, 5 avril

Nous venons de quitter le trésor d'Atrée. Le soleil baisse déjà sur l'horizon, lorsque nous gagnons Tirynthe, partie du chemin à pied, partie en wagon. Isolée dans une vaste plaine, on dirait un vaisseau de haut bord au milieu d'un golfe. Sur la riche campagne qui s'étend entre Argos et Nauplie, il fallait, aux maîtres du pays, une forteresse et un refuge contre leurs ennemis de terre et de mer. Une roche s'élevait au milieu des terres plates; les hommes préhistoriques l'ont entourée des blocs énormes dont ils faisaient leurs remparts, et, au sommet, selon leur usage, ils ont construit la demeure royale.

Comme à Mycènes, cette acropole est en ruines

et, pourtant, reconnaissable. Nous comptons les portes et les tours; nous parcourons l'appartement des hommes et celui des femmes. Nous descendons, au flanc de la butte, dans ces étranges galeries improprement appelées ogivales, car leurs murs, s'ils s'inclinent fortement l'un vers l'autre, ne se rejoignent pas au sommet. Celui-ci est couvert de pierres horizontales. Les monuments pélasgiques de la Grèce offrent de nombreuses analogies avec les monuments dits druidiques, ou plutôt mégalithiques, appellation plus satisfaisante et plus simple. Parmi ces analogies, il n'y en a pas d'aussi frappante que celle des galeries de Tirynthe avec les allées couvertes de Bretagne. A quoi servaient ces galeries? On y voit des moyens de défense, des prisons ou des magasins. Autant de conjectures peu satisfaisantes. L'auteur de savants ouvrages sur l'homme préhistorique, M. Émile Cartailhac, est du voyage. Il examine attentivement ces galeries et, sans doute, elles lui fourniront matière à discussion.

La nuit est tout à fait venue et si, du haut des murs de Tirynthe, nous découvrons Nauplie qui s'allume, nous ne voyons plus le train qui doit nous ramener. Il est allé se garer à Nauplie, pour laisser la voie libre, et il ne revient pas. Gagner Nauplie à pied nous sourit peu, après la fatigue de la journée : nous en sommes à une lieue et demie. Nous attendons longtemps. Au bout d'une grande heure, les feux du train apparaissent dans le lointain. Puis, il s'arrête et siffle avec persistance. Nous appelons en chœur et il se décide à reprendre sa marche. Lorsqu'il est enfin à notre hauteur, nous apprenons d'un employé que ses sifflets s'adressaient à nous : le train appelait ses voyageurs.

Nous apprenons aussi que les habitants de Nauplie nous ménagent une réception. Le matin, notre arrivée les avait pris de court. Mais ils aiment la France et ils veulent le prouver aux Français qui leur arrivent en troupe, la plus nombreuse qu'ait vue la Morée depuis l'expédition du maréchal Maison. Ils ont eu la journée pour préparer une fête et ils l'ont mise à profit.

Elle est enthousiaste, cette réception. La gare est illuminée et sur le quai se presse une foule énorme. Au moment où le train s'arrête, le cri de : « Vive la France! » en grec et en français, sort de toutes les poitrines. Nous répondons par le : Ζητῶ ἡ Ἑλλάς! Puis, la *Marseillaise* éclate, jouée par la fanfare galonnée de jaune que nous avions entendue le matin. Français et Grecs se découvrent d'un seul mouvement et l'émotion nous prend à la gorge. Nous sommes chez un peuple démonstratif, qui aime le bruit pour le bruit et manifeste volontiers pour les causes les plus diverses, voire les plus opposées. C'est jour de fête et la réception des Français est une réjouissance de plus. Notre *Marseillaise* est jouée par à peu près, mais ils l'ont apprise pendant la journée. Nous sommes très fatigués, mais à la lueur des flammes de Bengale, aux fenêtres de la gare et sur la place voisine, nous voyons briller nos couleurs. Des centaines de lieues nous séparent de la patrie, et voilà son drapeau qui flotte, son hymne qui s'élève. Nous songeons que Navarin est de l'autre côté de la presqu'île et que cette population s'en souvient. Dès la seconde reprise de la *Marseillaise*, nous chantons tous en chœur et les Grecs applaudissent avec transport.

La *Marseillaise* terminée, un orateur grec prend la parole du haut d'une estrade, tandis que deux assesseurs tiennent près de lui, flottants à la brise de mer, deux grands drapeaux, l'un grec, l'autre français. Dans notre langue, avec une émotion que l'on sent sincère, il lit une adresse qui est saluée d'applaudissements frénétiques. Je regrette de ne pouvoir vous donner le nom et les paroles de l'orateur, conseiller à la cour de Corfou, me dit-on. Je n'ai pu, à mon vif regret, le rejoindre dans la foule, mais je puis vous assurer que son adresse est d'un lettré, d'un patriote et d'un ami de la France.

Puis, le cortège se forme en retraite aux flambeaux, ou plutôt Grecs et Français suivent pêle-mêle la fanfare et les porteurs des grands drapeaux, tandis que les Grecs allument les petits cierges qu'ils avaient préparés pour l'office de la nuit, car ils célèbrent Pâques comme nous célébrons Noël. Toutes les fenêtres sont illuminées et pavoisées aux couleurs des deux pays. Sur la place centrale, le cortège s'arrête, pour entendre de nouveau la *Marseillaise*, à laquelle succède l'*Hymne grec*. Des rafraîchissements nous sont offerts par le corps municipal. Nous reprenons notre marche, toujours mêlés à la foule, et nous nous embarquons, acclamés de nouveau, voire embrassés. Ceux qui ont eu la bonne fortune, à ce moment, d'avoir des Naupliennes pour voisines sont particulièrement satisfaits.

Le *Sénégal* ne lève l'ancre qu'à une heure du matin. Quelques passagers, les plus jeunes, ont invité un officier grec à monter à bord. C'est un jeune homme, lui aussi. Il est entendu que l'on videra quelques verres de champagne, puis que les Français ramèneront leur hôte à terre, pour finir joyeusement la soirée, visiter des cafés chantants, des bals en plein air, etc. On boit, on trinque, on chante ; l'officier grec fait sa partie avec entrain et montre qu'il connaît en détail le répertoire d'Yvette Guilbert.

On descend à terre et les Français croient que la tournée gaie va commencer. Mais on passe devant la cathédrale et l'officier déclare que, ses camarades assistant en corps à l'office de nuit, il est obligé d'y paraître. Nos compagnons le suivent, par curiosité. En apprenant leur présence, le commandant de la garnison vient à eux et les engage à prendre place au milieu de ses officiers. Ils ont beau se défendre, il les conduit vers l'Iconostase, à travers la foule qui s'écarte avec empressement. On leur donne un cierge à chacun et, ainsi en vue, ils suivent l'office avec recueillement. Puis l'assistance se forme en procession et fait le tour de la place. C'est là que nous, les gens mûrs et tranquilles, avons vu cette jeunesse défiler à son rang, cierge en main, édifiante, et, s'il faut tout dire, fort calmée, après l'échauffement du champagne.

Office et procession terminés, nos jeunes gens

rejoignent leur officier et lui proposent de reprendre la partie. Il leur répond que ce n'est plus possible, car cela se saurait et il ne doit pas, lui, officier en uniforme, une nuit de Pâques, après l'office, etc. Mais on peut tout concilier et il les emmène au mess, avec deux officiers français qui sont du voyage. Ainsi la morale, la gaieté et la fraternité militaires ont trouvé leur compte ce soir-là.

P.-S. — Cette lettre a été lue en Grèce et voici l'envoi qui m'arrivait quelques jours après, de M. Cotsakis, un grand ami de la France et de sa littérature, magistrat lettré, traducteur en grec des *Considérations sur la Révolution française*, de Mme de Staël :

Corfou, le 19 avril 1896

Cher ami,

Comme un témoignage des plus sincères de ma haute estime pour Vous, et de mon affection pour Votre pays, je vous envoie ci-inclus mon allocution aux passagers du *Sénégal* arrivés à Nauplie le 4 avril.

Veuillez agréer mes cordiales amitiés.

NICOLAS G. COTSAKIS.

Allocution de M. Nicolas G. Cotsakis, conseiller à la Cour d'appel de Corfou :

Chers et nobles amis !

La ville de Nauplie, en vous souhaitant « LA BIENVENUE » rend hommage à l'amitié fraternelle qui unit la chère France à notre pays et qui fait vibrer dans nos cœurs des sentiments de vive reconnaissance, cette mémoire du cœur! (*Bravo! bravo! vive la Grèce!*)

Vous venez de visiter nos antiquités, dont les ruines fumantes encore de ce sang de nos héros et martyrs, qui a fait pousser l'arbre de la liberté dans notre patrie, vous adressent une fois encore : « LA BIENVENUE » (*Vive la Grèce!*)

Et, dans cette circonstance, devant bientôt célébrer l'anniversaire de notre indépendance, nous accomplissons un devoir des plus sacrés en vous disant bien haut que le souvenir affectueux des Chateaubriand, des Casimir Delavigne, des Maison et des Fabvier, ainsi que de toute la France, est toujours vivant dans nos cœurs! (*Bravo! bravo! vive la Grèce!*)

En rentrant chez vous, bien chers amis, n'oubliez jamais que notre pays forme des vœux chaleureux pour le bonheur, la gloire et la grandeur de la France! (*Vive la Grèce!*)

Notre patrie s'est honorée en honorant ainsi le grand et généreux peuple français, un de ses meilleurs amis.

Vive la France! vive la patrie française! (*Bravo! bravo! vive la Grèce! Salve d'applaudissements.*)

Les bravos et les vivats notés par M. Cotsakis sont les nôtres. L'orateur n'en a pas ajouté; nous avons crié autant que cela. Et il ne mentionne que les acclamations françaises. Ses compatriotes, beaucoup plus nombreux que nous, ont naturellement beaucoup plus crié.

M. Monceaux a remercié M. Cotsakis. Il se trouvait dans un wagon à galerie extérieure, qui faisait l'office du balcon traditionnel. Il parlait dans la nuit et le vent, à la lumière vacillante des torches. On l'entendait peu et on le voyait mal; c'était dommage, car son langage et sa physionomie étaient fort expressifs. La plupart de ses auditeurs ne comprenaient pas un mot de français. L'effet n'en était pas moins grand. L'éloquence de plein air a sa rhétorique spéciale; il lui suffit de donner une expression sommaire et large à des sentiments généraux. Un de ses compagnons a évoqué après lui le souvenir de la tragédie grecque et de la tragédie française. Les deux orateurs ont acquis ce soir-là une notion complète de cette action de la parole sur les foules, où le geste et la voix ont encore plus de part que la pensée. Près de moi, un professeur se récite à lui-même le passage de Buffon, dans le classique *Discours sur le style* : « Que faut-il pour émouvoir la multitude et l'entraîner? Que faut-il même pour ébranler la plupart des autres hommes et les persuader? Un ton véhément et pathétique, des gestes expressifs et fréquents, des paroles rapides et sonnantes. » Cela est vrai, même lorsque l'orateur parle une langue étrangère à ses auditeurs.

VI

ATHÈNES

SOUNION. — LE PIRÉE. — ATHÈNES. — L'ÉCOLE FRANÇAISE.
L'ACROPOLE.

Athènes, 6 avril

« Pour moi, je vous avoue que, d'aussi loin que je la découvris de dessus la mer, avec des lunettes de longue-vue, et que je vis quantité de grandes colonnes de marbre qui paroissent de loin et rendent témoignage de son ancienne magnificence, je me sentis touché de quelque respect pour elle. » Cette réflexion simple et pleine est d'un capucin, le P. Babin, le premier Français qui ait décrit Athènes, en 1672. Dans le probe langage de son temps, il exprimait le sentiment qu'ont éprouvé depuis tous les pèlerins de la Grèce.

L'approche d'Athènes cause l'émotion religieuse qui émane des sanctuaires où l'on vient de loin, par des routes pénibles, avec une foi dans le cœur. Jérusalem et Rome sont des villes saintes, mais le lettré d'Occident, qui voit les montagnes de l'Attique poindre sur la mer, se dit que, dans un pli de cette côte, est la nourrice vénérable et charmante qui, la première, éleva le monde européen. Bien des poètes et des penseurs, depuis l'humble capucin du xvii⁰ siècle, ont traduit l'émotion qu'éveille cette vue. Chateaubriand, Byron, Lamartine, Renan ont multiplié par la force du génie l'intensité des sentiments qu'éprouvent alors les plus simples. Quelque chose de leur pensée élève désormais l'âme de tous ceux qui suivent leurs traces. Mais, en somme, à travers l'écho sonore de l'*Itinéraire*, de *Childe Harold*, de la *Mort de Socrate* et de la *Prière sur l'Acropole*, le fond de toute pensée, devant la première apparition de l'Attique, c'est la réflexion du capucin sans génie.

Depuis le lever du jour, nous sommes sur le pont, les « lunettes de longue-vue » à la main. Malheureusement, le temps radieux de Nauplie s'est gâté. Le vent du nord, le Vorias, souffle avec force sur la mer grise. Le ciel est voilé et, si l'air reste limpide, nous n'avons pas cette fête de lumière qu'il faut à la Grèce. Bientôt, voici la côte d'Égine, montagneuse, nue et élégante. A notre droite se profile la pointe aiguë de l'Attique, le cap Colonne, le Sounion des anciens. Nous devrions le laisser assez loin; mais il est le portique nécessaire de l'Attique. Le commandant du *Sénégal* n'a pas voulu que nous fussions privés de ce spectacle. Malgré la difficulté de la manœuvre, par un tel vent, il oblique la route du navire vers le cap, longe l'écueil de Gaïdaro et, doublant Sounion, nous conduit au large.

Ensuite, il vire de bord et répète le doublement du cap. De la sorte nous pouvons regarder à loisir les ruines qui couronnent celui-ci, treize colonnes d'un blanc éclatant, car le vent et les exhalaisons salines qui les rongent ne permettent pas à la patine dorée de s'y déposer. Le sonnet lapidaire de J.-M. de Hérédia jaillit du souvenir :

> Le temple est en ruine au haut du promontoire....

Les Grecs, race pratique, ne s'attardaient pas au rêve et voulaient définir l'infini; mais au cap Sounion commençait la grande mer et une vaste porte s'ouvrait à l'imagination. Ils venaient donc méditer en cet endroit. Platon, le plus digne parmi eux de donner l'élan aux âmes, y parlait à ses disciples et, depuis, son souvenir le domine, aussi majestueux et plus durable que le temple d'Athéna.

Nous tenons maintenant le cap sur le Pirée et la côte d'Attique se déroule à notre droite. Elle aussi est aride et élégante. L'Hymette borne la vue. Tout à coup, derrière sa haute cime, au centre d'une vaste plaine qu'un immense bois d'oliviers couvre d'une voûte argentée, paraît un rocher sombre couronné par un portique blanchissant : c'est l'Acropole et le Parthénon. Le vert léger des oliviers, le brun vigoureux de la roche, les colonnes dorées du temple, les maisons d'Athènes, forment un tableau d'une harmonie délicate et forte, dont l'Acropole est le centre. Tous les regards sont pour elle; ils reviennent toujours au plus beau piédestal que la nature et les hommes aient façonné pour le plus noble des temples, celui de la raison suprême, réalisée par la suprême beauté.

La plaine paraît et disparaît à travers les replis de la côte montueuse. Au loin, une forêt de mâts annonce le Pirée. Elle se couronne de pavillons et de flammes, car c'est le matin de Pâques. Les premiers navires que nous apercevons sont ceux de l'escadre française que commande l'amiral de Maigret. Pendant l'opération délicate et longue du mouillage, nous avons tout loisir d'examiner la ville. Elle présente l'aspect commun aux ports de mer, car elle est neuve et s'est formée en trente ans. Elle n'offrirait d'autre note originale que les couleurs flottant gaiement dans l'air, sans l'agitation de la race grecque, nombre de costumes amusants et les caïques bariolés qui viennent de l'Archipel.

Pour gagner Athènes, je monte, avec M. Lefranc, secrétaire du Collège de France, dans une de ces énormes voitures aux lanternes argentées, qui sont les fiacres athéniens, et dépassent, comme dimensions et luxe défraîchi, nos plus vastes landaus de noce. Dès la sortie du Pirée, le cocher a rencontré un ami, qui a grimpé sur le siège, en *lapin*, et nous faisons la conversation avec eux, autant que nous le permet notre grec de collège. A mi-chemin, un cabaret se présente et le cocher arrête ses chevaux, pour les laisser souffler, dit-il, en réalité pour boire du vin résiné avec l'ami. J'aurais regretté que nous fussions privés de cette rencontre et de cet arrêt, car ils sont traditionnels : Théophile Gautier les notait en 1853.

La route, vilaine au début, est devenue charmante. Elle file, toute droite entre des peupliers blancs, le long du Céphise. L'air est sec et frais ; des nuages légers courent sur l'azur pâle. L'Acropole se montre et se cache ; les stèles du Céramique blanchissent dans l'herbe ; le Théséion s'étend, isolé et majestueux, sur sa vaste plate-forme. L'heure et le site sont délicieux.

Voici Athènes, toute pavoisée de blanc et de bleu, les couleurs grecques. Sur une longue file de mâts, les initiales des jeux olympiques annoncent les fêtes de demain. Partout éclatent les serpenteaux de Pâques et, au tournant des rues, débouchent des fanfares. Les Grecs aiment encore plus que nous la musique des cuivres et les musiciens à costumes voyants. Que de plumets et de galons, de soutaches et de gibernes !

On s'oriente vite dans Athènes, grâce aux deux grandes rues, la rue d'Eole et la rue d'Hermès, qui la traversent à angle droit. Joignez-y deux places, la place de la Constitution et la place de la Concorde, reliées par la rue du Stade et formant triangle avec celle de la Liberté, le boulevard de l'Université et la rue du Pirée, c'est tout ce qu'il faut pour se reconnaître ; d'autant plus que la ville, bâtie en terrain plat et tracée au cordeau, forme un vaste damier. Partout le rocher de l'Acropole sert de direction ou de repère.

L'ancienne Athènes, bâtie de l'autre côté de

l'Acropole, sur un groupe de collines, était plus accidentée. Malgré l'uniformité du plan et l'égalité du terrain, la nouvelle est une fort belle ville, qui encadre dignement les monuments d'autrefois. A défaut de la grande invention artistique, les Athéniens ont conservé le goût de leurs ancêtres. Plus heureux que le reste de l'Europe, ils ont trouvé un style architectural. Ils ont pris aux formes antiques ce qui pouvait s'adapter à la vie moderne, et sans pastiche d'archéologie, ils ont élevé de beaux édifices et d'agréables habitations La moins réussie de leurs grandes bâtisses est le palais Royal, lourd, long et blanc. En revanche, l'Université, la Bibliothèque et l'Académie feraient honneur à de vieilles capitales. L'Académie, surtout, est fort originale, avec sa polychromie éclatante et ses deux hautes colonnes, qui élèvent dans l'air les statues dorées d'Athéna et de Phoibos. Même les constructions emphatiques, les gros immeubles de rapport, que la spéculation a multipliés depuis 1875, ne donnent pas une note trop choquante. Les maisons de dimension moyenne sont les plus nombreuses et elles s'accordent avec l'histoire, l'aspect et le climat du pays. Leurs portiques et leurs terrasses, leurs teintes claires et douces sont une joie pour l'œil. Athènes n'offre pas le spectacle douloureux des grands murs, jaunâtres et inachevés, qui, à Rome, racontent les ambitions fastueuses et les échecs ruineux.

Au flanc du Lycabette, le drapeau tricolore annonce l'École française. Au-dessous du drapeau est un beau buste de bronze, la *République* d'Injalbert, une des premières images de la France qui n'aient pas été copiées sur les modèles gréco-romains. Cette tête est d'une Française, voire d'une Parisienne, et par un constraste piquant, c'est à Athènes, en vue de l'Acropole, qu'elle est dressée. Elle y fait bonne figure.

Il y a juste cinquante ans que l'École française d'Athènes est fondée. En 1846, si l'admiration littéraire pour l'antiquité grecque était fort vive, l'érudition française avait un arriéré considérable à rattraper. Jusqu'à la fin du second empire, les jeunes gens que l'École normale envoyait à Athènes se contentaient, pour la plupart, de feuilleter les auteurs grecs; ils faisaient peu d'archéologie. Leur directeur, Daveluy, ne les excitait guère; Beulé, M. Alexandre Bertrand et M. Heuzey étaient parmi eux de brillantes exceptions. Le nom le plus célèbre que l'École eût révélé au grand public était celui d'About, athénien de Paris, mais aussi peu respectueux de la Grèce ancienne que de la Grèce contemporaine. M. Lévêque, esthéticien de haute pensée, M. Jules Girard, esprit attique ramené, par le séjour d'Athènes, dans sa patrie intellectuelle, M. Georges Perrot, qui rendait à l'épigraphie un monument de première importance et se préparait à écrire l'histoire de l'art dans l'antiquité, Fustel de Coulanges, le grand historien, auraient suffi, les années suivantes, à justifier l'existence de l'École, qui comptait aussi parmi ses membres MM. Mézières, Gebhart, Petit de Julleville, Decharme, Cartault, littérateurs ou érudits de premier ordre.

Mais il fallut 1871 et ses rudes enseignements pour provoquer, ici comme ailleurs, un brusque réveil et engager toute l'École dans sa vraie voie. Après la direction de M. Émile Burnouf, qui avait préparé le mouvement, les membres de l'École se portèrent avec ardeur vers l'étude des monuments. Ils y étaient encouragés avec une énergie douce par Albert Dumont, qui se préparait dans ce poste à pousser activement la réorganisation de l'enseignement supérieur, commencée par M. du Mesnil. Dès lors, l'École travaillait beaucoup. Chacun de ses membres en revenait archéologue, après des services, souvent considérables, rendus à la science, et avec un nom. En vingt-cinq ans, Olivier Rayet et Riemann, MM. Salomon Reinach, Paul Girard, Jules Martha, Haussoullier, Pottier, Hauvette, Marcel Dubois, Diehl, Gaston Deschamps, créaient une branche française d'archéologie grecque, continuaient le mouvement philologique ou même prenaient, au sortir de l'École, vers la presse et la littérature, le chemin frayé par About.

Après Albert Dumont, M. Foucart continuait l'impulsion et rendait personnellement de grands services aux études épigraphiques. L'École est aujourd'hui dirigée par M. Homolle, dont je vous ai dit l'œuvre à Delphes et que nous suivrons dans quelques jours à Délos. Elle aurait célébré cette année le cinquantenaire de sa fondation, s'il n'eût mieux valu renvoyer la fête à l'an prochain, pour ne pas en perdre l'éclat modeste et sérieux dans le fracas des jeux olympiques. A ce moment, elle publiera sans doute son livre d'or, la liste de ses membres et de leurs travaux. On verra ce que lui doivent à cette heure la Sorbonne, les Facultés, les Lycées, les Musées nationaux. Elle mettra en lumière les noms, déjà trop nombreux, de ceux des siens qui sont morts pour la science en pleine jeunesse. Les pouvoirs publics et l'opinion apprécieront alors l'étendue de ses services; ils lui donneront, dans l'avenir, comme ils l'ont fait pour Delphes, les moyens d'entreprendre de grands travaux. Nous ne sommes plus seuls à Athènes. Depuis 1874, un institut allemand travaille beaucoup et l'argent ne lui manque pas. Un institut anglais et un institut américain sont en voie de formation.

S'ils sont aidés comme ils le méritent, les membres de l'École française n'auront à craindre aucune concurrence, car ils sont une élite et ils travaillent avec ardeur. J'ai vu de près leur existence. Ils accueillaient ceux de leurs anciens qui étaient avec nous; ils m'ont fait l'honneur de me traiter en camarade. Le jour de Pâques, M. Homolle réunissait à sa table les membres de l'École et plusieurs passagers du *Sénégal*. Nous avons mangé, selon la coutume pascale des Grecs, l'agneau à la Pallikare, rôti tout entier en plein air; nous avons bu à la France et à l'École. Même en Grèce, notre pays retrouve la concurrence acharnée qui partout en Europe s'exerce contre lui. En Grèce, il applique son clair génie, ses vives intuitions, sa patience et, surtout, son art de faire beaucoup avec peu, lui qui, d'autre part, dépense beaucoup pour des résultats incertains.

Le jour de l'arrivée, à trois heures, nous avons rendez-vous à l'Acropole. Nous y arrivons par la porte d'Hadrien, une des plus belles avenues que l'homme et la nature aient ouvertes devant des œuvres sublimes. A gauche s'étendent les grands ombrages du jardin royal; le nouveau Stade étale sa montagne de gradins et l'Hymette développe sa longue ligne grise, nuancée de lilas. Un groupe de marbre, *la Grèce et lord Byron*, par Chapu et Falguière, se profile sur l'horizon et, comme tout à l'heure au fronton de l'École française, nos statuaires supportent bien la lumière de Grèce. En face, l'Olympéion dresse sa haute colonnade. Le flanc rouge de l'Acropole, abrupt et ceint de vieux remparts, ferme la perspective. De loin, le rocher est un piédestal, de près c'est une citadelle. Il est ainsi l'image du génie grec, fait de grâce et de force, car au-dessus des murs de défense s'élève le double fronton du Parthénon.

Nous contournons le rocher et nous voyons, au passage, le théâtre de Bacchos, où furent joués Eschyle, Sophocle, Euripide, Aristophane, avec son mur de scène aux robustes sculptures et la rangée de fauteuils de marbre qui, avec leurs inscriptions, semblent attendre encore leurs titulaires. A côté, l'Odéon, solennel et morne, avec sa longue façade à plein cintre, nous fait songer que, décidément, ce nom est prédestiné aux théâtres trop grands, pensifs et vagues, qui se greffent sur des scènes illustres.

Voici l'escalier monumental, œuvre romaine, dans laquelle Beulé crut découvrir l'entrée grecque, alors qu'elle se réduisait à un chemin sinueux, à travers les rochers. Enfin, les Propylées, et, au-dessus, le Parthénon.

Vous n'attendez pas que je le décrive, ni même que je vous dise nos impressions. Nous sommes devant le vrai but de notre voyage, le sanctuaire de la religion qui nous a conduits ici. Nos sentiments sont ceux de quiconque aborde ce chef-d'œuvre des chefs-d'œuvre; leur expression serait banale. Nous avons tous lu la *Prière sur l'Acropole* de Renan et elle s'élèvera dans la mémoire de tous ceux qui parcourront ces notes. A Delphes, à Olympie et à Mycènes, nouvellement découvertes, j'avais quelque chose de nouveau à dire; ici, je répéterais faiblement.

Notre avantage sur la plupart de ceux qui montent sur l'Acropole est d'avoir des guides tels que les nôtres. A MM. Monceaux et Reinach se sont joints les membres de l'École française. Jusqu'au soir, nous parcourons le plateau. Nous voyons le temple de la Victoire aptère, si petit et qui, de près, ressemble à un autel grandiose; l'Erechthéion, chef-d'œuvre de grâce, à côté du Parthénon, chef-d'œuvre de beauté; le musée de l'Acropole, où sont réunis les fragments de sculpture trouvés sur le plateau. De ceux-ci il y a quelque intérêt à parler, car, avec eux, l'histoire de la sculpture grecque s'est grandement enrichie. Je reviendrai sur ce sujet, à propos du Musée national.

La visite finie, personne ne songe à descendre. Aucun de nous ne quittera l'Acropole avant le soleil couché. Sur la vaste esplanade, les groupes s'égrènent et chacun, solitaire et silencieux, va et vient, recommence la visite, en revenant toujours au Parthénon. Parmi nous circulent quelques matelots français. Gais et rieurs, ils ont commencé par plaisanter. Bientôt, la majesté et la mélancolie du lieu agissent sur ces âmes simples ; ils deviennent silencieux et, eux aussi, écoutent les explications de nos guides, avec l'attention respectueuse des fidèles au sermon.

Nous regardons le panorama, qui se déroule autour de la colline sacrée : à l'ouest le golfe Saronique, Salamine et Egine; à l'est, le Pentélique; au sud, l'Hymette ; au nord, le Parnès. Dans ce cirque de mer et de montagnes, les restes de l'ancienne Athènes se groupent autour des collines du Pnyx et de l'Aréopage, au bord de l'Ilissos; à l'est, l'Athènes moderne s'étale dans la plaine. De grands aigles planent dans l'air, très haut. Des bruits de fanfares et de détonations montent de la ville : c'est Pâques et la veille des jeux olympiques. Dans la cour de l'hôpital militaire, en face du théâtre de Bacchos, des soldats convalescents dansent la *romaïque*, la danse nationale, lente et gracieuse, qu'accompagne le chant des danseurs, et où survit quelque chose de l'orchestrique antique. Au pied de la colline des Nymphes, devant le Théséion, des hommes en fustanelle dansent aussi, au son d'une musette, dont une grosse caisse rythme la mélopée. Ainsi, les deux Athènes vivent côte à côte. Cette jeunesse et cette vieillesse forment un ensemble d'un charme singulier. C'est l'aspect de Rome, avec moins de force et plus de finesse.

Demain et les jours suivants vont appartenir aux jeux olympiques. Leur attente enfièvre la ville, la foule est énorme et tout parle d'eux. Je serais bien étonné, pourtant, si l'Acropole et la vieille Athènes ne retenaient pas la majeure partie de notre caravane. Comme je l'ai fait jusqu'ici, je vous dirai seulement ce que j'aurai vu.

Si nous avons été très regardés et très fêtés depuis Delphes jusqu'à Nauplie, nous passons parfaitement inaperçus dans l'affluence qui roule à travers les rues d'Athènes. Tant mieux; nous en serons plus libres. Cependant, on me dit que tout à l'heure un groupe de nos compagnons s'étant arrêté devant le palais, le roi, qui montait en voiture, leur a dit sa sympathie pour la France et a souhaité la bienvenue. Comme il convient, ils ont crié : « Vive le roi! » Ce cri, dont les Français sont déshabitués depuis longtemps, a dû étonner leurs propres oreilles. Jamais il ne fut moins séditieux.

VII

ATHÈNES

Les jeux olympiques. — Le musée de l'Acropole; les statues archaïques d'Athéna. — Le musée national ; le trésor de Mycènes; les coupes de Vaphio; les figurines de terre cuite. — La céramique. — Daphni.

En mer, 9 avril

Tenez-vous beaucoup à ce que je vous parle longuement des Jeux olympiques? L'agence Havas vous enverra, jour par jour, l'ordre des luttes et les noms des vainqueurs. Je ne dédaigne pas, bien s'en faut, l'institution qu'un de nos compatriotes, M. de Coubertin, vient de restaurer, au bout de vingt siècles, avec un éclatant succès. J'apprécie à leur valeur ces exercices ; ils sont excellents pourvu que, dans un système d'éducation assez différent de celui des anciens Grecs, ils ne prennent pas trop de temps aux études intellectuelles. Pour fortifier les muscles de nos jeunes Français, il ne faut pas anémier leur cerveau. J'accorde même, si vous voulez, qu'une course de bicyclettes, au pied du Parthénon, est un spectacle esthétique. Mais, enfin, la course et le saut, voire la discobolie, ne sont pas choses dont la description, pour venir d'Athènes, puisse être bien nouvelle. Il y a, au contraire, dans les questions d'art qui se posent ici, des éléments peu connus du grand public.

Je me bornerai donc à vous dire, en gros, l'aspect des jeux, et ce qu'ils ajoutent à la physionomie d'Athènes. J'ai fait mon devoir et, le lundi 6, à deux heures de l'après-midi, je me dirigeais vers le stade. Il est formé par trois collines, contreforts de l'Hymette. Le Bischoffsheim de l'ancienne Athènes, Hérode Atticus, l'avait richement revêtu de marbre. Il était en ruines, lorsqu'un Grec, établi en Égypte, M. Abérof, résolut de le rétablir dans sa splendeur première. Cette réfection a déjà coûté un million. Les travaux ne sont pas encore terminés et une partie de l'énorme enceinte n'offre qu'un décor de bois et de toile. Mais, définitif ou provisoire, l'aspect est grandiose.

L'ancien stade servait à célébrer les jeux des Panathénées. Devant lui passait la procession que Phidias a représentée aux murs du Parthénon. Lundi dernier, un cortège assez différent remplissait de bruit et de poussière les deux avenues Amélie et Olga, qui conduisent au nouveau stade. Athènes et ses visiteurs s'y confondaient. Imaginez l'avenue du Bois-de-Boulogne, le jour du Grand-Prix. Les équipages bien attelés sont nombreux à Athènes, car les riches commerçants aiment à paraître, et tous roulaient vers le stade en livrée de gala. Dehors aussi les grands fiacres à fanaux argentés. Les cochers de maître, très dignes, faisaient *hep!* les cochers de fiacre, très affairés, échangeaient entre eux des « paroles ailées ». Sur la chaussée, beaucoup d'officiers, sanglés dans leur tunique courte et laissant traîner leur sabre, beaucoup de familles bourgeoises apostrophant leurs enfants de noms à la Plutarque, beaucoup de fustanelles venues de loin. Au milieu des fanfares, passaient le roi, la cour et les ministres.

Le stade peut contenir cinquante mille spectateurs. Si le centre des gradins regorge, il y a beaucoup de vides sur les côtés. En revanche, le sommet des collines dont les flancs forment l'enceinte, est couvert de spectateurs, qui veulent voir sans bourse délier. Ils se souviennent, en vrais Athéniens, que, dans l'antiquité, les spectacles étaient gratuits. Quoique un peu monotones, les jeux excitent beaucoup d'intérêt. Pour moi, je suis placé trop haut; à cette distance, les concurrents ressemblent à des insectes agités. Tel un curieux qui, du haut des tours de Notre-Dame, regarderait un spectacle donné sur le parvis. Sur les gradins plus rapprochés, on voit mieux et on applaudit avec fureur.

Les jeux vont durer quinze jours et nous n'en avons plus que trois à passer dans Athènes. Une séance me suffit et je donne le reste du temps aux monuments et aux musées. La plupart de mes compagnons font de même. Il nous suffit d'apprendre, le soir, en nous retrouvant avec les fervents du stade, les péripéties et les résultats des épreuves.

Les Américains tiennent la tête, mais l'honneur français est sauf : nos compatriotes ont leur belle part de récompenses, et nous possédons, à bord du *Sénégal*, un premier prix d'escrime.

Le Parthénon nous attire et nous groupe comme fait l'aimant avec la limaille de fer. Que cette métaphore scientifique ne vous étonne pas : elle est dans Platon. Au moins une fois par jour nous montons au divin rocher. A chaque visite, l'impression est plus profonde, comme aussi, du haut de l'Acropole, la vue d'Athènes dégage peu à peu tout son charme. Je connais un Français qui, à Rome, par tous les temps, faisait l'ascension du Palatin ou du Pincio. A Athènes, il n'eût point quitté l'Acropole.

Aux ruines guerrières de Morosini et aux mutilations volontaires de lord Elgin, le tremblement de terre de 1894 vient d'ajouter un nouveau dommage. Le fronton oriental du Parthénon est sensiblement ébranlé et un travail de consolidation commence, d'après les récentes études de notre compatriote M. Lucien Magne. Ce travail était urgent. Une partie de l'entablement, à droite, menace ruine, et il semble que les deux premières colonnes, du même côté, ne sont plus d'aplomb. Je tiens de source certaine — par l'éphore général des antiquités, M. Cavvadias, M. l'architecte Troump, notre compatriote, et les membres de l'École française — que le travail doit se borner à l'indispensable. Il ne s'agit pas de *restaurer*, heureusement.

A cette occasion, l'éphorie se propose d'examiner s'il n'y aurait pas moyen de relever quelques-unes des colonnes renversées par l'explosion de 1687. Elles gisent, complètes, sur la plate-forme de l'Acropole. Si l'on pouvait les remettre en place, *sans ajouter un morceau de marbre*, le monument y gagnerait, surtout si l'on parvenait à reconstituer aussi les architraves. Il en est de même pour la partie basse de l'Erechthéion, où les décombres couvrent le sol. On a procédé de la sorte, autrefois, pour le portique des Cariatides et le temple de la Victoire aptère. Les débris de celui-ci étaient noyés dans la maçonnerie d'un bastion turc; aujourd'hui, le svelte édifice se dresse dans la lumière, au-dessus des Propylées.

Ces relèvements continueraient les grands travaux poursuivis sur l'Acropole par M. Cavvadias. On se rappelle la merveilleuse découverte de l'éphore général en 1886. Dans la partie basse de l'Erechthéion, quatorze statues de femmes, en marbre de Paros, étaient exhumées. C'étaient les anciennes images d'Athéna, mutilées par les Perses et ensevelies par les Athéniens, sous les remblais d'un nouveau temple, après la fuite des envahisseurs. Elles sont réunies maintenant dans le petit musée qui occupe l'extrémité de la plate-forme. Raides dans leurs robes à plis droits, les cheveux tombant en masses égales, les yeux obliques, un sourire étrange sur les lèvres, elles étaient peintes de couleurs vives, qui se sont amorties à l'air, mais qui, au moment de la trouvaille, conservaient leur éclat primitif. Elles marquent un moment capital de la sculpture grecque, de même qu'elles apportent un argument considérable dans la question de la polychromie. Avec elles, l'art commençait à se dégager de la gaucherie primitive et de la convention hiératique. Quant au sourire qui relève uniformément leurs lèvres, il semble n'avoir d'autre but que de marquer la sérénité joyeuse des Dieux. C'est une convention et un procédé. Ce sourire n'en est pas moins d'un charme mystérieux, surtout lorsque l'on songe que ces premières images d'Athéna virent, avec leurs yeux de cristal, les Perses monter à l'assaut de l'Acropole, l'Asie menaçant l'Europe et repoussée par elle, la barbarie vaincue par la civilisation.

Tout ce musée de l'Acropole est un modèle. D'habitude, un musée se compose d'une réunion d'œuvres disparates, offrant un intérêt propre, mais ne donnant pas une démonstration commune. Ici, les objets sont de même origine et ils racontent une même histoire, le développement d'un culte et d'un art en un lieu déterminé. On a laissé en place tout ce qui pouvait y rester; ainsi, au Parthénon, la partie occidentale de la frise de Phidias. Les figures isolées et les fragments détachés ont été répartis en neuf salles, d'un classement lumineux. Il y a là quelques-uns des plus anciens monuments de la sculpture grecque, comme l'Héraklès combattant l'Hydre de Lerne; des plus étranges, comme le Typhon aux trois corps humains et à la queue de serpent, peints de bleu et de rouge crus; des plus parfaits, comme les fragments de la balustrade du temple de la Victoire aptère, ces petites Victoires occupées aux préparatifs du sacrifice triomphal, parmi lesquelles la plus célèbre, son message apporté, délie sa sandale. Une salle entière est consacrée aux fragments du Parthénon et des moulages permettent d'apprécier ce que furent les rapines de lord Elgin. Dans le vestibule, un bas-relief représentant les Trois Grâces est peut-être celui que Socrate avait sculpté pour l'Acropole, avant de se donner à la philosophie.

Mais, pour connaître l'art grec dans sa variété et sa richesse, pour se convaincre, surtout, que son histoire vraie commence à peine, il faut aller au Musée national et y passer de longues heures. Qui n'a point vu ce musée n'a qu'une idée incomplète de cet art, connût-il le Vatican et le musée de Naples, le Louvre et le British Museum, les musées de Berlin et de Munich. C'est ici que le gouvernement grec a réuni ses anciennes collections aux résultats des fouilles poursuivies depuis vingt-cinq ans sur son territoire par la Société archéologique d'Athènes, l'École française, l'Institut allemand et les particuliers, dont un, le seul Schliemann, lui a donné le merveilleux trésor de Mycènes.

Comme le nouveau stade et plusieurs monuments d'Athènes, l'édifice est dû au patriotisme et à la générosité privée. C'est un Grec de Saint-Pétersbourg, M. Bernadakis, qui en a fait les frais. Les architectes ont bien employé son argent. Leur œuvre est commode de distribution, bien éclairée, sobrement décorée. Quant au classement, il fait grand honneur à M. Cavvadias et à ses collaborateurs, MM. Tsoundas, Philios, Skias, Léonardos, Staïs, etc.

Non seulement M. Cavvadias dirige, mais il met la main à l'œuvre; outre l'Acropole, il a fouillé avec la même habileté et le même bonheur le sanctuaire d'Asclépios, à Epidaure d'Argolide. Quant à ses lieutenants, le nom de chacun d'eux reste attaché à quelque champ de fouilles. A cette heure, si le Musée d'Athènes ne contient pas tout ce qui a été trouvé sur le territoire grec — car plusieurs villes entendent garder leurs trésors d'art et font bien, — du moins y trouve-t-on tout ce que le gouvernement central a pu transporter dans la capitale.

A l'entrée, la première salle, la salle d'honneur, est consacrée à Mycènes. Aucune collection en Europe ne produit une impression aussi saisissante. On se trouve ici en face de toute une civilisation représentée par son art. Et quelle civilisation ! Prodigieusement riche, encore voisine des temps préhistoriques et déjà raffinée, composite et originale. A Mycènes avaient abouti, avant l'invasion dorienne, l'art de l'Asie, des îles Ioniennes, de l'Égypte, et à ces divers éléments la race achéenne avait ajouté sa marque propre. Les tombeaux de l'Acropole ont livré, avec les squelettes qui sont ici, des centaines d'objets en or : couronnes et cuirasses, bijoux, coupes, vases, poignées d'épée, figurines religieuses, plaques et rondelles d'ornement, animaux héraldiques ou symboliques. Puis, des vases d'argent, des armes de bronze, des objets d'ambre, d'albâtre et de porcelaine. Tout cela ciselé, gravé, martelé, repoussé avec une richesse d'invention et, souvent, une perfection de travail surprenants.

Les plus attirants de ces objets sont les masques funéraires, car, dans leur gaucherie, ils visent au réalisme complet; ils veulent reproduire des physionomies, même mortes. L'un d'eux, surtout, avec ses paupières closes, son nez droit, aux narines pincées par la mort, la barbe soigneusement peignée et la moustache taillée en croissant, montre, par la boursouflure et l'affaissement de la décomposition commençante, qu'il a dû être moulé sur le cadavre, puis estampé. Je ne vois de comparable à cette facture que celle de quelques statues de l'abbaye de Saint-Denis, où l'aspect du cadavre est reproduit en toute sincérité. Ce masque de Mycènes est admirable de tristesse, l'universelle tristesse des morts, et de fierté survivant à l'être.

Comme contraste, à côté de cet art farouche, on voit dans la même salle les deux vases d'or découverts à Vaphio, en Laconie. Ils représentent des chasses au taureau sauvage. La Renaissance italienne n'a rien produit de supérieur, comme vérité d'observation et délicatesse de travail. Ils font songer au naturalisme énergique de Barye. Repoussés au marteau et repris au burin, ils dénotent une science technique et une sûreté de main d'autant plus remarquables que certaines particularités de facture multipliaient les difficultés du travail. Le caractère d'art n'est pas moins surprenant. Non seulement les artistes mycéniens ont suivi la nature avec autant d'intelligence que de respect, mais ils ont observé la vérité du mouvement avec cette rapidité de vision que la photographie instantanée nous rend facile aujourd'hui, mais qui, en ce temps-là, tient du prodige. D'habitude, aux époques primitives de l'art, la part de la convention est énorme; ici, le désir de la vérité dépasse les scrupules des époques les plus avancées. Et, non seulement les auteurs inconnus de ces chefs-d'œuvre égalent déjà leurs plus lointains successeurs par la sûreté de leur science, mais ils ont senti et fixé le double charme que l'œuvre d'art produit par des moyens tout opposés. L'un des vases est une esquisse enlevée de verve; l'autre un modèle de travail fini.

Disposées de manière à donner un enseignement, les salles de sculpture le donnent complet. On y suit le développement de la sculpture grecque depuis les premiers essais de l'archaïsme jusqu'aux œuvres de l'école romaine. Il y a des pièces typiques ou parfaites à Delphes et à Olympie, mais, outre qu'un certain nombre seront transportées à Athènes, on trouve ici, en attendant, l'équivalent ou le semblable. Chaque salle est consacrée à une période ou à une école. Dans la salle archaïque, vous trouverez les plus anciennes représentations des dieux, l'Artémis et la Nikè de Délos, assises et raides, et les trois Apollons, les bras pendants et les jambes presque unies; puis les stèles peintes, dont l'importance a été longtemps méconnue. Dans les salles des Ve et IVe siècles, on suit les rapides progrès de l'art, et on trouve l'Athéna de 1879, réduction de la fameuse statue de Phidias, avec le bas-relief d'Eleusis, la tête de jeune homme de Praxitèle et les trois bas-reliefs de Mantinée. De même pour les époques alexandrine et romaine. Les stèles et les vases funéraires occupent à eux seuls six salles, et cette collection développe l'idée complète que les Grecs se faisaient de la mort, idée grave et calme, sans révolte, dominée par la résignation et le souvenir. Toutes ces œuvres sont telles que la terre les a rendues, sans restauration, par suite sans erreur. C'est au sens artiste du spectateur à les compléter librement, sans la servitude imposée d'une collaboration moderne.

La collection des vases peints, outre sa richesse, a le mérite de provenir tout entière de la Grèce et de ne pas contenir de mélange hétérogène comme la plupart des collections du même genre formées en Europe. Les séries n'offrent pas de lacunes et, par là, ces vases livrent tous leurs secrets à l'artiste et à l'historien.

Quant aux figurines de terre cuite, si le Louvre et Berlin en possèdent d'aussi gracieuses, ils n'ont qu'un choix, alors que le musée d'Athènes groupe toutes les formes de l'art minuscule et charmant des coroplastes. Les statuettes de Béotie et d'Ionie, de Tanagra, d'Antédon et de Myrrhina, remplissent deux salles. Dès l'entrée, c'est un ravissement. Toutes les nuances de la terre blonde caressent les yeux et la variété des attitudes donne l'illusion du mouvement. Il semble que ce petit peuple marche, danse et coquette. Ce sont les plus gracieux des êtres minuscules que l'imagination a créés chez tous les peuples pour offrir, en raccourci, l'image embellie de l'existence intime. Divinités familières, gens de moyennes conditions, demi-monde engageant, sous leurs laits de chaux et leurs traces de couleurs vives, ils semblent de loin bruire et chuchoter; de près, ils vivent d'une vie discrète et confiante.

Et il y aurait à mentionner encore les lécythes blancs, les miroirs, les antiquités juridiques, les statuettes de bronze, parmi lesquelles une merveille de réalisme, l'athlète aux lèvres et aux oreilles meurtries par les coups de poing, et une Athéna combattant, de valeur inestimable par le fini du travail et le caractère de la représentation.

Je n'espère pas, en feuilletant ainsi mes notes, donner même une idée de ce prodigieux musée; il me suffirait d'indiquer au public français l'étendue d'une richesse que connaissent seuls les archéologues de profession. L'Europe, riche des dépouilles de la Grèce, a cru longtemps posséder les plus précieuses. Elle se trompait. Dès qu'ils se sont mis à fouiller leur sol avec l'aide des savants européens, les Grecs ont exhumé le meilleur de leur patrimoine. Il se trouve que l'étranger n'en retient qu'une faible partie. Il faut désormais venir chez eux pour le connaître, et pour donner une idée de ce qu'ils possèdent, nos musées devront leur demander des moulages.

Si je transcris quelques-unes des notes que j'ai prises dans les musées, je me garderai bien d'en faire autant pour celles que je rapporte de mes visites aux monuments d'Athènes; cela pour le motif que j'indiquais, en évitant de décrire le Parthénon. Je ne pourrais rien dire qui ne soit partout : sur le monument choragique de Lysicrate, sauf qu'il est trop restauré; sur la Tour des Vents, sauf qu'elle est bien surfaite; sur l'Aréopage et le Pnyx, sauf qu'ils donnent lieu à bien des controverses et que la topographie d'Athènes est loin d'être fixée; sur le Théséion, sauf que son tort est d'avoir au-dessus de lui la comparaison dominante, inévitable, écrasante du Parthénon.

Il me suffira de rappeler le souvenir d'une promenade au Céramique, par une après-midi où le soleil souriait sur les stèles antiques. Je songeais aux Alyscamps d'Arles. C'est la même poésie. Arles a l'avantage du site et de ses grands platanes, toujours murmurants. Il lui manque les figures graves et douces par lesquelles Athènes exprimait sur ses tombeaux la pensée de la mort. Le courage militaire dans le monument de Dexiléos, la jeunesse virginale dans celui d'Hégéso, l'amour conjugal dans celui de Démétria et de Pamphilé, expriment de manière incomparable la beauté triste de ce que la mort peut faucher en sa fleur de plus héroïque et plus charmant.

J'ai pu aussi, grâce à MM. Cavvadias et Troump, visiter le monastère bysantin de Daphni, sur la route d'Eleusis. Avec l'ancienne métropole d'Athènes, attendrissante de petitesse et exquise par ses murs brodés de bas-reliefs antiques ou sculptés avec une gaucherie scrupuleuse, l'église de Daphni est un précieux spécimen d'un style que le culte de l'antiquité ne doit pas faire négliger, car il a sa place dans l'histoire de l'art et l'histoire d'Athènes. Elle possède surtout des mosaïques dont on ne trouverait l'équivalent qu'à Constantinople et à Ravenne. Pour nous Français, la métropole et Daphni racontent une page de notre histoire. Sur les murs de la métropole figurent les armes des La Roche et des Villehardouin, ducs d'Athènes. Dans le cloître de Daphni, se trouvent les sarcophages vides des La Roche, écussonnés de fleurs de lys.

Le site est charmant. Le sévère Parnès ramène à ses pieds un coin de son manteau. La mer prochaine agrandit l'horizon et le flanc de la montagne relève la douceur du paysage par la fermeté du fond. A l'impression esthétique se joint un souvenir de drame pour en augmenter la saveur. Jadis, les brigands fréquentaient en cet endroit. Edmond About a placé dans le Parnès la scène du *Roi des Montagnes*. Il n'y a pas encore longtemps, un ancien officier de marine français, installé à Athènes, avait conduit ici quelques camarades de la station navale du Levant. Pendant qu'ils admiraient le site et l'édifice, des hommes en fustanelle, la ceinture copieusement garnie de pistolets et de poignards, les regardaient. C'étaient des brigands, qui se concertaient sur les chances d'une attaque. Le cocher grec entendait leur conversation; il prévint ses voyageurs, qui purent remonter en voiture, avant que les délibérants eussent fini de peser le pour et le contre. Il n'y a plus de brigands sur la montagne; mais, s'il y en avait encore, nous serions bien protégés. Pendant notre visite, deux gendarmes abreuvent leurs chevaux au puits du monastère.

Pendant cette course à Daphni, le long de la voie sacrée, à travers la forêt d'oliviers de Colonne, qui laisse entrevoir les stèles funéraires d'Olfried Müller et de Lenormant, j'ai manqué la visite d'Eleusis. L'œuvre de déblaiement se poursuit par les soins de M. Skias. Si, comme nous l'espérons, le voyage de cette année en suscite d'autres aux mêmes lieux, nous reviendrons.

Hier, nous avons quitté Athènes, à la dernière minute, en laissant au factotum de l'École, le fidèle Karalambos, le soin de boucler nos valises et de les transporter au Pirée. Nous ne voulions rien perdre de notre temps et, jusqu'au bout, nous avons vu et revu. M. Salomon Reinach et votre correspondant rejoignaient le *Sénégal* au moment où la cloche sonnait l'appareillage. Nous avons même, en arrivant sur le quai, examiné la forêt de mâts avec inquiétude, en nous demandant si notre navire n'avait point levé l'ancre. Tout à l'heure, en chemin de fer, nous avons aperçu l'Acropole une dernière fois. A ce moment, le soleil couchant l'éclairait, et les colonnes du Parthénon se détachaient vigoureusement sur un azur intense. Je n'avais pas encore vu le temple dans cette pleine lumière, avec ce relief. C'est là, me disait mon compagnon, son véritable aspect, et je ne l'aurai admiré de la sorte que durant quelques secondes! Il faudra revenir. C'est ce que nous pensons tous.

VIII

SUR L'ACROPOLE D'ATHÈNES

LES ASPECTS DE L'ACROPOLE. — LA CITADELLE. — LA PORTE BEULÉ. — LES PROPYLÉES. — L'ART GREC ET L'ART ROMAIN. — LE TEMPLE DE LA VICTOIRE APTÈRE. — L'HORIZON DE L'ACROPOLE.

Paris, 25 avril

Depuis que le récit des impressions rapportées de Grèce par les passagers du *Sénégal* a été publié dans le *Temps*, j'ai reçu de mes compagnons de voyage et de mes lecteurs une réclamation formulée avec beaucoup d'insistance. Ils estiment que l'historien d'un pèlerinage manque à son devoir si la visite au sanctuaire n'est pas le principal objet de sa relation. Ils m'accusent d'avoir « escamoté le Parthénon ».

J'ai dit les motifs de ma réserve. Les archéologues ont décrit l'Acropole avec un détail minutieux et les plus grands écrivains du siècle ont exprimé en prose et en vers les sentiments qu'ils lui devaient. Depuis *Childe Harold* et l'*Itinéraire de Paris à Jérusalem*, chaque génération de lettrés a trouvé chez ses illustres contemporains le même acte d'adoration pour la pensée et la beauté grecques, la même prière à Pallas Athéna, marquée du tour d'esprit propre à chacune d'elles. Tous les trente ans, de grandes âmes ont rendu sous le même choc des sons différents et semblables. Le début du siècle a entendu Chateaubriand, le milieu Lamartine, la fin Renan.

Je croyais donc qu'il m'était permis de passer respectueusement devant cette partie de mon sujet, de garder mes impressions pour moi et d'éviter ainsi le pire danger pour tout écrivain, qui est d'écrire des choses inutiles. On m'a objecté que, s'il serait ridicule de rédiger à nouveau la « prière sur l'Acropole », il pouvait être utile de décrire l'état présent de la colline sacrée, et de signaler les questions d'art qu'elle propose au visiteur, car elles se sont renouvelées depuis une vingtaine d'années. Je me rends à ces raisons et je m'exécute dans la mesure que je viens d'indiquer.

De tous les points d'Athènes, on aperçoit le rocher rougeâtre de l'Acropole. Il ressemble à une citadelle, à un autel et à un piédestal. Il était tout cela. Au centre de cette plaine entourée de montagnes, sur le flanc de cette ville, il rappelle encore, avec une évidence singulière, chacune de ses destinations.

Le rocher de l'Acropole s'élève à cent cinquante-six mètres au milieu de la plaine comprise entre le Parnès, le Pentélique et l'Hymette. Il est isolé; l'ancienne Athènes et la nouvelle l'ont également respecté, en lui laissant assez d'espace pour que, de tous côtés, l'œil puisse l'embrasser dans son ensemble. Selon la distance et l'orientation, l'aspect change du tout au tout.

De loin, sur la route du Pirée, le rocher s'écrase et perd de son importance; le Parthénon, au sommet, gagne d'autant. Ainsi aperçu, le rocher est un piédestal qui élève le temple dans l'air et le baigne dans l'élément dont les yeux bleus d'Athéna reflétaient la couleur et la sérénité. Ce temple paraît à peu près intact : il se montre par l'un de ses frontons, et la grande mutilation qui l'a ruiné se devine à peine. Le rocher semble n'être qu'un soubassement grandiose, fourni par la nature et choisi par l'architecte avec une sûre notion de son art.

Lorsque, après l'avoir perdue de vue, le long du boulevard de l'Université, entre les hautes maisons neuves, l'Acropole apparaît de nouveau, après le Palais-Royal et le boulevard d'Amélie, l'irréparable blessure du Parthénon se montre dans toute son étendue. Le temple se découvre de flanc et, entre les deux frontons, il n'y a que le ciel. L'impression religieuse s'affaiblit. On n'a plus devant les yeux qu'une ruine, d'où le prestige divin a disparu. Exposée sur cette base majestueuse, elle procure le sentiment calme et purement humain d'une pièce de musée, de ce musée en plein air que forment les restes de l'ancienne Athènes.

A mesure que l'on approche, le Parthénon s'abaisse et disparaît. Alors, l'Acropole retient seule l'attention. C'est maintenant une citadelle primitive, un de ces rochers fortifiés par la nature, dont la rencontre par les hommes préhistoriques déterminaît la naissance des villes. Les hommes se hâtaient de l'occuper, s'efforçaient de le rendre inaccessible, l'entouraient de murs et, au centre, ils bâtissaient le temple de la divinité *poliade*, le palais du roi et les demeures des chefs. Le peuple s'établissait au pied, et, à la première alerte, il se réfugiait au sommet.

Ici, la position était particulièrement forte et le travail de l'homme n'a cessé de la remanier que le jour où il a cru l'avoir portée au plus haut degré de résistance dont elle fût capable. Sur le côté méridional, celui par lequel les visiteurs l'abordent ordinairement, un énorme rempart la couronne. Ce sont les murs de Cimon. Leurs assises régulières, d'une teinte jaunissante, tranchent sur la masse brune de la roche, les débris blancs du théâtre de Bacchos, étagés le long de la pente, et les noires arcades de l'Odéon qui s'étendent au pied. Le temple est comme rentré dans le plateau, derrière la crête des murs. Il n'y a plus là qu'une forteresse dont l'histoire commence mille ans avant Jésus-Christ, et ne finit qu'en 1827. L'Acropole a soutenu toutes les formes d'attaque, depuis les armes de pierre et de bronze jusqu'au boulet et à la bombe. Elle a soutenu la guerre civile et la guerre étrangère; elle a vu fumer à ses pieds les camps des Perses et des Spartiates, des Vénitiens et des Turcs.

Chaque face du rocher présente de même sa ligne de remparts. Au nord, sur les *Longues roches*, s'élèvent les murs de Thémistocle, ceux dont Thucydide raconte la construction. Il fallait, après la fuite des Perses, remettre au plus tôt la forteresse démantelée par eux en état de défense contre la jalousie de Sparte : « L'ouvrage, dit l'historien, porte encore aujourd'hui des traces de la précipitation avec laquelle il fut exécuté. Les fondements sont en pierres de toute espèce, non appareillées, telles que chacun les apportait. On y fit entrer jusqu'à des stèles funéraires et des marbres sculptés. » Cet aspect est toujours le même ; on reconnaît, engagés dans la maçonnerie, des tambours de colonnes et un entablement.

Par une pente douce, le boulevard de Denys l'Aréopagite, qui longe le flanc méridional du rocher, sous les murs de Cimon, le visiteur arrive au pied d'un des petits côtés du quadrilatère formé par l'Acropole, le côté occidental, le seul accessible. Entre deux tours carrées et massives, s'ouvre une haute porte et s'élève un escalier monumental. C'est la porte Beulé. La découverte de cette porte, en 1853, fut un événement archéologique. Elle contribua pour beaucoup au maintien de l'École française, alors très discutée, et rendit célèbre, à vingt-sept ans, le jeune homme dont la science et la volonté l'avaient devinée menée à bien. Après cette découverte, Beulé explorait minutieusement l'Acropole et la décrivait dans un beau livre. Il ramenait sur elle l'attention du monde savant et provoquait un vaste mouvement d'études.

Il avait cru découvrir l'entrée primitive, une entrée conçue à la fois pour la défense et pour l'appareil religieux. Si les caractères de la construction dénotaient un travail romain, c'était, d'après lui, le remaniement d'un édifice plus ancien, compris dans le plan primitif de Mnésiclès, l'architecte des Propylées. Il se trompait et, à cette heure, sa théorie est complètement abandonnée. La porte et l'escalier sont une œuvre purement romaine, qui gâtait l'aspect de l'entrée, telle que l'avait conçue l'architecte grec. C'est ce que nous expliquent nos guides habituels, auxquels se sont joints deux membres de l'École française, MM. Perdrizet et Fournier. Nous en avons un autre, absent de sa personne, présent par son œuvre, M. Haussoullier, l'auteur d'*Athènes*, dans le guide Joanne et cette œuvre, comme on le voit sur place, est un petit monument de science et de critique. Les successeurs de Beulé détruisent, puisque la vérité l'exige, le système de leur ancien, mais ils ajoutent, avec raison, que, par l'ensemble de ses travaux, cet ancien demeure un honneur de l'École française. Il a été l'initiateur des fouilles entreprises sur l'Acropole à partir de 1853; aujourd'hui encore, il est le plus complet historien français de ses monuments. Il a marqué sa place à côté d'Otfried Müller et de Curtius, inspirateurs de l'action archéologique des Allemands en Grèce. Il avait débuté comme eux; s'il avait continué de même, il aurait laissé un nom égal au leur.

Beulé voyait en imagination la procession des Panathénées s'étager majestueusement sur les soixante-quatre marches de son escalier monumental. « Alors je me figure la pompe sacrée se divisant en trois troupes.... Les trois troupes se rencontrent sur le vaste palier qui forme le centre de l'escalier,... etc. » Les Grecs n'ordonnaient pas ainsi leurs fêtes en cortège d'opéra. Outre que leur goût y répugnait, leurs édifices, entassés dans des espaces étroits et séparés par des voies sinueuses, s'y fussent mal prêtés. La procession que Phidias a représentée là-haut, sur les murs de la *cella*, était formée simplement d'une longue et étroite file. L'entrée de l'Acropole l'exigeait ainsi.

En effet, cette entrée était un simple sentier datant de l'époque pélasgique. Il était à peine large d'un mètre et suivait les contours du rocher. Une partie de ce sentier est encore visible, avec ses entailles irrégulières, destinées à fournir au pied un point d'appui, et les trous creusés pendant des siècles par le sabot des montures. Sur le flanc abrupt du rocher, sinueuse comme le chemin qu'elle suivait, la procession se déroulait, autrement pittoresque à l'œil que les étages symétriques du cortège imaginé par Beulé.

Sans l'écran de la lourde maçonnerie romaine, à mi-côte, se dressaient, complètement découverts, les Propylées de Mnésiclès. Comme leur nom l'indique, ils étaient simplement une entrée décorative, ni temple, ni forteresse. Ils comprennent une façade centrale et deux annexes en retour. La façade consiste en un grand mur, percé de cinq entrées. Un portique dorique la précède et un double vestibule ionique la flanque des deux côtés. Derrière le mur, un second portique, de même ordonnance, répète la décoration de la façade. L'annexe de gauche, précédée d'un petit portique dorique, formait une pinacothèque, c'est-à-dire un musée de tableaux ; celle de droite répète le motif dorique et s'ouvre sur la plate-forme où s'élève le temple de la Victoire aptère.

Transformés en forteresse par les ducs d'Athènes et en arsenal par les Turcs, les Propylées subirent en 1656 une explosion provoquée par la foudre. La couverture fut emportée et deux colonnes ioniques renversées ; des colonnes doriques, deux seulement conservèrent leur chapiteau. L'édifice n'est donc plus qu'une ruine, à travers laquelle le bleu du ciel s'étend en larges pans, et qui laisse apercevoir, à mesure que l'on monte à droite le Parthénon, à gauche l'Erechthéion, ruinés, eux aussi, et tendus d'azur.

Tels quels, les Propylées sont un chef-d'œuvre et l'antiquité les égalait ou même les préférait au Parthénon. Purement décoratifs et sans autre destination que de donner accès dans une enceinte sacrée, ils réalisent déjà le principe essentiel de l'art grec, l'adaptation de l'œuvre à son objet. L'espace compris entre leurs ailes et leurs hautes portes fournissait aux cortèges l'emplacement nécessaire pour se grouper, avant de pénétrer dans l'enceinte, après le long défilé au flanc de la colline. Leurs portiques servaient d'entrée aux édifices latéraux et annonçaient déjà la double ordonnance, dorique et ionique, des temples construits sur le plateau. Ainsi la conception de l'ensemble était déterminée par l'utilité. Dans le détail, aucune virtuosité d'exécution.

En revanche, cet ensemble est majestueux et charmant; dans ce détail, le soin est porté jusqu'au scrupule. Les joints des tambours et le travail des chapiteaux sont d'une précision et d'une perfection absolues. L'écartement des colonnes diminue de l'axe aux extrémités pour correspondre à la largeur également diminuée des cinq portes. Enfin il est aisé, aux Propylées, de vérifier deux principes de l'architecture grecque, découverts par un architecte anglais, M. Penrose : les courbes horizontales et les inclinaisons verticales. Le premier consistait en ce que les lignes horizontales, au lieu d'être strictement droites, étaient légèrement courbées; le second, en ce que les lignes verticales, au lieu d'être strictement perpendiculaires au sol, étaient légèrement inclinées, de façon à converger vers un centre fictif, situé dans l'espace. Ce double artifice corrigeait la sécheresse de la ligne droite, et en faisant glisser le regard sur les surfaces planes, augmentait la longueur apparente de l'édifice. De là une double impression de grandeur et d'harmonie. Les moyens, si ingénieux et si simples, qui produisaient cette impression, ne sont pas pour étonner chez un peuple qui faisait de la géométrie, c'est-à-dire du plan même de la nature, le point de départ et le but de toute création humaine, intellectuelle ou physique et, en tout, cherchait l'eurythmie.

Tous les effets de l'art grec sont obtenus par des calculs analogues : la raison y produit la beauté. Chaque détail étant subordonné à l'ensemble, le caractère général résulte de l'exacte concordance des parties vers un même but. La simplicité s'y tourne en clarté et l'ordre en harmonie. Point de recherches, ni de surcharges; aucun désir de produire l'effet par l'étalage de la masse. Rien de colossal : les dimensions sont déterminées par la destination de l'édifice, son emplacement, la nature des matériaux, le site, l'horizon.

En adoptant les éléments de l'architecture grecque les Romains les ont dénaturés; ils ont méconnu les principes rationnels et les rapports logiques qui les déterminaient. Ils ont cru pouvoir les appliquer à toutes les grandeurs, élever les colonnes et étendre les frontons à toutes les échelles. Chez eux, la grandeur, au lieu d'être le résultat naturel des proportions, était produite par l'étalage des masses; ils causaient plus d'étonnement que d'admiration.

La Renaissance et les temps modernes n'ont d'abord vu la Grèce qu'à travers Rome. Puis, à l'erreur qui croyait pouvoir grandir arbitrairement les ordres grecs, ils en ont ajouté une autre. Alors que, dans l'édifice grec, tout détail avait une raison d'utilité, ils ont multiplié les ornements, sans autre but qu'eux-mêmes. Des trois ordres, ils ont employé de préférence le corinthien, le plus riche de tous, le plus éloigné de la simplicité primitive, le plus favorable aux caprices de l'imagination, le plus récent aussi et déjà marqué de décadence. Ils ont fait un bien moindre usage de l'ionique, si gracieux, mais encore sobre. Ils n'ont presque pas employé le mâle dorique. De là cette surcharge qui, à partir du XVIe siècle, est allée toujours croissant, ce luxe de décorations lourdes et compliquées, efforts laborieux d'une imagination qui se tourmente, alors que l'art grec résultait de la raison, appliquant avec aisance des principes simples et sûrs. Devant les Propylées, le souvenir des plus célèbres édifices de Rome souffre de la comparaison qui s'impose en cet endroit. On se dit aussi que les imitations de la Renaissance ont été plus romaines que grecques et on trouve que c'est un malheur. Quant aux applications de l'art grec à des œuvres modernes, comme la colonnade du Louvre et la Madeleine, on estime que ces énormes constructions auraient choqué les Grecs comme une erreur et un excès barbares.

L'illogisme de l'art romain, par comparaison avec l'art grec, éclate au pied même des Propylées, non seulement par le mur et l'escalier de la porte Beulé, mais encore et surtout par le gigantesque piédestal de la statue élevée, l'an 27 avant Jésus-Christ, au gendre d'Auguste, Agrippa, contre l'avant-corps gauche des Propylées. Cette masse a seize mètres soixante-quinze centimètres de haut, alors que les colonnes doriques des Propylées n'ont que huit mètres cinquante-cinq centimètres. Isolée sur une place publique, elle aurait de la grandeur; contre les Propylées, elle est une insulte à l'eurythmie grecque.

Les Propylées franchis, aux premiers pas sur le plateau de l'Acropole, s'offre un autre exemple de l'adaptation de l'architecture grecque au site et à la destination. A droite, sur un soubassement haut de huit mètres, s'élève le temple ionique d'Athéna Niké, la Victoire aptère. Vu d'en bas, il se détache sur le ciel, comme un promontoire sur la mer; il paraît très élevé et il n'a que sept mètres. C'est que, de l'endroit où il apparaît, le spectateur n'a pas de recul pour choisir le point de vue. De près, isolé sur ses quatre faces, à pic sur un abîme et dominant un vaste horizon, il est minuscule et charmant. A cet endroit, il ne pouvait ni ne devait être plus élevé. Il ne le pouvait pas, car la plate-forme sur laquelle il s'élève, vrai bastion de citadelle, est étroite et sa largeur commandait la hauteur de l'édifice. Il ne le devait pas, car, plus large, il aurait caché l'horizon.

Cet horizon de terre et de mer est un des plus beaux qu'il y ait au monde. A gauche, la côte de l'Attique se déroule jusqu'au cap Sounion; au loin, par delà le golfe d'Egine, se dressent les montagnes de l'Argolide. Dans la courbe du golfe, Egine porte comme une couronne les ruines de son temple. A droite, le regard se heurte contre le haut massif de l'Acro-Corinthe, puis il se repose sur la rade d'Eleusis. L'espace parcouru, il revient au spectacle voisin que lui offrent Salamine, le Pirée et Phalère. En face, isolé sur le ciel, au sommet d'une colline, le monument de Philopappos, médiocre de près, très décoratif à distance, jalonne, comme un navire à la crête d'une vague, la plaine qui se soulève et retombe en larges ondulations. A l'ouest, sur les bords du Céphise, s'étend un grand bois d'oliviers, la forêt sacrée de Colone. Et partout, brillant à travers les terres, ce qu'Eschyle appelait « le sourire innombrable des flots ».

A l'heure où nous sommes, le soleil, longtemps voilé, a dissipé les nuages et touche l'horizon. Il verse obliquement sur la terre et la mer une nappe de lumière dorée qui, en allongeant les ombres, met en valeur chaque détail du paysage. L'air est d'une limpidité parfaite; aucune brume n'estompe la nappe bleue de la mer et les pentes violettes des montagnes. Des deux côtés du Céphise, qui semble jeter sur la plaine les mailles d'un filet d'argent, les grands oliviers étendent une voûte d'un vert léger, piquée par le soleil de paillettes d'or.

Cette heure est exquise, d'une mélancolie et d'un charme infinis. Le passé évanoui et la gloire morte sèment à travers l'espace les souvenirs radieux ou sinistres, consacrés par l'histoire et la poésie. Sur la terrasse où nous sommes, à l'endroit où s'élève le temple de la Victoire aptère, Egée attendait, selon la légende, le retour de son fils Thésée et, lorsque le navire parut vers Sounion, en voyant les voiles noires, au lieu des voiles blanches, il se précipita. Du même observatoire, les Athéniens guettaient le retour de la galère sacrée qui, chaque année, portait la théorie de Délos, et durant l'absence de laquelle aucune sentence de mort n'était exécutée. C'est d'ici que descendit le veilleur pour annoncer aux Onze que Socrate pouvait boire la ciguë. Là-bas, dans la baie de Salamine, l'immense flotte de Xerxès fut dispersée et le chœur triomphal d'Eschyle est monté vers le ciel, ici, à gauche, le long de cette pente, sur ce théâtre de Bacchus, où les *Perses* furent représentés : « O roi Jupiter ! tu viens donc de détruire l'armée des Perses.... » Sur cette même rade, Alcibiade avait réuni la plus belle flotte qui soit sortie d'un port de la Grèce, celle qu'Athènes envoyait en Sicile et qu'elle ne devait plus revoir. Et ce souvenir évoque le récit de Thucydide, tragique dans sa simplicité voulue, impassible comme la vérité, quoique la main de l'historien ait dû trembler en l'écrivant : « L'embarquement terminé, la trompette commanda le silence.... » Ce bois d'oliviers est celui qu'a chanté Sophocle ; le chœur d'*Œdipe à Colone* a frappé ces mêmes murs de Cimon qui avaient entendu le chœur des *Perses* : « Étranger, te voici dans le plus beau séjour de la terre, sur le sol du blanc Colone, riche en chevaux.... »

Pour contempler ce spectacle, nous sommes un groupe de Français en qui les mêmes souvenirs s'éveillent. Divers d'âges et de professions, mais formés par la culture classique, nous éprouvons pour elle une même reconnaissance. L'éducation du collège, malgré ses lenteurs, ses lacunes et ses ennuis, a déposé au fond de notre mémoire des scènes et des mots qui n'en sortiront plus. Elle nous a munis d'un viatique, en nous forçant à retenir quelques phrases d'Hérodote et de Thucydide, quelques vers d'Eschyle et de Sophocle. Rien de meilleur ne les remplacerait, car, si la vie recommence et se renouvelle toujours, les premières fleurs, et les plus belles, de l'héroïsme et de la beauté ont été cueillies ici, sur la terre qui s'étend sous nos yeux. Au moment où nous quittons à regret la plate-forme, pour faire le tour de l'Acropole avant le coucher du soleil, un de nous résume notre impression commune à la française, en égayant d'un sourire le sérieux de la pensée : « Nous sommes venus ici parce que nous sommes bacheliers »

IX

SUR L'ACROPOLE D'ATHÈNES

Le Parthénon et l'Erechtéion; l'aire de l'Acropole. — Le génie attique; Thucydide, Sophocle, Aristophane. — Souvenirs de collège. — La raison dans l'ordre dorique; la fantaisie dans l'ordre ionique. — La tribune des cariatides. — La polychromie et le climat de la Grèce. — Le culte d'Athéna.

Paris, 27 avril

Les souvenirs de la poésie et de l'histoire ne nuisent pas à la sincérité des impressions personnelles, lorsqu'ils sont spontanés. Le panorama de l'Attique, vu de l'Acropole, appartient à tous les spectateurs. Pour animer Colone et Salamine, il suffit de l'éducation classique et chacun goûte le spectacle à sa manière. Il n'en est pas de même devant quelques monuments consacrés par une admiration universelle. Trop de pages célèbres en ont fait des lieux communs et l'on craint, en leur présence, de sentir d'après autrui. Un effort est nécessaire pour être de son propre avis.

Nulle part cette impression n'est plus vive que sur le plateau de l'Acropole. Lorsque, au sortir des

Propylées, le Parthénon et l'Erechthéion surgissent, à droite et à gauche, la première pensée est pour Chateaubriand et Renan. Byron est plein de beau vers sur l'Acropole; mais, disséminés à travers *Childe Harold*, ils ne font pas corps. Lamartine délaie son enthousiasme en pages si copieuses que, après avoir lu le *Voyage en Orient*, on ne se plonge plus guère dans cet océan de mots. La pensée reçoit une impression plus durable des tableaux vigoureux peints en quelques traits par Chateaubriand et du bercement dont la prière mystique de Renan l'a caressée. On a beau arriver sur le plateau à la tombée du jour et n'être pas Breton, ces deux débuts chantent aussitôt dans la mémoire : « J'ai vu du haut de l'Acropolis, le soleil se lever entre les deux cimes du mont Hymette.... » — « Je suis née, déesse aux yeux bleus, de parents barbares, chez les Cimmériens bons et vertueux.... » Heureusement, cette bouffée livresque se dissipe bientôt; la pensée écarte les deux enchanteurs et l'impression du site, dominant tout, permet de sentir pour soi-même.

Le regard va d'abord au Parthénon. Le temple se présente par le côté gauche de la *cella*. S'il a conservé son fronton, ce côté n'offre qu'une immense brèche. La première impression est une déception navrante. Cette ruine, le Parthénon! Ces colonnes mutilées, le temple de la beauté suprême! Mais peu à peu, la majesté simple de cette ruine produit son effet nécessaire. L'âme de ces marbres se dégage; faite de raison et d'harmonie, elle vient au-devant de la réflexion. Comme tout dans l'édifice était clair et logique, le peu qui en reste offre un tel caractère d'évidence qu'il suffit à chaque spectateur d'un peu de réflexion pour relever et compléter les ruines. Les parties absentes sont évoquées par celles qui restent.

La hâte est grande de parcourir d'un seul coup tout le plateau. A gauche, l'Érechthéion attire par l'aspect de la tribune des Cariatides qui se profilent sur le ciel, et le portique ionique qui, en contre-bas, surgit d'un amas de marbres brisés. On longe le flanc du Parthénon et, de la terrasse qui le supporte, dominant le bas-fond où s'entassent ces marbres, on arrive au pied de la tribune. Cette ruine à gauche et, en face, cette tribune à peu près intacte forment un contraste mélancolique. Ce qui n'est plus et ce qui existe encore se font mutuellement valoir.

Le Parthénon n'exprime que simplicité et grandeur. L'Érechthéion est un chef-d'œuvre de libre élégance. En cet endroit de l'Acropole, le sol offre une dépression profonde. L'architecte s'est bien gardé de la combler. Il en a profité pour donner à l'édifice toute la variété que permettait la différence des niveaux. Sur la partie haute, il a bâti un grand mur, aux larges assises, le mur du fond et, pour en rompre la monotonie, il a placé contre une des extrémités la tribune des Cariatides. A l'autre extrémité, en retour, se présente un portique ionique, puis, à l'entrée de la partie basse, opposé au grand mur, un autre portique du même ordre. Ainsi, tandis que l'œil embrasse d'un seul coup la masse rectiligne du Parthénon, il doit tourner autour de l'Érechthéion, où la diversité des motifs l'arrête sur chaque face. Au Parthénon, tout était conçu pour l'ensemble : ici chaque détail a son attrait.

La perfection du travail est la même dans les deux édifices, mais, au Parthénon, les diverses parties tendent à l'unité, tandis que, à l'Érechthéion, chacune vaut par elle-même. Ainsi, à quelques pas de distance, le génie grec a donné les deux plus parfaits modèles de la majesté et de la grâce. Le Parthénon, type de la beauté mâle, éveille un idéal de force sérieuse ; l'Érechthéion sourit comme une femme parée.

Jadis, tout ce plateau, de trois cent dix mètres de long sur cent quarante de large, était couvert de monuments et de temples. Entre les Propylées et le Parthénon s'étendait une enceinte consacrée à Artémis, et une chalcothèque ; contre l'Érechthéion, s'élevait un ancien temple d'Athéna, précédé d'une statue de la déesse combattant, Athéna Promachos. Derrière le Parthénon et l'Érechthéion, entre les deux temples et l'extrémité du plateau, on trouvait un grand autel d'Athéna et, plus tard, un temple de Rome. Partout des statues et des monuments votifs, autour desquels serpentait la voie sacrée. Avant que l'Acropole fût tout entière consacrée à Minerve et aux divinités qu'elle admettait dans son enceinte, sur l'aire aplanie par les Pélasges, s'était élevé le palais des rois d'Athènes. De tout cela, il ne reste plus, avec quelques bases, que le Parthénon et l'Érechthéion. Selon le point de vue, ils se dressent isolés, tantôt sur l'azur du ciel, tantôt sur l'horizon des montagnes et de la mer.

Je n'ai guère cessé, durant trois jours, d'aller et de venir entre le Parthénon et l'Érechthéion, regardant et comparant, laissant mes impressions s'ordonner et se préciser peu à peu. Le soir, à l'École française, tandis que, au bas du Lycabette, les retraites aux flambeaux sonnaient le long des boulevards, et que les feux de Bengale embrasaient l'Acropole, comme si l'incendie de Morosini se rallumait, je feuilletais quelques livres emportés au fond de ma valise. Avec Homère et Hérodote, fleur juvénile du génie grec, c'étaient Thucydide, Sophocle et Aristophane, épanouissement de sa force virile. Ils me suffisaient pour ressaisir ce que j'ai pu apprendre de l'ancienne Grèce. L'historien et les deux poètes résument, à eux trois, l'esprit attique. L'âme d'une race forte, fine et souple sort de leurs pages, comme là-haut, sur l'Acropole, elle dure par les monuments.

Parmi ceux en qui Athéna devait reconnaître son esprit, Thucydide est le mieux fait à l'image de la raison suprême. Il s'est débarrassé du merveilleux et du fantastique. Il interprète librement les vieux mythes; il ne retient que ceux où l'énigme du monde se pose de manière acceptable pour la raison. Devant les choses humaines, il s'efforce de saisir la logique apparente ou cachée qui les conduit. Nul n'a été moins dupe et plus clairvoyant. Il semble, en le lisant, voir le front impassible, le regard clair et la sérénité divine de l'image sculptée par Phidias. Patriote, il a jugé sa patrie; il en a dit le fort et le faible. Quelques lignes où tout porte lui ont suffit pour tracer le portrait d'un peuple. Il a montré les Athéniens au complet, qualités et défauts, dans le discours des Corinthiens aux Lacédémoniens; il a dit toutes les raisons qu'ils avaient d'aimer leur ville et eux-mêmes dans le discours de Périclès sur les premières victimes de la guerre du Péloponèse.

Thucydide, c'est la raison sûre d'elle-même, ne niant pas le mystère, mais l'écartant. Sophocle, c'est le sens du divin, c'est-à-dire de la loi supérieure dont l'homme subit les arrêts sans en connaître toujours les considérants, mais qu'il supporte par le courage et la résignation. Les paroles les plus profondes qui aient été dites avant Pascal sur la destinée humaine, c'est lui qui les a prononcées. Il sait les causes et la marche des passions; il les explique en les faisant agir. Il discipline sans effort la force qu'il porte en lui, le génie dramatique; il tire de tout sujet exactement ce que ce sujet contient. Il s'élève jusqu'au sublime par une gradation aisée. Lorsqu'il atteint le dernier degré de la grandeur ou qu'il touche le fond de la pitié, il n'a pas cessé de dominer son émotion et de la régler sur le vrai. Ses œuvres sont ordonnées comme le plus lumineux des édifices. Là-haut, sur l'Acropole, le plus austère et le plus solide des ordres grecs, le dorique, le plus gracieux et le plus élégant, l'ionique, produisent la beauté complète par leur rapprochement. Thucydide et Sophocle, dans la même littérature, c'est le Parthénon et les Propylées se complétant l'un par l'autre.

Je dirais que voici l'Érechthéion avec Aristophane, si le grotesque et l'obscène n'étaient absents du charmant édifice et si, dans les chœurs de Sophocle, la grâce capricieuse de l'inspiration ne rappelait souvent le temple aux trois portiques. Mais un temple est une création de la raison épurée, un hommage de la vie à la cause supérieure qui la règle. La comédie d'Aristophane exprime la vie tout entière, avec ses sublimités et ses bassesses. Lui aussi représente la raison dorienne, dure et âpre, attachée aux vieux usages, défiante des nouveautés, détestant le mensonge et la chimère. A côté de l'ironie sophocléenne, faite d'intelligence et de pitié, d'observation qui choisit et épure, le comique ailé d'Aristophane traduit l'observation railleuse et lyrique de la nature complète. Il barbouille de lie et de boue la face d'Athéna, sans altérer la beauté de ses lignes.

Pendant la traversée de France en Grèce, je voyais des passagers à barbe grise feuilleter leurs Homères et leurs Virgiles d'écoliers. Avec quelques livres classiques, j'ai emporté un vieux cahier de « corrigés », écorné, le dos rompu, les nerfs relâchés, les plats montrant le carton sous un reste de papier gaufré. En relisant, sur la terre grecque, à quarante ans passés, ces pages laborieusement rédigées dans ma première jeunesse, au pays natal, je songe avec reconnaissance et tristesse au maître dont elles ressuscitent à chaque page la pensée et la parole. Je poursuivais des études solidement dirigées, mais sans flamme, sous des professeurs attachés à la lettre des programmes et d'esprit peu curieux. J'entrais en seconde, lorsque Charles Loiret nous arriva de l'École normale. Il était jeune et d'intelligence vive; il nous communiquait aussitôt quelque chose de son ardeur. Pour moi, l'année que je passai avec lui fut un enchantement. Nous avions vécu entre quatre murs, hauts, solides et gris; le nouveau maître nous ouvrait de larges fenêtres sur la littérature et la vie. Pour mes camarades et moi, l'amour du simple et du vrai, l'aversion pour l'emphatique et le précieux, bien des idées qui ont germé plus tard, toute une direction d'esprit nous sont venus de lui.

Il aimait beaucoup le grec et nous en faisait faire le plus possible. Le choix de ses versions dénote une vaste et sûre connaissance des auteurs. Pas un morceau qui ne soit typique. Je me rends compte à cette heure que son enseignement m'a fait connaître pour la première fois la plupart des pages célèbres qui, tout à l'heure, sur l'Acropole, me revenaient à la mémoire. Je relis aussi les notes où je résumais son commentaire. Elles sont pleines de faits et d'idées. Surtout elles respirent l'amour de la Grèce antique. J'y retrouve, sur l'ἡδὺ φῶς, un développement enthousiaste et charmant. Il regrettait que son classement, au sortir de l'École, ne lui eût pas permis de partir pour Athènes. Il espérait voir un jour la Grèce et, en attendant, il se donnait tout entier à son enseignement. Il me témoignait un attachement que je lui rendais bien, et cette amitié de maître à élève, fortifiée par le temps, a duré autant que sa vie.

Charles Loiret est mort prématurément, sans avoir vu la Grèce. Avec une vive intelligence, l'amour du travail et un sens littéraire des plus fins, une parole facile et attachante, il donnait lentement une forme laborieuse à une pensée difficile. Professeur, il eut de la peine à prendre ses grades et quitta l'enseignement pour l'administration. Entre temps, il avait essayé de la critique, sans grand succès. Il suait sang et eau sur des articles dont quelques connaisseurs appréciaient la pensée originale, mais dont la forme tourmentée rebutait la masse des lecteurs. C'était un talent incomplet.

Je pense à Charles Loiret et à sa carrière manquée dans cette Athènes qui était pour lui comme une patrie lointaine vers laquelle il aspirait, et où il n'est pas venu. Je lui dois le premier sentiment de l'hellénisme, je recueille à cette heure ce qu'il a semé en moi et je répète tristement à son sujet le *Sic vos non vobis*.

La ville, racontée par Thucydide, Sophocle et Aristophane, ornée par Phidias, Mnésiclès et Ictinos, Athènes, réalise le génie ionien, mêlant sa souplesse et son aisance à la force et à la solidité du génie dorien. Pour honorer sa divinité nationale, Athéna, la déesse des vertus réfléchies — science, sagesse, courage, chasteté, — elle a choisi l'ordre dorique et construit un édifice où tout est logique et simple. Il n'y a pas, dans le Parthénon, un détail qui ne soit déterminé par un calcul. Un petit nombre d'éléments y fournissent une surprenante variété de combinaisons. Les dimensions de l'édifice, en hauteur, longueur et largeur, sont dans un rapport parfait avec celles de la colline et les lignes de l'horizon.

Un soubassement lui donne une première assise et un escalier de quatre grandes marches achève de lui procurer l'élévation sans laquelle il eût paru écrasé. Il suit en biais l'ovale du plateau, de manière à produire tout son effet, qu'il se découvre du plateau même ou des divers points de la plaine. Il va sans dire que l'on y retrouve l'application des deux lois que j'indiquais au sujet des Propylées, la courbure des horizontales et l'inclinaison des verticales. En vertu des mêmes principes, et, aussi, pour mieux répartir le poids, les colonnes sont légèrement renflées au milieu. Elles posent directement sur le stylobate et n'ont d'autres ornements, avec la perfection de l'assemblage et du travail, que les cannelures à arêtes vives du fût, qui donnent de la sveltesse à la masse, et les parties constitutives du chapiteau, qui est lui-même un évasement nécessaire pour soutenir l'architrave. Dans ces combinaisons régulières de lignes droites et courbes, toute autre décoration aurait dénaturé le caractère logique de l'ordonnance.

Le fronton de l'est n'existe plus. Celui de l'ouest, dépouillé de ses sculptures, et ses rampants aux trois quarts détruits, n'a conservé que la maçonnerie du tympan, mais, grâce à ce squelette, sa forme est reconnaissable. On a voulu voir dans cette forme une imitation du Pentélique, dont le sommet, en face de l'Acropole, s'étend, en effet, comme un fronton, ou le souvenir d'un aigle aux ailes éployées. Il est plus simple de constater qu'elle était imposée par la double inclinaison du toit. Les métopes et les triglyphes avaient commencé par être les points d'appui et les intervalles de la charpente, c'est-à-dire des nécessités de construction ; puis, les surfaces qu'ils offraient avaient reçu des motifs de sculptures racontant les actions des dieux. La décoration du tympan avait le même objet. Ainsi, dans tout l'édifice, rien qui n'eût une utilité, rien qui ne répondît à une destination.

On sait trop que les sculptures des deux frontons, sauf quelques fragments, sont au Musée britannique, ainsi que la plus grande partie des métopes — sauf celles des frontons — et les trois quarts de la frise arrachée de la *cella*. Pour celle-ci, la subordination de l'œuvre au sujet est particulièrement frappante. Cette frise est placée à une hauteur de onze mètres et, pour la voir, il faut la regarder avec attention, la tête renversée de manière fort gênante. De nos jours, l'artiste qui recevrait une telle commande se plaindrait amèrement d'être sacrifié de parti pris. Phidias, maître de l'œuvre et libre de la distribuer à son gré, n'a pas cru devoir choisir un autre emplacement pour y figurer la procession des Panathénées. C'est que la *cella* était le but de cette procession et la figurer ailleurs eût été un contresens. L'emplacement a réglé de même la nature du travail : les figures de la frise n'ont qu'un faible relief, pour que, éclairées par le bas, elles ne donnent pas d'ombres trop fortes. Dans nos musées, elles n'offrent plus l'aspect pour lequel elles ont été conçues.

Ainsi, partout, la logique et le calcul, le rapport des parties entre elles, l'ensemble dominant les détails, c'est-à-dire la souveraineté de la raison. De là l'impression unique de simplicité et d'harmonie, de grandeur et de force que cause le Parthénon au premier aspect et qui se fortifie à mesure qu'on le regarde plus longuement.

La raison n'est pas absente du délicieux Érechthéion, mais elle n'y règne pas seule. La fantaisie a partagé avec elle la direction de l'œuvre. C'est la raison qui a prescrit à l'architecte d'utiliser les inégalités de terrain pour construire son temple sur deux niveaux; de la sorte, elle a dirigé le caprice d'où est sorti le plus original des temples grecs. C'est elle encore qui, dans la tribune des Cariatides, a réglé tous les détails d'exécution. Les six figures de jeunes filles posent sur un stylobate très élevé, afin que la stature humaine ne semble pas trop petite, par rapport à la hauteur du temple. Légèrement inclinées vers l'intérieur, chacune d'elles plie une jambe, comme si elle portait sans effort le poids de l'entablement. Pour chacune, la jambe pliée est celle qui se trouve vers l'intérieur de la tribune; de là deux groupes symétriquement opposés. Pour diminuer l'impression de lourdeur qu'aurait causée un entablement complet, la frise a été supprimée : celui de l'Érechthéion se compose d'une corniche posant directement sur l'architrave. Entre la tête des figures et l'architrave est disposé un chapiteau, en forme de coussinet, dont la base se perd dans la chevelure et cette disposition achève d'écarter l'idée de surcharge.

Ainsi, élevées dans l'air, l'allure aisée et dansante, portant sans effort un entablement sans lourdeur, la tête dégagée par le coussinet, ces figures exquises offrent un aspect unique de légèreté et de force. L'art du sculpteur a fait disparaître tout ce qui pouvait éveiller une idée pénible dans l'office de support qu'il leur a imposé. Ces esclaves paraissent libres et, dans ce temple où tout est élégance facile et richesse abondante, elles contribuent, malgré leur rôle servile, à produire un effet riant.

La fantaisie a multiplié les ornements de détail sur les colonnes de l'Érechthéion, mais c'est encore la raison qui en a réglé la nature et le choix. L'ordre adopté est l'ionique dont l'élégance et la sveltesse conviennent mieux que le grave et robuste dorique aux édifices de dimensions moyennes ; car, si l'Érechthéion occupe une assez vaste surface, chacune de ses parties est petite. Les chapiteaux des colonnes sont couverts de palmettes, d'oves et de perles; la porte est décorée des mêmes ornements. Colonnes et portes sont étonnantes de richesses et incomparables de finesse dans l'exécution. Mais cette richesse n'arrive jamais à la surcharge, ni cette finesse à la minutie. L'artiste a profité de tout ce que lui permettait la nature de l'ordre ionique; il n'a rien pris en dehors d'elle.

Les deux temples sont revêtus de la patine dorée qui, en Grèce, pare tous les édifices antiques. Leurs marbres ne choquent pas l'œil par la blancheur crue ou la saleté noirâtre d'où résulte tant de dureté ou de tristesse pour l'architecture d'Occident. Sous cette teinte chaude et douce, leurs profils mutilés gardent une jeunesse éternelle. Quelques parties des deux édifices sont informes; les métopes demeurées en place au Parthénon sont lamentablement frustes et les Cariatides de l'Érechthéion sont criblées de blessures; les figures vigoureuses de Phidias n'ont pas été plus épargnées que les sveltes images du sculpteur inconnu. Mais ces blessures sont comme voilées par la coloration que le temps a déposée sur elles; il semble que le soleil de Grèce ait voulu panser les plaies reçues à travers les âges par ces merveilles dont il a éclairé la jeunesse.

Les traces de boulets qui étoilent les colonnes du Parthénon permettent d'apprécier, par leur blancheur mate, combien le marbre gagne à la vieille patine et ce qu'il perdrait à reprendre l'aspect de la carrière. Sous une lumière éclatante, qui met tout en valeur, dans une atmosphère limpide où aucune brume n'estompe les contours, le blanc pailleté du paros ou du pentélique blesserait l'œil par son éclat miroitant. Aussi, après les architectes et les sculpteurs, les peintres venaient donner à ces marbres le charme et l'harmonie de la couleur. Aujourd'hui, la question n'est plus douteuse : dans l'art grec, les édifices et les statues étaient peints. Nous avons eu beaucoup de peine à reconnaître cette vérité révélée par Hittorf. Longtemps l'architecture et la sculpture gréco-romaines nous étaient apparues comme uniformément blanches ou grises. Jusqu'à ces dernières années, « la pure blancheur des marbres dans la verdure » était un lieu commun littéraire. Il a bien fallu se rendre à l'évidence, après un examen plus attentif des œuvres connues de tout temps et, surtout, la vue des œuvres nouvellement découvertes. Il reste des traces de peinture sur le Parthénon, mais les fouilles exécutées dans ces dernières années sur les divers points de la Grèce ont mis au jour des quantités d'œuvres où la couleur primitive avait conservé toute sa vivacité, depuis les statues archaïques exhumées sur l'Acropole par M. Cavvadias, jusqu'aux terres cuites de Béotie et d'Asie Mineure. Nos peintres et nos sculpteurs ont dû confesser leur erreur plusieurs fois séculaire, mais, sauf rares exceptions, comme celle de M. Gérôme, qui a exposé de beaux marbres colorés avec une délicate franchise, ils laissent encore à leurs œuvres la blancheur du travail et s'en remettent sur la pluie et la poussière, sur les moisissures et les fumées, du soin d'atténuer cette crudité. Encore regrettent-ils que leurs figures ne puissent pas rester telles que le chantier et l'atelier les ont vues sortir.

Notre lumière, notre climat et les couleurs naturelles de notre sol expliquent ce parti pris; mais, en Grèce, les mêmes causes produisaient des effets tout opposés. Je viens de parler de la lumière et du climat grecs. Chez nous, les couleurs vives de la terre sont l'exception; seules, les fleurs revêtent le sol de teintes éclatantes pendant quelques mois de l'année, mais notre verdure est monotone et, rarement, les terrains et les rochers se présentent des teintes franches; la lumière est diffuse, et, le plus souvent, elle tombe d'un ciel voilé, sous lequel tout s'estompe et se fond. De là résulte une harmonie douce qui est un charme, mais la nature grecque avait le sien, entièrement opposé. Dans l'Attique surtout, les terrains et les rochers offrent souvent la couleur et l'éclat des pierres précieuses : ils sont rouge vif, bleu foncé, jaune clair, violet, lilas. Le ciel les couvre d'une voûte d'azur et la mer les sertit d'émeraude. Et, malgré la vivacité propre à chacune de ces teintes, leur ensemble est plein d'harmonie, d'une harmonie vibrante et chaude.

Sur cette terre éclatante, l'art empruntait son caractère à la nature et les peintres décorateurs procédaient comme celle-ci. Eux aussi faisaient vibrant et harmonieux. A leurs édifices et à leurs statues, ils appliquaient les couleurs dont la nature leur offrait l'exemple. Au bord de cette mer et sous ce ciel, ils faisaient chanter sur la pierre les notes les plus vives, le rouge, le bleu et le jaune. Ils y joignaient les métaux : le vert du bronze, le fauve de l'or, le blanc de l'argent. Lorsque, du haut de l'Acropole, on a regardé le panorama de l'Attique, l'imagination, se tournant vers le Parthénon et l'Erechtéion, les revêt aussitôt des teintes vigoureuses que l'œil vient de voir répandues sur la terre.

Ainsi, dans l'art grec, tout s'inspirait du principe de variété harmonieuse dont l'image d'ivoire et d'or enfermée dans le Parthénon était l'application la plus complète. Ainsi la déesse vénérée sur l'Acropole, comme type de la raison, du courage et de la beauté, résultant de l'ordre, était aussi le symbole de la nature et de la vie. Elle réglait l'art comme l'action et la pensée.

La beauté et la raison étaient partout en Grèce et partout leurs traces se retrouvent, mais nulle part elles ne se sont réalisées au même degré que sur le coin de terre défendu et orné par l'Acropole. Partout ailleurs il y a de l'excès et de l'insuffisance; on regrette ou l'on désire. Delphes a trop d'âpreté, Olympie trop de douceur, Mycènes est trop voisine de la barbarie primitive. Délos était une création factice du sentiment religieux sur un écueil. Athènes seule est parfaite, à la fois vigoureuse et charmante. Elle n'étale jamais sa force, et ses excès même ont leur sagesse. Sa philosophie, sa poésie et sa poétique sont restées l'école du monde, comme son art. Même après le christianisme, le temple de Pallas Athéna est le sanctuaire d'une religion.

Avant de quitter Athènes, une fois terminées mes dévotions personnelles au Parthénon et lorsque, dans la mesure de mes forces, j'ai eu dégagé mon « sens propre », alors seulement j'ai relu la *Prière sur l'Acropole*. Ce que Renan disait de lui-même est vrai de nous tous, barbares d'Occident : « L'initiation que tu conférais à l'Athénien naissant par un sourire, je l'ai conquise à force de réflexion, au prix de longs efforts ». Pour chacun de nous, le progrès intellectuel consiste à se rapprocher de la raison attique. Il n'est pas possible de chercher la vérité ni « de faire quelque chose de bien » en dehors des règles qu'elle a tracées. La beauté vraie et durable n'est produite que par l'application de ses principes; tout ce qui s'écarte d'Athéna renferme une part de laideur et un germe de destruction. Depuis bientôt deux mille ans, l'humanité pensante travaille à retrouver ces principes, et les progrès qu'elle fait ne sont que des étapes dans la voie marquée par Athéna. Toutes les lois et toutes les applications de la Science, qui mène le monde sous divers noms, sont la conséquence directe des règles transmises par l'esprit grec à l'esprit humain.

Pourtant, depuis qu'Athènes célébrait le culte de sa déesse dans le Parthénon intact, le monde s'est agrandi de tout le ciel. Un « laid petit juif » est venu prêcher une foi nouvelle sur la colline de l'Aréopage. Athéna s'est évanouie devant le « dieu inconnu ». Mais cette éclipse de la raison n'a-t-elle pas été plus apparente que réelle? La vérité, c'est que le « miracle juif », pour parler encore comme Renan, s'est superposé au « miracle grec », ou plutôt il s'est étroitement uni à lui et, depuis, les deux ne font plus qu'un. La morale chrétienne a pris la substance de la morale hellénique; elle a réuni en corps de doctrine ce qui était épars et fragmentaire dans la pensée grecque. Elle a mis à la portée de tous ce qui était le privilège d'une élite, mais, pour s'adapter à la vie normale des sociétés, le christianisme a dû mêler la pensée antique à sa propre pensée.

Non seulement la morale et le culte chrétiens, mais la littérature, l'art et la science des sociétés nouvelles sont un prolongement de la pensée antique. Des sentiments nouveaux sont entrés dans le monde avec le christianisme, mais non de nouvelles façons de penser, ni même de nouvelles formes de beauté. La scolastique catholique ne s'exerçait que par le moyen de la logique grecque, et l'art du moyen âge se rattachait à l'art grec par l'art romain. Lorsque, dans la palinodie qui est la seconde partie de sa prière, Renan reprend ce qu'il vient d'accorder, les arguments dont il appuie ses réserves sont aussi faibles que les autres étaient forts. Rien de ce qu'il refuse à la pensée attique ne lui a manqué, même le mysticisme, dont Éleusis était le sanctuaire, même « la poésie du Strymon glacé et l'ivresse du Thrace », car elles sont dans Eschyle et Aristophane.

L'argument de la durée est peut-être celui auquel la déesse du Parthénon résiste le plus victorieusement. « Si une société, dit Renan, si une philosophie, si une religion eût possédé la vérité absolue, cette société, cette philosophie, cette religion aurait vaincu les autres et vivrait seule à l'heure qu'il est. » Société, philosophie et religion grecques vivent encore par leurs principes essentiels; ils sont passés dans la société, la philosophie et la religion du monde moderne. Quant aux divers genres de beauté, le front d'Athéna les embrasse tous.

Aussi les barbares ont-ils pu s'acharner contre son temple, le mutiler à coups de canon et à coups de marteau. Ils ne l'ont pas détruit. Tous ces sacrilèges auraient pu rapprocher encore l'édifice de la ruine sans atteindre aucun des principes qu'il réalise. Il suffirait, pour les retrouver, d'un tambour de colonne couché dans l'herbe et d'un fragment de statue exhumé. L'Occident a restauré le culte d'Athéna et le célèbre à côté de la révélation chrétienne. La déesse de l'Acropole n'est donc pas « roulée dans le linceul de pourpre où dorment les dieux morts ». Sa pensée vivante est partout et son temple s'élève encore aux confins de deux mondes, l'un qui lui appartient, l'autre qui lui appartiendra.

X

DÉLOS

LE CYNTHE. — PANORAMA DES CYCLADES. — LA CAVERNE DU DRAGON. — LA VIE A DÉLOS. — LE « TÉMÉNOS » D'APOLLON. — LES MAISONS GRÉCO-ROMAINES. — LE THÉATRE ; LA QUESTION DU « LOGÉION ». — LE TORSE D'ARTÉMIS.

Délos, 10 avril

On nous avait prévenus à Athènes du temps probable que nous trouverions à Délos. D'ordinaire, le vent du nord y souffle rudement et balaye la surface de l'île comme le pont d'un navire. Je m'étais endormi au sortir du Pirée, par une mer calme ; un fort roulis me réveille au milieu de la nuit et il m'est impossible de me rendormir. J'ouvre Homère et je vais au premier des hymnes homériques, celui qui raconte la naissance d'Apollon et la fondation du sanctuaire de Délos.

Il est bien beau, cet hymne, et il caractérise avec une précision singulière l'îlot sacré : « Latone t'enfanta, délices des humains, arrêtée près de la colline de Cynthios, en une île âpre, à Délos, ceinte par la mer ;

tandis que, poussés par les vents sonores, les flots, des deux côtés, bondissaient sur le rivage ». Sauf l'enfantement de Latone, chacun de ces mots est une vérité. Repoussée de partout, Latone s'adresse à Délos et lui dit : « Je ne pense pas que tu sois à l'avenir riche en bœufs, riche en brebis; tu ne porteras pas de vignes et tu ne produiras pas de nombreuses plantes. Mais, lorsque tu possèderas le temple d'Apollon aux longs traits, tous les hommes t'amèneront des hécatombes; ils viendront ici en foule et le fumet des sacrifices ne cessera pas de s'exhaler. » Puis le poète montre le jeune dieu parcourant « le Cynthios hérissé de rochers ». Ces pierres sur un sol aride, nos pieds vont les fouler tout un jour.

Cependant, le roulis s'apaise et le mouillage commence. C'est la pointe du jour; le ciel est couvert, avec quelques éclaircies, et le vent annoncé, un vent du nord auprès duquel le mistral est bénin, le Vorias, souffle avec rage. Le canal où mouille le *Sénégal* est formé par deux îles, Rhênée, la grande Délos, et la petite Délos, la vraie, celle du culte apollonien. Toutes deux sont inhabitées. Les gens de Mykonos y récoltent quelques maigres champs d'orge et y font paître leurs troupeaux. Grande et petite Délos sont d'un gris sombre, maigrement plaqué de vert. A droite, sur la pointe de la petite Délos, les flots brisent furieusement contre les rochers noirs. La mer doit être dangereuse, car plusieurs caïques se tiennent à l'abri dans le canal. Déjà se détachent de la côte les barques mandées pour nous de Syra.

Nous apprenons que, la veille, l'une d'elles a coulé en route et qu'un de ses matelots s'est noyé.

Entre les deux îles, malgré le vent, la mer est relativement calme. Toutefois, les rameurs des diverses barques ne sont pas assez maîtres de leur direction pour aborder au même endroit, et chacune d'elles dépose son chargement sur des points assez éloignés. Les anses de la côte, très découpée, et les rameaux détachés du Cynthe bornent la vue. Nos petits paquets ne parviendront à se grouper en colonne qu'assez tard dans la matinée.

Le paquet dont je suis a devant les yeux deux cimes inégales, dont l'une, la plus haute, est le sommet du Cynthe. Puisque l'ascension de la montagne sacrée figure au programme et que nous sommes à pied d'œuvre, commençons par là. Nous gravissons d'abord la plus petite cime, qui se rattache à la grande en dos d'âne. Le sol se hérisse d'éclats de granit. Nous les retrouverons partout. L'île en est couverte, comme la Crau, en Provence, l'est de cailloux roulés. Ces éclats sont à angles vifs. Glissants et coupants, ils rendent l'ascension très pénible. Il y a beaucoup de chutes et quelques mains écorchées.

Nous atteignons le petit sommet, que couronne un rocher en forme de bonnet phrygien, et, déjà, nous découvrons le panorama des Cyclades, groupées autour de Délos. Mais la grande cime est proche et nous attire. Encore quelques glissades et nous y sommes. De l'étroite plate-forme, la vue est superbe. On compte aisément les dix-sept îles qui forment la ceinture de Délos. Autour d'elles, la mer moutonne; les vagues noires à crinières blanches dansent au large et bondissent autour des promontoires; elles justifient le vieux nom de cette mer, la mer Egée, « la mer des chevreaux ». L'île jadis flottante n'a plus bougé; si elle ne tient plus au sol sous-marin par quatre colonnes de diamant, comme le croyait Pindare, elle est ferme sur sa base de granit. Mais, sur cette mer qui semble animer ses rivages, la pensée suit encore l'imagination riante des Grecs. Cette ceinture d'îles autour de Délos ressemble toujours à une ronde d'Océanides autour d'un dieu. Le soleil levant les colore de rose et de bleu. Sous cette teinte infiniment délicate, elles prennent vie et l'on dirait des corps divins, où les veines courent sous la peau. Paros domine le cercle et semble la mère animée du peuple de statues sorti de ses flancs.

Après l'horizon de mer, nous tournons les yeux vers le paysage de terre. Delphes et Mycènes étaient sauvages; Délos est sinistre. Dans toute son étendue (quatre mille cinq cents mètres de long sur douze cents de large) aucun arbre ne paraît. Rien que des rochers et des ruines, au milieu desquels serpente le lit desséché d'un torrent, l'Inopos, et croupit une mare, qui fut jadis le lac sacré. Il arrive pourtant qu'à l'époque où nous sommes, Délos se couvre de fleurs, vite apparues, vite disparues. Elle surgit alors de la mer comme une corbeille parfumée. Cette année, la sécheresse de l'hiver nous prive de ce spectacle. Le souffle tiède du printemps n'a pu suffire à parer pour quelques jours d'un manteau diapré la mince couche de terre qui couvre le squelette granitique de l'île.

Jadis, d'après Homère, il y avait dans l'île un palmier célèbre, celui au pied duquel Latone mit au monde Apollon et Artémis. Les deux passages inspirés par ce palmier sont l'un parmi les plus gracieux, l'autre parmi les plus beaux du vieux poète. Dans l'*Odyssée*, Ulysse dit à Nausicaa : « Un jour, à Délos, près de l'autel d'Apollon, je vis, élancée comme toi, une jeune tige de palmier. Mon âme fut longtemps surprise, car la terre n'avait pas encore produit un si bel arbre. Ainsi, ô jeune fille, je m'étonne à ta vue, je t'admire et je n'ose embrasser tes genoux. » Et, dans l'hymne homérique : « Latone jeta ses deux bras autour d'un palmier, et elle appuya ses genoux sur le tendre gazon, et la terre au-dessous d'elle sourit, et l'enfant bondit à la lumière ». De là le palmier de bronze, consacré par Nicias et dont la chute écrasa la statue colossale d'Apollon; nous verrons tout à l'heure les débris de celle-ci. Il y avait aussi un bois sacré de lauriers et d'oliviers; il n'en reste plus trace, comme si le dieu, en se retirant, avait enlevé à son île la faculté de nourrir les arbres qu'il aimait. Avec les maigres champs d'orge et l'herbe rase des pâturages, la seule végétation consiste en des chardons énormes qui blanchissent et se dessèchent entre les tas de granit bleuâtre. Autour de nous, sur le plateau balayé par le vent brutal, l'ancien temple de Zeus et d'Athéna n'a laissé que des débris informes.

Les ruines sont concentrées sur le côté nord, entre le Cynthe et la mer. De loin, elles semblent encore plus confuses que celles de Delphes. Là-bas, sur le lac sacré, voguaient jadis des cygnes, sacrés comme lui. Ce n'est plus aujourd'hui qu'une mare déserte. A l'extrémité de l'île, deux maisonnettes sont les seules habitations qui dénotent la présence de l'homme. L'une abrite les membres de l'École française d'Athènes, lorsqu'ils séjournent dans l'île, l'autre le gardien des ruines, l'unique habitant de Délos.

Nous apercevons nos compagnons et nous descendons pour les rejoindre. Sur notre route, au flanc ouest de la montagne, nous rencontrons la *Caverne du Dragon*. C'est une grotte artificielle : la main des hommes a placé, sur les parois d'un petit ravin, un toit formé d'énormes pierres, s'appuyant en angle obtus par leurs sommets. Les caractères de la construction sont pélasgiques. Au centre s'élevait une statue, d'Apollon sans doute. Au-devant de la caverne, un mur pélasgique soutient une terrasse. Sur cette terrasse, une margelle de marbre offre encore les trous où s'engageait un trépied. Ainsi, comme dans la plupart des sanctuaires grecs, les fidèles d'Apollon avaient utilisé le travail des constructeurs cyclopéens.

Nous traversons ensuite un sanctuaire des dieux étrangers, puis, en franchissant avec peine de nombreux murs en éclats de granit, qui croulent sous l'escalade, nous rejoignons la colonne qui commence la visite des ruines, sous la conduite de M. Homolle.

Ici, comme à Delphes, l'œuvre des fouilles est toute française. Seuls, les membres de notre École ont porté la pioche dans les ruines et à chaque partie du déblaiement s'attache le nom de l'un d'eux. Lebègue le commençait en 1873. De 1877 à 1888, M. Homolle le continuait et fondait par là sa réputation d'archéologue. Un pensionnaire de l'Académie de France à Rome, M. H. Nénot, le futur architecte de la Sorbonne, faisait le relevé du τέμενος, l'enceinte consacrée à Apollon. De 1881 à 1895, MM. Hauvette-Besnault, Salomon Reinach, Paris, Fougères, Doublet, Legrand, Couve poussaient l'exploration.

J'énumère leurs noms pour montrer avec quelle suite l'École s'est dévouée à cette entreprise. Il faut voir Délos pour apprécier à sa valeur le zèle scientifique des jeunes gens qui consentent à vivre en cet endroit pendant des mois. Ils campent dans la maisonnette construite à l'extrémité de l'île, avec un domestique qui leur prépare une maigre nourriture. L'île ne produisant rien, il faut aller en barque chercher des vivres à Mykonos. Si la mer est mauvaise, c'est la disette. Pour mener les ouvriers grecs, il faut beaucoup de patience et d'énergie; il en faut autant, avec beaucoup de diplomatie en plus, pour s'entendre avec les éphores grecs chargés de surveiller les fouilles. Enfin, pendant longtemps, les crédits accordés ont été dérisoires. M. Homolle a commencé sa première campagne avec quinze cents francs. Au total, en vingt-cinq ans, la France n'a guère dépensé à

Délos plus de cinquante mille francs. Nous devons quelque reconnaissance à ceux qui ont mené, pour l'honneur de la science française, cette existence de contremaître et de naufragé.

Comme tous les lieux consacrés par la religion grecque, Délos se composait essentiellement d'une enceinte sacrée, le τέμενος, dans laquelle le dieu principal admettait d'autres divinités. Ici, le temple d'Apollon s'élevait au centre. En avant était dressée une statue du dieu, colossale et archaïque, dont le tronc existe encore. L'imagination complète sans peine cette robuste poitrine. Elle voit l'image nue, les bras tombants et les jambes réunies, l'arc à la main. Autour du temple d'Apollon, un Artémision neuf et un vieux, un temple de Dionysos, un autel de Zeus. Comme à Delphes et à Olympie, une suite de trésors conservait les offrandes des diverses nations grecques. Ces trésors sont rangés en cercle autour du temple d'Apollon, à l'image des Cyclades autour de Délos. Puis des autels particuliers, des terrasses, des portiques, des propylées, des logements pour les prêtres et pour les théories, des places et une voie sacrée serpentant au milieu des édifices.

Il ne reste de ceux-ci que des substructions et des bases, beaucoup plus mutilées qu'à Delphes et à Olympie. En l'absence de toute description ancienne, les attributions sont très malaisées. Comme valeur d'art, on n'a trouvé ici rien de comparable aux statues de Delphes et d'Olympie ou au trésor de Mycènes, quoique nous ayons vu au musée national d'Athènes plusieurs pièces de grand intérêt, notamment des statues archaïques, qui viennent de Délos. C'est l'histoire surtout qui a profité des fouilles; nulle part il n'a été découvert autant d'inscriptions; elles dépassent déjà le nombre de deux mille. Parmi les objets demeurés en place, nous remarquons les restes du *Sanctuaire des Taureaux*, de l'*Autel des Cornes* et du portique du même nom. L'autel, une des sept merveilles du monde, avait été élevé, selon la légende, avec les cornes des chèvres abattues par Apollon. Le sanctuaire et le portique devaient leur nom aux têtes de taureaux qui les décoraient. Les chapiteaux étaient formés par des avant-trains de taureaux, agenouillés deux à deux. Nous sommes frappés de l'analogie qu'offrent ces sculptures d'un art rude et puissant avec les chapiteaux rapportés de Perse par la mission Dieulafoy. La plupart des archéologues admettent cette analogie. Ils y voient une preuve des rapports qui existent entre l'art grec et l'art oriental. M. Salomon Reinach conteste ces rapports, avec sa science et sa dialectique habituelles, dans son *Mirage oriental*. Séance tenante, avec une belle ardeur, il saisit cette occasion de défendre ses idées.

Les inscriptions de Délos permettent de reconstituer en détail l'ordre et la nature des fêtes, depuis les fameuses théories athéniennes, amenées dans l'île tous les quatre ans, jusqu'à la danse sacrée de la γέρανος, exécutée devant l'autel des cornes et qui ressemblait à un vol de grues, d'où son nom. Elles commentent l'hymne homérique, exaltant l' « immortelle merveille » qu'étaient les prêtresses du dieu : « Elles savent imiter le rythme et les accords de toutes les contrées. Chacun croit entendre ses chants accoutumés, tant elles ont réussi à les ajuster à leurs voix. »

Il ne venait pas à Délos que des fidèles d'Apollon. La position de l'île en avait fait un entrepôt cosmopolite, pour la Grèce, l'Italie et l'Orient. De là des quais de débarquement, des docks et des habitations de commerçants, quelques-unes très riches. Des colonies importantes s'y étaient formées, notamment une colonie romaine. Il y avait, autour du lac sacré, tout un quartier religieux et marchand, et, au-dessus du *téménos*, une vraie ville que dominait un théâtre. Il ne reste des quais et des docks que des ruines informes, mais les fouilles ont mis au jour des restes importants d'édifices publics et d'habitations privées.

Celles-ci, dont le déblaiement n'est pas encore terminé, forment déjà comme un petit Pompéi, dont quelques parties surpassent l'intérêt du grand. Ainsi, plusieurs maisons du second siècle avant Jésus-Christ montrent la transition de l'habitation grecque à l'habitation romaine. Il en est une, récemment découverte par M. Couve, où se trouvent deux mosaïques charmantes. L'une représente un dauphin enroulé autour d'une ancre, l'autre un vase panathénaïque sur lequel est figurée une course de chars, avec une couronne déposée au pied et une branche de lauriers jetée en travers. La colonie romaine avait érigé une statue au préteur Caïus

Billienus. Cette statue a été retrouvée et redressée sur son piédestal. En attendant son transfert au musée, elle est protégée par une enveloppe de planches et l'on songe devant elle à un mélancolique La Balue de la statuaire antique.

Au haut de la ville était le théâtre. On y arrivait par une de ces rues étroites qu'aimaient les anciens et que, entre autres raisons, justifiait à Délos l'exiguïté du terrain. Seuls, les trois premiers rangs de gradins sont conservés, mais il reste des parties considérables du mur de scène, le λογεῖον, l'endroit d'où l'acteur parlait. L'étymologie de ce mot et la nature des choses n'ont pas empêché le savant directeur de l'Institut allemand d'Athènes, M. Dörpfeld, de produire une théorie surprenante. Il estime que les acteurs grecs ne se tenaient pas sur la scène, mais dans l'orchestre; seulement, ajoute-t-il, les hauts cothurnes leur servaient d'« estrades mobiles ». Ainsi le *logéion*, l'endroit où l'on parle, deviendrait l'endroit où l'on ne parle pas. En attendant que cette théorie fasse fortune, le mur de scène de Délos est singulièrement net à l'examen et répond point par point à la description de Vitruve.

La plupart des objets trouvés à Délos ont été transportés au musée national d'Athènes ou au petit musée de Mykonos. Quelques-uns se trouvent encore dans la misérable cahute où habite le gardien des fouilles. Elles sont amoncelées le long des murs et les sculptures se dégradent par cet entassement. Je remarque une statue sans tête de Polymnie, réplique de celle du Louvre, qui, même en cet état, mériterait l'abri d'un musée. Elle est ensevelie jusqu'à mi-corps dans les débris de marbre.

Près de la porte est un bloc d'aspect informe. Il a failli provoquer une catastrophe. Un de nos guides le retourne pour nous faire examiner le travail de la partie appuyée contre le mur. Le bloc, très mince à la base, chancelle et tombe. Un cri de terreur nous échappe. Notre compagnon, entouré d'autres blocs, ne pouvait reculer! Heureusement, deux d'entre nous retiennent la masse et, sans parvenir à l'arrêter, accompagnent sa chute. La statue pèse déjà sur ses jambes, mais on vient à notre aide et elle est enfin relevée. Il n'a aucun mal et, avec un parfait sang-froid, il détaille les mérites du morceau, qui est le dos d'une statue d'Artémis. Une draperie légère s'applique sur les formes et les dessine. C'est un travail délicat et charmant. Mais sa vue a failli coûter cher! On songe au récit fantastique de Mérimée, la *Vénus d'Ille*, à la déesse irritée écrasant celui qui lui avait manqué de respect.

Si ce morceau eût été à sa place, dans un musée, l'accident ne serait pas arrivé. Puis, avec l'unique gardien, la surveillance des fouilles laisse beaucoup à désirer. Les visiteurs ne sont pas nombreux à Délos, mais les gens de Mykonos y font pâturer leur bétail et ils n'ont guère le respect des antiquités. Dans une des maisons gréco-romaines, un élégant petit autel a été mutilé par quelque berger, pour tuer le temps. Les blessures du marbre sont encore fraîches et tranchent sur la teinte dorée dont le soleil et la terre l'ont revêtu. Il faudrait aussi abriter les mosaïques dont je parlais tout à l'heure. Outre les bergers mykoniates, le vent violent qui règne à Délos dégradera vite les parties délicates des ruines. Si le transport est trop coûteux, il suffirait de construire sur place un hangar fermant à clef. Je suis sûr que l'éphore général des antiquités, M. Cavvadias, ne demanderait pas mieux. Malheureusement, la Grèce n'est pas riche, et, en Grèce plus que partout, les plus simples questions d'art se compliquent de questions politiques. Le gardien de Délos n'est pas bien en cour et il craint pour sa place : il a été nommé sous M. Tricoupis. L'habitation de cette masure où, seul, un savant pourrait lutter contre un ennui mortel, fait des envieux. Il est vrai que la fonction rapporte vingt-cinq francs par mois.

J'ai, pour ma part, terminé la visite de Délos et je songe à regagner le *Sénégal*, car j'ai fait l'ascension du Cynthe vers lequel se dirigent maintenant mes compagnons, et mes chaussures sont coupées par les éclats de granit. A travers les éboulis du quartier marchand, je longe la mer. La route est pénible. Il n'y a pas moins de trois petits ports et il faut en suivre le contour. Le vent du nord souffle avec une force croissante et la mer blanchit plus que jamais sur la falaise. Je me souviens du prêtre d'Apollon, Chrysès, dans l'*Iliade* : « Il suivit en silence le rivage de la mer retentissante ». La colonne qui escalade le Cynthe est invisible, comme aussi les deux maisonnettes. Il n'y a dans l'île d'autre bruit que la plainte du vent et du flot. Pardessus les monticules qui séparent les criques, pointent les mâts du *Sénégal*. Leur vue ajoute encore à l'impression de solitude et d'abandon que donne l'île stérile. On se croirait très loin de l'Europe et de tout pays habité, dans une de ces terres que découvraient les navigateurs du siècle dernier, Cook ou La Pérouse, quelque île de Pâques ou de Vanikoro.

Nulle part, en Grèce, la mélancolie du passé n'est plus complète et plus profonde. A Delphes, à Olympie, même à Mycènes, malgré l'âpreté du site, la vie subsiste encore près de la mort. Il y a des hommes et des arbres, des maisons et des cultures. A Délos, rien. L'île où il était défendu de naître et de mourir, pour ne pas souiller un sol sacré, n'a plus, depuis que son dieu l'a quittée, ni morts ni naissances. C'est un désert de pierres, un cimetière sans verdure, brûlé par le soleil et le vent. Mais il n'est pas de cimetière plus auguste. Délos découronnée, après avoir, dit l'antique poète, « fleuri comme la cime d'un mont couvert des fleurs de la forêt », Délos reste sacrée, et, deux mille ans après la fin du culte, voici qu'un navire d'Occident vient d'y ramener, pleine de fidèles, la galère délienne.

XI

DE SYRA A MESSINE

SYRA. — LE CAP MALÉE; L'ERMITE. — CYTHÈRE. — LE DÉTROIT DE MESSINE; REGGIO ET MESSINE; CHARYBDE ET SCYLLA.

En mer, 10 avril

La plage pierreuse de Délos n'est pas la dernière terre de Grèce que nous devions fouler au cours de ce voyage. En la quittant nous faisons route sur Syra. Pourtant, au moment où le navire sort du canal de Rhénée, la même réflexion nous vient à tous : « C'est déjà fini ! » En effet, Syra est la première étape du retour. Nous sommes recrus de fatigue; nous avons été mouillés et éventés, gelés et rôtis, mais notre provision de curiosité et d'enthousiasme n'est pas épuisée. Nous laissons derrière nous bien des noms auxquels nous aurions voulu attacher un souvenir. Nous sommes près des « champs où fut Troie », et il faut revenir.

M. Homolle nous quitte à Syra, et cette séparation marque bien la fin du voyage. Aussitôt embarqués, nous nous concertons, tandis que M. Homolle boucle sa valise. Nous tenons à dire tout haut au directeur de l'École d'Athènes notre reconnaissance et notre admiration pour l'œuvre que ses jeunes confrères et lui poursuivent en terre grecque. Rendez-vous est pris dans le grand salon et bientôt les passagers s'y trouvent au complet. On va chercher M. Homolle; les coupes de champagne se remplissent et, dans le grand silence que scande la machine, M. Duval, avocat général à la Cour de Cassation, prend la parole. Il remercie, en termes excellents, tous ceux qui ont contribué à la conduite du voyage, et, en saluant M. Homolle, il invite un de ses confrères à dire ce que lui doivent tous les passagers. Un vétéran de l'Université, professeur honoraire au lycée Louis-le-Grand, M. Pressard, exprime en quelques mots émus et spirituels la pensée qui a groupé notre caravane, et demande que les dames, si courageuses pendant ce voyage, ne soient pas oubliées dans nos remercîments. Comme M. Paul Janson l'avait fait à Delphes pour la Belgique, M. le professeur Nicole, de Genève, ancien maître de conférences à notre École pratique des hautes études, réclame pour ses compatriotes suisses une part dans la reconnaissance française. Un des confrères de M. Homolle rappelle ce qu'a été la carrière de l'éminent archéologue, entre Délos et Delphes, et il exprime la fierté que, grâce à lui, nous avons éprouvée pour la France, au cours de ce voyage. M. Homolle répond avec une profonde émotion; il définit l'œuvre de l'École française et fait la part de chacun, sauf la sienne.

Un point nous a frappé dans cette exposition lucide et modeste, c'est combien sont faibles les ressources normales de la mission permanente qu'est l'École française : elle figure annuellement au budget pour soixante-dix-huit mille francs. Les Chambres lui ont libéralement voté des fonds pour la grande entreprise de Delphes, mais son budget courant est une cause permanente d'infériorité. Que de petites entreprises pourraient être fécondes pour la science avec un peu d'argent toujours disponible ! A Délos, d'où nous venons, les fouilles sont arrêtées. Demander tout à l'État est une habitude trop constante dans notre pays. L'étranger, lui, obtient beaucoup, en pareil cas, de l'initiative privée : les instituts anglais et américains d'Athènes sont des fondations libres. En France, les particuliers s'intéressent enfin à la science, l'universelle bienfaitrice; ils font des donations aux facultés. Ces donateurs devraient songer à l'École d'Athènes, car son œuvre en Grèce est pieuse entre toutes : elle remet au jour les titres de l'humanité.

Pourquoi ne donnerions-nous pas l'exemple, nous, le groupe de Français qui vient de contracter envers l'École une dette spéciale ? Nous avons eu par elle des guides bénévoles et gratuits que des millionnaires n'auraient pu s'offrir; il serait bien de marquer notre reconnaissance par l'offre collective à l'École d'une somme d'argent destinée aux fouilles, la fondation du *Sénégal*. Je soumets cette idée aux organisateurs du voyage.

Le champagne d'honneur offert à M. Homolle

nous a conduits en vue de Syra. La ville, Hermoupolis la bien nommée, la cité d'Hermès, dieu du commerce, s'élève en amphithéâtre sur deux hautes collines que des maisons d'un blanc éclatant escaladent, semblables à un troupeau serré de moutons. La couleur de la côte, fauve comme une peau de lion, complète l'aspect oriental de la ville. Chef-lieu du nome des Cyclades, la chaîne d'îles qui unit l'Europe à l'Asie et la Grèce à l'ancienne Ionie, Hermoupolis est la première annonce des villes asiatiques. Elle a reçu la visite de Théophile Gautier et de Gérard de Nerval. Je relisais tout à l'heure leurs descriptions et je constate d'après eux que, à Syra comme partout, la couleur locale a beaucoup perdu.

Nous avons trois heures à passer dans l'île, et nous suivons par escalade ses rues montantes, qui, surtout dans le vieux Syra, le Syra d'en haut, rayonnent en zigzags d'éclairs autour de l'église latine de Saint-Georges. Nous passons sous de sombres voûtes; nous glissons sur les dalles polies. Tandis que, sur la plate-forme de l'église, nous admirons encore le panorama des Cyclades, un sacristain vient nous dire que l'évêque nous verrait volontiers. C'est un prélat italien, d'une politesse tout ecclésiastique, et qui veut bien nous assurer de ses sympathies pour la France. A côté de l'église est un hôpital, où nous éprouvons un sentiment plus immédiat de solidarité française, en y trouvant des sœurs de Saint-Vincent-de-Paul.

En descendant vers la place où la statue de

Miaoulis, l'héroïque brûleur de Modon, s'élève au milieu des palmiers, nous lisons au-dessus d'une porte : *Alliance française, section des Cyclades*. Les lecteurs du *Temps* savent ce que l'Alliance française fait en Orient pour la diffusion de notre langue et le maintien de notre influence. En s'installant à Syra, ville de commerce et de transit, qui a repris, entre le Pirée et les ports d'Asie Mineure, l'ancien rôle de Délos, elle a bien choisi son terrain d'action.

Il ne nous reste plus qu'à acheter, selon l'usage, quelques boîtes de rahat-loukoum, et à nous défendre contre les offres des marchands de fausses antiquités. Quelques-uns d'entre nous sont conduits en grand mystère hors de la ville, dans la campagne strictement aride, vers des boutiques louches dont les volets se ferment aussitôt sur le visiteur. Avec des gestes de mystère, on exhibe devant eux quelques statuettes cachées sous le comptoir et enveloppées de chiffons : ce sont des marbres, fabriqués à Florence ou à Smyrne, d'après des originaux alexandrins ou hellénistiques, voire romains ; ils sont lourds et ronds, teintés de brou de noix pour imiter la patine antique. Malgré la naïveté de ces faux, il arrive qu'on s'y laisse prendre.

A six heures, l'ancre est levée et le *Sénégal* ne s'arrêtera plus qu'à Marseille. Cette fois, la traversée est réglée de telle manière que les spectacles manqués à l'aller vont nous être rendus. Le lendemain, au point du jour, nous doublons le cap Malée, sans y trouver la tempête, classique depuis l'*Odyssée* : « Déjà, raconte Ulysse, nous espérons atteindre sans péril notre patrie, mais, comme nous doublons le cap Malée, les vagues, le courant et le souffle de Borée nous poussent au delà de Cythère. Pendant neuf jours, les vents contraires nous emportent sur la mer poissonneuse. » Il vente frais, autour du cap, et c'est tout. De Sounion à Marseille, toute notre route est ainsi jalonnée de points jadis terribles, aujourd'hui prétexte à citations.

A la pointe du cap, une petite aire balayée par le vent et battue par le flot, porte un ermitage sur lequel Lamartine a écrit une belle page, dans son *Voyage en Orient*. Consacré de la sorte, l'ermitage du cap Malée est devenu une institution. En doublant le promontoire, les vapeurs donnent un coup de sifflet; l'ermite sort de sa grotte et bénit le navire. A présent, il est vieux et il faut siffler plusieurs fois pour le faire sortir. Enfin, il paraît, le chapelet à la ceinture, s'agenouille, étend les bras et reste longtemps dans cette attitude.

Aussitôt après l'ascétisme du christianisme primitif, surgit un souvenir du paganisme finissant. Tandis que, à droite, le golfe profond de Marathonisi déroule, au soleil levant, une nappe de velours vert, bordée par la chaîne bleuissante du Taygète, à gauche sort de la mer une roche pelée. Ce rocher s'appelait autrefois Cythère. Oh! le souvenir de la fiction de Watteau! Le contraste de ce rêve et de cette réalité! Devant la côte âpre et déserte, sous le vent rude et froid, comme il est plein d'ironie et de tristesse le souvenir des pèlerins vêtus de soie que le peintre enchanteur a groupés sur une rive fleurie, avec des attitudes de volupté nonchalante, tandis que la galère d'amour gonfle sa voile! Gérard de Nerval est descendu à Cythère et en a décrit la désolation. Son récit semble avoir fait grande impression sur les romantiques. D'après lui, semble-t-il, Baudelaire a peint cette « île triste et noire ». L'aspect de ce « pays fameux dans les chansons » lui a fait « remonter aux dents »

> Le long fleuve de fiel des douleurs anciennes.

Il montre sur la côte, toujours comme Gérard de Nerval, un pendu symbolique, le ventre ouvert et dévoré par les oiseaux de proie. Ce pendu devait plaire au poète de la *Charogne*. Baudelaire en fait l'image des fins d'amour. Victor Hugo, lui aussi, a dû lire le récit de Gérard de Nerval, car il a reflété l'aspect symbolique de l'île dans un flot d'images fortes et gracieuses :

> Tout homme qui vieillit est ce roc solitaire
> Et triste, Cérigo, qui fut jadis Cythère.

Il se souvenait aussi de Watteau, lorsqu'il disait à l'île désolée :

> C'est toi? qu'as-tu donc fait de ta blanche tunique?...
> Qu'en a-t-on fait? où donc sont-ils, où donc sont-elles,
> Eux, les olympiens, elles, les immortelles?
> Où donc est Mars? où donc Eros? où donc Psyché?...
> Qu'en as-tu fait, rocher, et qu'as-tu fait des roses?

Les savants, chercheurs tranquilles de vérité, expliquent l'antithèse de l'île et de ses souvenirs. Ce ne sont pas les Grecs qui ont établi le culte d'Aphrodite en un tel endroit. L'Aphrodite de

Cythère était l'Astarté syrienne, apportée dans l'île par les Phéniciens. Les Grecs, en adoptant ce culte, identifièrent la farouche divinité avec leur riante Aphrodite. L'imagination magnifique et sombre de M. Gustave Moreau, qui ramène tant de légendes à leur âpreté primitive, a deviné la vraie Cythère dans sa *Naissance de Vénus*. Le décor imaginaire de son tableau prend l'énergie de la réalité; voici bien, devant nous, les roches qu'il a évoquées sans les connaître. Sur la côte de l'île, on ne voit plus le groupe d'hommes et de femmes qui, chez le peintre, supplient et maudissent la déesse, impassible sur sa conque marine. Cythère ne nourrit plus ses habitants et ils s'expatrient en Asie Mineure.

Après le cap Malée, nous doublons le cap Ténare, où se trouvait une entrée des Enfers. Il complète le dessin de la presqu'île « en feuille de mûrier ». Aussitôt après commence la mer sans îles ni rivages. Elle nous entoure jusqu'au lendemain matin, où nous entrons dans le détroit de Messine.

A l'aller, nous l'avions traversé de nuit, sous la pluie. Cette fois, malgré quelque brume, le commandant nous promet du beau temps. En effet, à mesure que nous avançons entre la Sicile et l'Italie, le ciel s'éclaircit. Nous n'apercevons pas l'Etna, dont les nuages couvrent la cime, mais nous longeons la côte de Calabre d'assez près pour compter les maisons éparses sur la plage, voir distinctement, au cap dell'Armi, la manœuvre du sémaphore, à qui le *Sénégal* signale son passage, suivre la marche d'un train qui file en toussotant le long de la mer, ou même compter les pas mélancoliques d'un douanier. Cette côte est d'une beauté robuste et charmante, avec ses montagnes neigeuses et ses petits ravins, où s'accrochent les villages, parmi les oliviers et les pins, entre les vignes et les champs de blé.

Le navire a ralenti sa marche pour nous laisser le temps de contempler le spectacle et il longe le rivage de très près. Reggio paraît, en amphithéâtre, rose et blanche, avec une ceinture de jardins et de vergers, sous un vieux château. Une rue montante coupe la ville en deux, d'une ligne nette et profonde, et, sur la mer, à la pointe du golfe, un superbe palmier élève son panache au-dessus des aloès.

Après Reggio, nous obliquons à gauche vers Messine. Le moment et le site sont délicieux. Le ciel achève de se découvrir, le vent tiédit et le *Sénégal* glisse, avec un frémissement doux, sur la mer paisible. A l'avant une troupe de marsouins bondit hors de l'eau, lutte de vitesse avec le navire et, nageant de côté sous la nappe verte, met à ce jeu un amour-propre amusant. Messine se rapproche, nette et colorée comme une toile de fond. Un cimetière monumental la domine, cimetière à l'italienne, emphatique et décoratif, en tableau d'opéra. Un long viaduc, jeté hardiment sur un ravin tapissé de verdure, le relie à la ville. Autour et au-dessus, une ceinture de vieux forts, en pâtés, cuits et dorés par le soleil. Sur une langue de terre, des soldats manœuvrent; nous entendons distinctement le clairon et les commandements. Le port décrit un vaste arc de cercle, bordé de maisons majestueuses ou riantes; les toits sont roses, les murs blancs, les volets verts. Sur ce quai, il doit faire bon vivre et aimer. C'est bien la Messine des poètes, « étrange et surannée », la Messine de Molière et de Banville, où les valets, brillants comme des tulipes, enlevaient aux vieux Turcs les belles captives coiffées de sequins.

Nous apercevons déjà l'autre bout du détroit. A ce moment, un remous léger ride la mer. Cette agitation inoffensive, sur laquelle le grand vapeur passe avec un tranquille dédain, c'est Charybde. En face, dans un pli de la côte italienne, une ligne de maisons blanches descend en cascade, le long d'un rocher très décoratif, mais nullement farouche. C'est Scylla. L'imagination, au temps où l'homme n'avait que ses bras pour lutter contre les courants, en avait fait l'écueil formidable que décrit Homère : « Sa pointe aiguë touche aux vastes cieux et un sombre nuage l'environne; jamais il n'est dissipé et jamais la sérénité ne brille au sommet de l'écueil ». Au bas, dans une grotte « tournée du côté de l'Erèbe », habitait le monstre aux six têtes et aux douze bras, qui, promenés au large, enlevaient les marins. Nous n'avons devant les yeux qu'une jolie marine, ferme de lignes et douce de tons.

Cette lettre est déjà longue, et nous ne sommes qu'à moitié route. Je ne pourrai vous l'envoyer que de Marseille, mais je l'arrête ici. Pour vous dire ce que nous aurons vu encore, je vous écrirai une dernière fois, en arrivant au port.

XII

DE MESSINE A MARSEILLE

STROMBOLI. — FÊTE A BORD. — LES BOUCHES DE BONIFACIO; L'ÎLOT LAVEZZI ET LA *Sémillante*. — LA TEMPÊTE. — RETOUR A MARSEILLE. — LETTRE D'ATHÈNES.

Marseille, 15 avril

Le 10 avril, vers huit heures du matin, nous sortons du détroit de Messine. Les îles Lipari s'égrènent à notre gauche, et, en face, droite comme une borne, se dresse à l'horizon la montagne de Stromboli. Pendant des heures, nous allons tenir le cap sur elle et, vers midi, nous serons au pied.

Cette fois encore, le navire ralentit sa marche pour nous donner le temps de bien voir. A mesure que nous approchons, la montagne change de couleur, pour la joie des yeux; elle passe par toutes les nuances du lilas et du gris-perle. Jusqu'au tiers de la pente, le vert des vignes et des olivettes repose le regard, et, au pied, un village se tapit, minuscule et blanc, entre des haies d'aloès et de cactus. Un panache de fumée ondule au sommet du cône, se dissipe à la brise de mer et se reforme aussitôt, comme la respiration régulière d'un géant. C'est le souffle du volcan, rouge la nuit, blanc le jour. Nous contournons l'île, et, sur son flanc gauche, paraît une large coupure où s'étale, brune et lisse, la coulée de lave. L'air est tiède; une brise légère souffle; la mer est d'un bleu profond. Toute la journée, nous recevrons cette caresse de tous les sens. La mer Tyrrhénienne, abritée des vents, est unie comme un lac et son atmosphère égale comme l'air d'une serre.

Il est probable, nous disent les officiers, que cela va changer du tout au tout, lorsque, au sortir des bouches de Bonifacio, demain, nous entrerons dans le golfe du Lion, royaume du mistral.

En attendant, il faut mettre à profit ce passage tranquille. Puisque, sur la mer calme, le navire n'éprouve pas le moindre balancement, il y aura concert ce soir, au profit de la Société de secours aux naufragés. Le théâtre fut toujours le moyen favori des Français pour charmer l'ennui des captivités, longues ou courtes, volontaires ou forcées. Ils jouaient la comédie dans l'îlot meurtrier de Cabrera; le théâtre fonctionnait régulièrement devant Sébastopol. Dès qu'ils se trouvent en nombre, il y a parmi eux assez de talents pour improviser un spectacle.

Sur le *Sénégal*, les éléments abondent. Tandis que les timoniers décorent la dunette avec le bariolage vif des pavillons, un jeune peintre, M. Henri Callot, peint à l'aquarelle un programme, où le sentiment de l'art et la blague parisienne forment le plus amusant mélange. En haut, robuste et fine, une des cariatides de l'Erechthéion; au-dessous, un dôme de parapluies, en souvenir des averses reçues; au milieu, un flirt; en bas, une chéchia rouge, que l'on voyait partout, gaie, bavarde, cordiale et polyglotte; sous la chéchia, deux pieds énormes, largement chaussés de jaune, pieds anglais, qui se posaient tranquillement, à la hauteur de l'œil, sur les bastingages; enfin, comme pendant à la cariatide, un amateur de photographie, harnaché de trois appareils, résigné et convaincu sous la charge.

Il y a tant d'esprit dans ce programme qu'il soulève un incident. Quelqu'un se fâche et exige que son image soit enlevée. Le commandant, qui représente l'autorité, est dans un grand embarras. Mais il y a, paraît-il, à bord, un passager qui a pratiqué la censure et le cas lui est soumis. Ordonné par Anastasie que la tête trop ressemblante sera remplacée par celle de l'Hermès de Praxitèle. La décision est approuvée de tous, même du réclamant, qui finit par rire.

Je ne vous ferai pas le compte rendu de la représentation : les acteurs s'amusaient pour leur compte et la presse y assistait pour son plaisir. Il me suffira de vous dire que « la chose fut exquise et fort bien ordonnée ». Il y avait conférence « sur le dévouement des gens de mer », récitation de poésies parmi lesquelles, bien entendu, l'*Épave*, de François Coppée, morceaux de chant, lecture en musique d'une de ces légendes mystiques, en prose rythmée, où excellent les frères des Gachons, et, clou final, la *Sérénade du pavé*, avec refrain repris en chœur par nos jeunes gens.

Le public, c'était nous tous, et, aussi, derrière l'état-major, l'équipage en vareuse de gala. A la fin, un punch d'honneur était offert aux officiers et une adresse, signée par tous les passagers, remise au commandant Rebufat. Cette adresse disait, avec beaucoup de chaleur et de sincérité, notre reconnaissance pour la courtoisie et la complaisance de l'état-major.

Le lendemain, dimanche, nous tenons le cap sur les bouches de Bonifacio. Le matin, dans le cadre préparé pour le concert de la veille, la messe est dite par les prêtres présents à bord. L'un d'eux, M. l'abbé Bertrin, adresse aux assistants une allocution nourrie et sobre sur l'immortalité de l'âme et la transition de la morale païenne à la morale chrétienne. La veille, à la même place, un laïque avait fait une manière de sermon sur la charité; aujourd'hui, un prêtre donne une conférence sur la philosophie antique. Preuve, entre bien d'autres, de l'esprit conciliant qui règne à bord du *Sénégal*.

Pendant la messe, un vent violent s'est levé, et les toiles de la tente claquent avec force. C'est le mistral annoncé, qui nous arrive déjà de l'autre côté des bouches. Le navire danse et, très vite, cette danse s'accentue jusqu'à troubler les cœurs; le pont se vide et les cabines se remplissent. Nous sommes en vue de l'îlot Lavezzi. C'est l'écueil sur lequel, le 15 février 1855, à midi, la *Sémillante*, son gouvernail emporté et ne manœuvrant plus dans la brume, périt corps et biens. Relisez, dans les *Contes du lundi*, d'Alphonse Daudet, « l'Agonie de la *Sémillante* », avec ces détails poignants : les cadavres du commandant et de l'aumônier relevés sur la roche, l'un en grand uniforme, l'autre avec l'étole violette, l'étole des agonisants.

Les officiers du *Sénégal* se tiennent sur la passerelle, très attentifs à la manœuvre. Un groupe de passagers est monté sur le gaillard d'avant. Le vent est si fort que l'on a peine à se tenir debout; on s'abrite derrière le cabestan, les manches à air, les rouleaux de cordages. Voilà le navire tout à fait engagé dans la passe et nous longeons l'îlot à une centaine de mètres. C'est un rocher désert, dentelé, à fleur d'eau, désert et nu, sur lequel les flots brisent avec le bruit du canon. A la cime se dresse une pyramide entourée d'une grille. Plus bas, le toit rouge d'une petite chapelle dépasse un carré de murs blancs. Fauchés d'un coup par la mer, sept cent cinquante Français, marins et soldats, dorment là. D'un seul mouvement, nous nous levons, en nous cramponnant pour nous tenir debout, et, face à l'îlot, nous nous découvrons. Parmi nous est un officier qui fait le salut militaire à la tombe de ses camarades.

A ce moment, le maître d'équipage vient nous engager à descendre, car nous pourrions être enlevés par un coup de mer. Les matelots prennent les mesures qui annoncent le gros temps : ils serrent les toiles des tentes et amarrent les objets mobiles. Bientôt, non amarrés et mobiles, les passagers qui persistent à rester sur le pont sont lancés les uns sur les autres comme des volants par des raquettes.

A la sortie du détroit, la tempête éclate, complète et typique. Nous avons toute facilité pour vérifier les descriptions techniques de l'*Odyssée* et les développements littéraires de l'*Énéide*. Rien n'y manque : montagnes d'eau fendues par le navire, vagues courtes et dures — les vagues spéciales à la Méditerranée, — voix de la mer, qui menace, supplie et se lamente. Le ciel est balayé par le mistral; sur l'agitation formidable de la mer, brille un soleil radieux, et à la crête des flots verts, l'écume vole en aigrettes d'argent.

A l'intérieur du navire, on entend des voix gémissantes, sous l'étreinte du mal de mer, et aussi des cris de fureur. Les sabords ont été solidement fermés, mais un passager a eu l'idée ingénieuse d'ouvrir le sien, pour contempler de près la danse des flots. Un paquet de mer l'a souffleté et roulé, puis, le laissant se débattre au milieu de ses couvertures, se promène à travers la batterie, inondant les cabines, où les malades se tenaient bien sages sur leurs couchettes. Ils hurlent, les malheureux, et invectivent l'imprudent.

Avec cela des frayeurs; pas beaucoup, à vrai dire, mais enfin, une voix aiguë, une voix de femme, domine les craquements du navire, et retrouve, par la force d'une émotion sincère, les cris et onomatopées que Rabelais prête à Panurge.

Le soir, à six heures, peu de monde à table. Le commandant rassure ceux qui montrent quelque inquiétude. Pourtant, il ne nous cache pas que c'est une vraie tempête, car, le maximum du vent étant 10, nous sommes à 8, presque à 9, et il ajoute que, certainement, nous n'arriverons pas à Marseille le lendemain matin à sept heures, comme c'était prévu. Il faut serrer les côtes de Corse, puis monter vers Gênes, à l'abri du golfe de Ligurie.

La nuit est très dure. Je suis logé à l'arrière et lorsque l'hélice, en sortant de l'eau, donne au navire ce que les marins appellent le *coup de casserole*, je suis enlevé de ma couchette, comme une crêpe, et, par deux fois, jeté à bas. Au cours de nos excursions, j'avais fait provision de morceaux de marbre, et je les avais disposés au-dessus de la couchette, dans un filet : ils m'arrosent d'une pluie d'aérolithes.

Au jour levant, nous sommes par le travers de Nice et, dès lors, nous allons suivre la côte de Provence, jusqu'à Marseille. Peut-être pourrons-nous entrer dans le port de la Ciotat. Nous passons en vue d'Antibes, du cap Roux, de Saint-Tropez, des îles d'Hyères, de Toulon. Voici la Ciotat : impossible d'entrer! Nous continuons et, bientôt, nous apercevons Marseille. C'est la terre promise : nous passons devant elle pour aller nous abriter dans la baie de l'Estaque, où, sous la haute montagne de la Nerte, la mer, enfin, est calme et le navire peut mouiller à quatre heures du soir.

Quand entrerons-nous au port? Peut-être au coucher du soleil. Beaucoup se plaignent : ils sont attendus et ils voudraient prendre le chemin de fer. Le commandant est descendu de la passerelle. Ces quelques jours ont établi entre lui et nous une sympathie cordiale. Doucement, il nous explique la difficulté, mais il devine que tous les impatients ne sont pas convaincus. Sans insister, il remonte à son poste et l'appareillage commence. Le brave marin veut jusqu'au bout satisfaire ses passagers. Il n'hésite pas à jouer une assez grosse partie et à tenter l'entrée. Lentement, avec une adresse et une prudence que l'on peut admirer sans être un professionnel, il manœuvre vers le goulet. A mesure que nous approchons de la Joliette, l'agitation de la mer recommence et la vague déferle avec force sur l'île de Ratonneau. Enfin, voici la jetée, l'entrée, le port. Les remorqueurs frappent leurs amarres sur le *Sénégal* et, en quelques minutes, nous sommes à quai.

Le voyage de Grèce est fini, et, ce soir, à sept heures, nous monterons en chemin de fer. J'ai tout dit, au jour le jour. Ai-je besoin de conclure? En débarquant, j'ai trouvé une lettre d'Athènes. Elle vient de l'École française et j'y lis ceci :

> Notre pensée vous a suivis, vos compagnons et vous. Le *Sénégal* était pour nous quelque chose de cher, comme le pays dont il nous avait apporté l'image gracieuse et forte. Nous l'aimions et nous lui étions reconnaissants, parce qu'il montrait la France en des pays où elle se fait trop peu voir, et ses rivaux ou ses ennemis trop, et parce qu'il ui faisait honneur. Nous lui avions encore de la gratitude

parce qu'il voulait bien aller jusqu'aux lieux où nous travaillons pour la science et la patrie, afin de connaître nos efforts et de les faire connaître aux autres, qui sont restés là-bas et que l'exemple donné entraînera plus tard....

Vous nous avez comblés de louanges qui nous ont été au cœur, puisque, Français, vous avez jugé que nous avions bien mérité de la France. Vous allez faire des prosélytes pour l'École française; peut-être des hommes généreux s'intéresseront-ils à nos travaux. Vous avez senti et vous leur direz qu'il y a ici une place à garder pour la France. Il faut non seulement la garder, mais l'agrandir, car la concurrence est constante et énergique....

Ne nous oubliez pas auprès des « Sénégalais ».

Avec une autorité unique, le signataire de cette lettre, M. Homolle, dit ce que j'aurais voulu dire et, par le *Temps*, ses paroles arriveront à leur adresse.

Nous avons vu la plus intéressante partie de la Grèce, mais il faut que la visite de cette année soit complétée. D'avance, nous étions gagnés à la religion de l'hellénisme; nous éprouvions pour la Grèce les sentiments d'un fils pour une mère dont la pensée lointaine l'aurait initié à la vie, mais qu'il n'aurait jamais vue. Nous l'aimerons désormais en connaissance de cause. Dans ce pèlerinage, nous avons visité chez elle la nourrice de l'Europe; nous l'avons trouvée vénérable sous ses rides et radieuse sous ses cicatrices. Nous garderons au cœur son image vivante.

DEUXIÈME PARTIE

VERS JÉRUSALEM

VERS JÉRUSALEM

I

D'EUROPE EN ASIE

LE RETOUR AU NAVIRE. — HELLÉNISME ET CHRISTIANISME. — DE MARSEILLE A MESSINE. — LES CÔTES DU PÉLOPONÈSE. — LA CHANSON DU VOYAGE.

En mer, 16 septembre 1897

L'an dernier, la revue *le Tour du monde* organisait un voyage en Grèce, avec le concours de la compagnie des Messageries maritimes, et deux cents touristes prenaient passage sur le *Sénégal*. Ils revenaient si enchantés qu'ils auraient voulu, cette année, recommencer le voyage. Les événements que l'on sait ne l'ont pas permis. Il y aurait eu de la barbarie à parcourir en touristes la Grèce écrasée. La *Revue générale des sciences* a transformé le projet d'un retour à Athènes en un voyage à Jérusalem, avec escales aux lieux « où se faisait tout ce qu'a dit l'histoire », Rhodes, Chypre, Beyrout, Damas, Jaffa, la Crète.

J'étais du premier voyage; je me suis empressé de me faire inscrire pour le second. Voir de ses yeux le « pays des Croisés » est une leçon aussi utile que la visite de la Grèce, et jamais les choses d'Orient ne furent d'un intérêt plus immédiat.

Je me retrouvais donc lundi dernier, 13 septembre, à Marseille, sur le même *Sénégal* qui, au mois d'avril 1896, m'avait porté en Grèce. Il est toujours sous le commandement du capitaine Rebufat, ce Marseillais cordial et fin qui s'était fait des amis de tous ses passagers helléniques. Nous sommes une centaine à bord, conduits par MM. Olivier et Amphoux, de la *Revue des sciences*, qu'assiste M. Charles Diehl, professeur à l'Université de Nancy.

Reprendre passage à bord d'un navire sur lequel on a déjà fait un beau voyage, est d'un vif agrément. Aux premiers pas à travers la ville flottante, les souvenirs se lèvent en foule. C'est la même impression que le retour dans un pays où l'on a vécu en peu de temps une existence pleine. On n'a pas cette pénible sensation d'arrachement que cause d'ordinaire le départ pour un lointain pays. On se rappelle les faciles relations du bord, la griserie du changement, la rentrée délicieuse, après les journées de grande fatigue, au navire devenu le *home*, les longues lectures, sur le pont, des livres d'histoire et de voyages, décolorés et froids dans le cabinet, vivants et animés lorsqu'ils servent de contrôle et d'aide à l'observation personnelle. On s'installe avec l'expérience de ce qu'il faut rechercher ou éviter. Les premiers battements de l'hélice, d'abord timides et hésitants, puis fortement rythmés et sûrs d'eux-mêmes, produisent l'effet d'un essor dans l'espace, d'un battement d'ailes libres et puissantes. On va s'affranchir pour un temps de la vie monotone et surchargée; on court vers les grands spectacles, dont le souvenir sera la consolation des vulgarités et des misères quotidiennes.

J'ai cette fois une grande cabine, bien éclairée, où je puis insinuer une table à écrire. Je ne devrai plus, comme dans le voyage de Grèce, faire de la copie sur le pont, sous le vent, ou dans les salons communs, au milieu du va-et-vient, des conversations et des questions. C'est que nous sommes beaucoup moins nombreux que l'année dernière. Il n'y a plus sur les deux gaillards le grouillement joyeux qui faisait du *Sénégal* une ruche bourdonnante. Cette différence semble d'abord un peu triste, mais pas longtemps. La mer est belle et le temps doux. Nous n'avons pas un seul malade. Sur cette Méditerranée aux rivages rapprochés, à peine a-t-on perdu de vue les côtes de Provence, que les montagnes de Corse s'élèvent sur l'horizon; l'Italie se profile à l'est, tandis que les îles Lipari pointent au sud. L'ennui qui sort de l'océan morne et désert ne se pose point sur cette mer riante et pleine de souvenirs.

Il semble, pourtant, qu'un voyage à Jérusalem aurait dû attirer une affluence de touristes. Leur petit nombre s'explique d'abord par l'époque de l'année : l'annonce a été faite assez tard et, dans ce dernier quart des vacances, chacun suit jusqu'au bout ses projets primitifs. Peut-être aussi la date choisie, un 13, a-t-elle, en quelque mesure, effrayé les superstitieux.

Mais voici, je crois, le principal motif. Les fervents de l'hellénisme n'avaient, pour aller en Grèce, que l'occasion offerte par le *Tour du Monde*. Pour les chrétiens, de grands pèlerinages à Jérusalem s'organisent chaque année. Ils s'y trouvent en communauté de croyances, conduits par leurs prêtres. A l'appel de la *Revue des sciences* les curieux ont seuls répondu : nous n'avons parmi nous que deux prêtres catholiques et trois pasteurs protestants. Il est aisé de voir, aux premières conversations, que le goût du tourisme, beaucoup plus qu'une croyance, réunit cette fois les passagers du *Sénégal*.

Au demeurant, comme dans le premier voyage, tous les âges et toutes les conditions sont représentés. Nous avons des vieillards et des jeunes gens, des matrones et des jeunes femmes, des médecins, des magistrats, des officiers, des artistes, des professeurs, de simples oisifs. Nous pourrions former une colonie complète, voire cosmopolite, car nous comptons un groupe belge assez nombreux, des Suisses, un Roumain.

Le navire a quitté le port à l'heure indiquée, trois heures de l'après-midi. Je revois, avec le double enchantement de la sensation présente et du souvenir évoqué, les merveilleux spectacles semés au long de la Méditerranée. Le 14 au matin, nous passons les bouches de Bonifacio, sous la petite ville corse, serrée dans ses murs génois, au sommet de falaises à pic, que percent à la base des grottes profondes. Les vieilles maisons, dorées par le soleil, semblent s'accrocher les unes aux autres, sur l'étroite plate-forme, pour n'être pas emportées par le vent de mer. L'entrée du port, étroite et longue, se devine plus qu'elle ne se voit. Elle s'enfonce, comme un fiord, entre une double paroi de rochers blancs. Nous longeons le lugubre écueil de Lavezzi où se brisa la *Sémillante* et, en face, l'îlot sarde, la Maddalena, armé jusqu'aux dents, alors que Bonifacio n'a que de vieilles fortifications. Derrière l'abri de la Maddalena, les torpilleurs italiens guettent l'île française avec une affectation de mauvais goût.

Le 15, vers le milieu du jour, dans une lumière radieuse, Stromboli surgit en rouge vif, plaqué de vert doux, de brun fauve et de blanc cru par les vignes, la lave et les maisonnettes, sous un double panache de fumée. Son petit satellite, Strombolino, est dentelé de si étrange manière qu'il ressemble à un attelage d'hippocampes, corps serrés, oreilles dressées et crinières flottantes. Au milieu, une tête plus haute hennit vers le ciel. Voici bientôt le détroit de Messine. Le fleuve salé qui unit la mer d'Europe et la mer d'Afrique est animé comme un boulevard de grande ville. Les grands paquebots, les petits voiliers, les minuscules bateaux pêcheurs le sillonnent, sur les lames courtes et frémissantes qui se heurtent sous la brise. Charybde et Scylla, Messine et Reggio, les villes blanches et roses, les petites vallées fraîches au flanc des hautes montagnes brûlées rient sous le soleil. L'Etna, malheureusement, est voilé de nuages, comme le matin où je traversais le détroit, il y a dix-sept mois. En revanche, après six heures de route vers l'orient, la silhouette gigantesque de la montagne surgit dans le ciel éclairci. Le soleil couchant plonge brusquement derrière elle et couronne sa double cime d'une gloire rayonnante.

Le 16, nous longeons les côtes du Péloponèse jusqu'au cap Malée, du haut duquel un ermitage fameux regarde Cythère qui expie le culte de Vénus par la plus sinistre aridité. Jusqu'à la nuit, malgré la chaleur de fournaise qui embrase le pont, nous suivons le défilé des nobles lignes sur lesquelles chante l'harmonie des couleurs, de la plus vigoureuse à la plus douce, du rouge feu au vert mourant. Les côtes sont abruptes et nues, sans arbres, à peine voilées d'une végétation courte et roussie. Des villages blancs s'éparpillent aux plis des gorges. Mais la fête de lumière est merveilleuse sur la terre changeante et la mer moirée. La côte de Cythère s'allonge avec la majesté d'un double fronton et le cap Malée se dresse, haut, massif et robuste comme une énorme tour. A la pointe même du cap, tandis que souffle, comme par une porte brusquement ouverte, le vent du nord, le Vorias si redouté des anciens, et que la sirène du navire demande inutilement la bénédiction de l'ermite, absent ou mort, le soleil couchant étend sur cette porte de la mer Égée un manteau triomphal de pourpre changeante.

Bientôt Cythère bleuit et le cap devient noir. Une

coupole de nuages cuivrés, enflammés par le rayonnement d'une fournaise invisible, illumine les cimes. Puis l'ombre monte de la mer vers les montagnes. Le ciel passe du bleu pâle au vert opalin. Soudain, la nuit est profonde. Le navire semble glisser sur une nappe de velours noir.

Nous allons maintenant droit sur Rhodes. C'est la dernière étape des croisés en Orient et nous suivrons à rebours la marche de l'épopée chrétienne. C'est à Rhodes qu'aux mains de deux Français, Pierre d'Aubusson et Villiers de l'Isle-Adam, groupant autour d'eux six cents chevaliers d'Europe, la croix tomba sous le choc du croissant, après une lutte héroïque des deux parts, mais où chaque chrétien avait quarante musulmans à combattre.

En deux conférences, parfaites d'ordonnance et de clarté — études attentives et concentrées que, seul, un spécialiste pouvait faire, en dominant son sujet d'assez haut pour le présenter dans ses grandes lignes et le mettre à la portée d'un auditoire de culture moyenne, — M. Diehl nous a retracé les fastes de l'Orient latin. Tandis que l'historien parle, sur le pont du navire qui court entre les Cyclades et la Crète, nous songeons qu'à moins de cent kilomètres, à droite et à gauche, chrétiens et Turcs sont encore face à face, en armes, trois cents ans après la prise de Rhodes par Soliman. Aujourd'hui comme alors, le conflit a des causes lointaines et multiples; il s'agit encore de religion et de politique, de sang et d'argent. L'escadre européenne est composite, comme l'ordre des Hospitaliers de Saint-Jean. La rivalité d'intérêts qui laissa succomber Rhodes subsiste, avec des éléments identiques, entre les nations qui montent la garde à la Canée et discutent à Constantinople. Et, de même que la chute de Rhodes fut le signal d'un remaniement de l'Europe, sommes-nous destinés, après la victoire du Turc sur le Grec, à voir notre vieux continent, où tout est prêt pour une guerre universelle, pétrir à nouveau des États dans le sang?

J'ai pour voisin de cabine un mélomane discret. C'est un des commissaires du bord, grands voyageurs par métier, qui ont beaucoup vu et entendu. Celui-ci possède un répertoire musical d'une variété prodigieuse. Il se joue à lui-même sur la mandoline les mélodies joyeuses de Naples, les chansons rêveuses de l'Illyrie, les tristes cantilènes de l'Orient, toute la partition de *Carmen*. Il brode, il improvise; il se grise de sa musique, avec une sûreté de mémoire, une agilité de doigts, un sens artiste qui lui permettraient de changer son goût en profession. Il compte sur le battement de l'hélice pour couvrir aux oreilles de ses voisins le son grêle et métallique de l'instrument. Mais celui-ci domine. Pour moi, je prends avec un vif plaisir ma part du concert. Cette musique composite, par cette nuit brûlante, est la chanson de ce voyage entre l'Europe et l'Asie.

II

RHODES

La ville; l'enceinte; la rue des chevaliers; le bagne. — Le cimetière turc; le siège de 1522. — La France a Rhodes. — Les victoires turques; le salut au Padischah.

Rhodes, 17 septembre

Nous avons quitté cette nuit les eaux grecques pour les eaux turques et, ce matin, depuis le lever du jour, nous rangeons les dernières Cyclades. Elles sortent de la mer, toujours semblables entre elles, c'est-à-dire rousses et arides sous la lumière limpide. Vers midi, nous découvrons en même temps la côte d'Asie et Rhodes. L'« île du soleil », Rhodes la brillante, *Macaria*, la « fortunée », apparaît, couronnée de rochers blancs et ceinte de verdure.

La douceur du climat, la pureté de l'air et la fertilité du sol en faisaient, pour les anciens, un paradis terrestre. Là, disaient-ils, « on ne connaît guère les différences de chaleur et de froidure; les deux températures se confondent ». Les anciens ont dit vrai et les Turcs n'ont pu dépouiller Rhodes de ces dons célestes. Malgré l'ardeur du soleil, la brise est fraîche autour de l'île, grâce à l'appel d'air que font au-dessus d'elle les plaines brûlantes d'Égypte, tandis qu'en hiver, les monts de Lycie la préservent du Vorias. Dans le creux des collines foisonnent les grenadiers, aux feuilles brillantes et aux fruits éclatants ; ils justifient toujours le nom de Rhodes, symbolisé par la fleur épanouie, ῥόδον, la grenade, qui figure au revers de ses anciennes monnaies, tandis que, sur la face brille, couronnée de rayons, la tête de Phoibos.

Bientôt, sur un double promontoire, s'étage la ville, autour d'un port en croissant. Malgré les palmiers et les minarets, la première impression est celle d'un mont Saint-Michel qui surgirait d'une mer plus bleue, sous une lumière plus brillante. Une enceinte crénelée, où, de distance en distance, des tours sont comme liées en gerbe, la serre étroitement. Cette enceinte est épaulée à droite par une bastille à plusieurs étages de remparts, l'ancien palais des grands maîtres; à gauche, par un châtelet percé d'une porte robuste, la porte Sainte-Catherine. Jadis, l'entrée du port était défendue par une superbe tour, couronnée de quatre tourelles et surmontée d'un donjon. C'était la tour Saint-Ange, merveille de l'architecture militaire. Elle occupait l'emplacement du célèbre colosse, représentant Phoibos rhodien. On la voit toujours sur les anciennes estampes, mais elle n'existe plus : ébranlée par un tremblement de terre en 1851, elle s'est écroulée peu à peu. L'incurie turque ne détruit rien, mais laissé tout détruire par les hommes ou par le temps.

Comme le Mont-Saint-Michel, Rhodes était une cité religieuse et guerrière, toujours « au péril de la mer » et de l'ennemi. Moitié européenne, moitié asiatique, il semble aux premiers pas que rien n'a changé ici depuis le 31 décembre 1522, où Soliman prit possession de la ville. La population bruyante et bariolée qui grouille sur le quai, attirée par la vue de notre grand paquebot, a conservé le costume oriental; il nous semble que, tout à l'heure, les bannières des sept « langues » vont flotter sur les bastions et que les casques des chevaliers, ombragés du *kouffiéh* oriental, vont briller entre les créneaux.

En quelques pas, après avoir franchi l'enceinte intérieure qui séparait la cité bourgeoise de la cité noble, nous sommes dans la rue qui s'appelle toujours « la rue des Chevaliers ». Ici, l'illusion tient du prodige. Des deux côtés, l'architecture du XIVe et du XVe siècle survit, sous ses formes les plus caractéristiques, dans une suite d'édifices extérieurement intacts : aucun restaurateur de monuments historiques n'a passé par ici. A peine si de légers moucharabis en bois s'accrochent aux façades. Ils en dénaturent d'autant moins le caractère que les chevaliers ont souvent adapté leurs habitudes occidentales à celles que leur imposait l'Orient. Ainsi leur grand hôpital est construit en forme de khani : les bâtiments encadrent une cour centrale à arcades, mais ces arcades sont ogivales et la façade est celle d'un château fort. Vers le milieu de la rue, une chaire, surmontée d'un abat-voix, est pratiquée dans la muraille. Elle entendit, en 1522, l'appel aux armes que l'archevêque grec adressait aux femmes et aux enfants, toute la population virile étant déjà sur le rempart. Il n'y a que nous dans la rue, groupés devant M. Diehl qui, sur les premières marches de l'escalier, nous raconte le siège. Nous pouvons supposer que femmes et enfants, suivant l'archevêque, sont allés rejoindre les hommes au bastion de France et que nous allons entendre la clameur de l'assaut musulman, coupée par l'appel des cloches et la voix des canons.

Les « auberges » et les pricurés des nations se succèdent, portant au front l'écusson national, accolé à celui du grand maître qui les a construits. Ceux d'Angleterre et d'Italie étaient au bas de la rue, celui de France au milieu. Les Anglais et les Italiens ont obtenu d'emporter leurs écussons. Les armes de France sont toujours en place. Les fleurs de lis, d'un dessin vigoureux et pur, brillent au soleil d'Orient, sur une plaque de marbre entourée du vieux cri : *Mont joye Sainct Denys*, et, à côté, surmonté du chapeau cardinalice, le blason du grand maître Pierre d'Aubusson. La France a demandé aux Turcs les portes du château pour le musée de Cluny. Il est fâcheux qu'elle n'ait pas réclamé en même temps les armes de son pricuré, double monument d'art et d'honneur. Les chevaliers de Saint-Jean furent surtout un ordre français. Des dix-neuf grands maîtres ayant tenu le magistère à Rhodes, quinze furent choisis dans notre nation, et parmi eux les deux héros de 1480 et de 1522, Pierre d'Aubusson et Villiers de l'Isle-Adam. Lorsque Soliman arriva devant Rhodes, les deux cent quatre-vingt-douze chevaliers profès comprenaient cent vingt Français, quatre-vingt-huit Espagnols et Portugais, quarante-sept Italiens, dix-sept Allemands et Anglais. Les témoignages de cette vieille gloire feraient bonne figure aux murs de Saint-Denis.

Le gouverneur de Rhodes a supprimé pour nous les formalités de douane et de passeport, si gênantes en pays turc. Il a donné des ordres pour que toutes facilités de visite nous soient laissées. Nous n'avons à subir qu'une consigne sévèrement gardée, la défense de prendre des photographies « sur les points stratégiques ». Or, pas une pierre n'a été ajoutée aux remparts de Rhodes depuis que Soliman eut fermé les brèches du siège et il suffirait d'un obus pour ouvrir la forteresse de bout en bout. Le chef de la police, un officier d'ordonnance et le secrétaire du gouverneur nous accompagnent, aussi empressés à nous donner les facilités permises qu'à empêcher les violations de consigne. Le gouverneur de l'île, pauvre chef-lieu du *sandjak* des « îles de la mer Blanche », est un ancien ministre des affaires étrangères, envoyé ici en disgrâce. On devine ses craintes. Après Rhodes, que ferait-on de lui, s'il déplaisait encore? La condition de ces gouverneurs turcs est pitoyable. Tout courrier arrivant de Constantinople est pour eux un motif d'angoisse. Il leur est interdit de communiquer entre eux. Récemment à Smyrne, l'un d'eux interrompait son voyage pour ne pas se rencontrer sur le paquebot avec un de ses collègues. Suivant l'usage, lorsque le chef a des inquiétudes, ses subordonnés tremblent. Nos guides concilient de leur mieux la crainte d'être trop complaisants et celle de ne pas l'être assez.

Ils nous introduisent dans le palais des grands maîtres, transformé en bagne. Du haut d'un chemin de ronde, nous regardons à loisir une centaine de forçats qui fument ou savourent le kief entre les hautes murailles d'une vaste cour. Ces bandits sont superbes sous leurs haillons. Toutes les races de l'empire ottoman figurent parmi eux, du nègre au Circassien. Beaucoup posent pour la galerie. Dédaigneux des visiteurs européens comme de leurs compagnons, deux jeunes hommes, beaux comme des dieux, se promènent à l'écart en se tenant par la taille. Tels, chez nous, les amoureux de village, garçon et fille. Ce groupe masculin, c'est l'amitié antique, à la façon d'Achille et de Patrocle. Passons.

Du haut de l'esplanade, nous découvrons la ville, le port et, au loin, la côte d'Asie. Le souvenir imprime à ce panorama splendide une tristesse infinie. Sur cette terrasse, où s'alignaient encore il y a quelques années les énormes canons aux armes de l'ordre — la plupart ont été transformés en gros sous, mais deux, offerts à Napoléon III, sont aux Invalides, — les grands maîtres veillèrent pendant deux cent treize ans, comme les sentinelles perdues de l'Europe chrétienne, l'œil tourné vers l'Asie. C'est d'ici que Villiers de l'Isle-Adam vit arriver l'immense flotte de Soliman, sept cents navires, portant cent cinquante mille hommes. Devant l'Europe divisée et distraite, comprenant que l'heure suprême était arrivée, il ne songea plus qu'à bien finir.

Nous sortons dans la campagne par une porte de nom et d'écusson français, la porte d'Amboise. Jusqu'en 1837, on y voyait le crâne gigantesque du monstre fameux que Dieudonné de Gozon aurait tué en 1342. C'est de ce côté, le moins fortifié par la nature, que les chevaliers avaient accumulé leurs moyens de défense et que se porta l'effort des Turcs. Ce front est un superbe morceau d'architecture militaire et l'histoire de la fortification au début du XVIe siècle, lorsque les ouvrages rasants commencèrent à remplacer les hautes murailles, se lit avec une parfaite netteté sur ces pierres dorées par le soleil, timbrées aux armes des grands maîtres et élevant les créneaux à la sarrasine sur les larges embrasures. De distance en distance, d'énormes bastions portent encore le nom des « nations » à la garde desquelles ils étaient confiés : France, Provence, Auvergne, Espagne, Italie, Allemagne, Angleterre.

Un immense cimetière, hérissé de doubles stèles et foisonnant de chardons desséchés, s'étend au pied des remparts. Là reposent les quarante mille Turcs que six cents chevaliers, soutenus par cinq mille mercenaires et miliciens, abattirent pendant un siège de cinq mois. Jamais les musulmans ne touchent aux vieux cimetières. Celui-ci est particulièrement respecté. Après la prise de Constantinople, celle de

Rhodes fut la plus grande victoire de l'islamisme. A voir ces dalles de pierre qui, droites et surmontées du turban, semblent monter à l'assaut des murs, on songe que, dans la différence des races et des religions, ceux qui tombèrent des deux côtés de ce fossé sont frères dans l'héroïsme et dans la mort, car ils ont donné leur vie pour une idée.

Un Rhodien et un prêtre français, MM. Édouard Biliotti et l'abbé Cottret, ont consacré à l'île de Rhodes une histoire qui est un monument de patriotisme et de conscience. Tout n'y est pas d'égale valeur et leur critique laisse à désirer, mais, à la condition de le contrôler, leur livre offre les recherches les plus profondes et les plus originales dont l'île ait été l'objet. Rhodes n'ayant pas d'imprimerie, M. Biliotti s'était fait imprimeur : « Notre compositeur, dit-il dans sa préface, est un enfant n'ayant pas la plus petite notion de la langue française ». Les auteurs de ce livre naïf et touchant ont eu la bonne fortune de découvrir une relation manuscrite du siège de 1522 par un musulman. Sous la rhétorique ampoulée du narrateur, éclate l'héroïsme égal de la défense et de l'attaque, celle-ci procédant à coups d'hommes, celle-là suppléant au nombre par la ténacité et le courage réfléchi. L'esprit de l'armée ottomane respire encore dans des phrases comme celle-ci : « Les braves soldats de l'Islam tombaient par centaines et les anges ouvraient pour leurs âmes la porte du paradis ». Avant l'un des plus furieux assauts donnés à la place, « les troupes musulmanes s'étaient abordées en se pardonnant mutuellement leurs offenses ». Quant aux chevaliers, Soliman vainqueur leur témoigna son admiration. Il leur permit de quitter la ville avec leurs reliques, leurs étendards, leurs richesses mobilières et les cinq mille habitants qui voulurent les suivre. Il combla de dons Villiers de l'Isle-Adam.

Le 1ᵉʳ janvier 1523, la flotte de l'ordre mettait à la voile « pour le *Frenghistan* ». Depuis cinq jours déjà, le sultan avait pris possession de la ville :

> Le 6 Sefer (25 décembre), jour de Vendredi, le Sultan, selon la sublime loi que le bienheureux Omar a établie à l'égard des pays conquis, ordonna qu'un muezzin montât sur l'*Arop-Kouleh* (la tour Saint-Ange), cette tour dont l'élévation atteint le troisième ciel; de là le muezzin, d'une voix aussi forte que celle du bienheureux Bilial, notifia à la population la glorieuse conquête du Sultan Soliman, et entonna ensuite la sublime prière que Mohammed, le Saint Prophète de Dieu, a instituée sur la terre des croyants, et cette voix claire et forte étonna les chrétiens.

Déjà aussi l'église Saint-Jean était devenue une mosquée. Elle a été détruite en 1856 par l'explosion d'un dépôt de poudre caché pendant le siège dans la crypte de l'église et allumé par la foudre. Cette poudre aurait été dissimulée par le prieur d'Espagne, d'Amaral, concurrent de Villiers de l'Isle-Adam à la grande maîtrise, et qui se serait vengé de son échec en l'obligeant à capituler faute de munitions. Le traître fut mis à mort et sa tête exposée sur le rempart, en face du camp musulman.

Il convient d'ajouter que, jusqu'au bout, d'Amaral protesta de son innocence et que, parmi les historiens, il a trouvé des défenseurs.

Trois villes, turque, grecque et franque, se pressent dans l'enceinte de Rhodes, réunies et distinctes. L'île a eu plus de cent mille habitants; elle n'en a plus guère que vingt-sept mille, dont vingt mille Grecs, six mille Turcs et mille Juifs. Environ onze mille se partagent la ville, parmi lesquels cinq mille Grecs, autant de Turcs et tous les Juifs. Les routes du commerce, qui jadis convergeaient sur Rhodes, s'en sont détournées. La domination turque a fait le reste. Il ne reste plus de l'antiquité que des ruines informes, sans aucune trace des trois mille statues dont parlent les auteurs. Il y avait à Rhodes une école célèbre de rhéteurs et de philosophes, où vint enseigner Eschine, banni d'Athènes, après son grand duel avec Démosthène. Aujourd'hui, les quarante-sept villages de l'île n'ont qu'une seule école indigène. Dans la ville, les établissements d'instruction sont français.

La diversité de la population éclate dans celle des visages, des costumes et des langues, comme dans le soin jaloux avec lequel chacune des trois nations minuscules vit chez elle, à sa façon. Tandis que les musulmanes se voilent étroitement le visage, les juives se montrent à visage découvert. Des enfants aux cheveux blonds et aux yeux bleus nous suivent, parmi de petits moricauds au crâne rasé. Le faubourg actuel de *Néochori* s'est appelé longtemps *Keratochori*, le « village cornu ». Les chevaliers y faisaient, paraît-il, des visites, et il en est resté des traces parmi la population. Sur la marine, dans la foule curieuse, des prêtres grecs regardent, à côté de santons. Mais des Frères de la doctrine chrétienne viennent à nous, les mains tendues, en disant : « Nous sommes Français! » A cette distance de la patrie, comme nos divisions et nos querelles s'oublient! Nous éprouvons à les entendre une émotion profonde. Les Frères nous disent leurs efforts pour répandre notre langue. Il existe aussi à Rhodes un collège soutenu par l'Alliance française. Somme toute, notre petite colonie est la plus influente et la plus laborieuse de l'île. Un professeur de français, qui n'a jamais vu la France et qui parle notre langue avec une correction parfaite, nous dit que nous retrouverons l'action française, aussi forte avec des moyens restreints, tout le long de notre voyage. Bien plus qu'à la lecture des journaux turcophiles ou philhellènes, nous comprenons ici avec quel soin la France doit garder ses intérêts d'Orient. Elle y poursuit une œuvre de civilisation ; elle doit y rester la première des nations européennes, — malgré la Russie, protectrice des catholiques grecs, devant laquelle, depuis quelques années, elle s'efface trop, par le souci exclusif de ses intérêts européens; malgré l'Angleterre, que nous verrons, dans deux jours, maîtresse à Chypre, dans l'ancien royaume des Lusignans, comme elle l'est à Malte, dernière possession des chevaliers de Rhodes.

Musulmans, Grecs et Juifs vivent en bonne intelligence sous l'autorité turque, équitable ici, et qui, malgré les récentes affaires d'Arménie et de Grèce, a su éviter jusqu'aux rixes. Les Grecs sont des agriculteurs ignorants, pauvres et pacifiques; le commerce, de plus en plus réduit, ne les a pas émancipés en les enrichissant. Les Juifs ont encore la lâcheté des races longtemps esclaves. Quelques-uns de nous en ont pris un pour guide. C'est un homme jeune et robuste. Il les conduit à une mosquée. Au moment où ils y pénètrent, un soldat turc marche sur le juif et, violemment, le frappe au visage : il paraît que l'heure où les *roumis* peuvent entrer est passée. Le juif ne résiste ni ne riposte; il vient en pleurant nous montrer sa joue rougie.

Brutalité à part, nous admirons l'aspect martial des soldats qui montent la garde aux portes, l'arme au pied, immobiles comme des statues et haussés sur des tréteaux de bois. Ils sont vêtus de guenilles sordides, mais on voit qu'ils éprouvent la fierté des victoires récentes. L'Europe a laissé le champ libre à cette armée résistante et brave; l'Allemagne a refait son éducation arriérée. Le soldat turc est désormais redoutable. Les nations d'Europe qui ont des sujets musulmans en Asie ou en Afrique savent déjà que leurs Arabes ou leurs Hindous prennent leur part de la confiance qui a retrempé les armes turques.

Tout à l'heure, j'ai demandé à voir, dans la cour du konak, les dalles tumulaires des chevaliers, déposées en cet endroit depuis l'explosion qui a détruit l'église Saint-Jean. Je venais de lire sur une pierre écussonnée des Tours de Portugal et où les lettres semblent gravées d'hier, l'épitaphe de « Ferdinand de Hérédia, chevalier de la milice chrétienne, châtelain d'Emposte, mort le 15 août de l'an du Christ 1493 ». Soudain, sur le coup de cinq heures, la dixième heure turque, j'ai entendu, derrière les murs de la caserne voisine, monter une fanfare sourde et lente, suivie d'une acclamation rythmée, tandis que, sous mes yeux, deux sentinelles présentaient les armes dans le vide. C'était le salut journalier de la garnison « à l'honneur du drapeau et à la gloire du Padischah ». Sur le port et la ville, le drapeau rouge, frappé du croissant et de l'étoile, dominait les pavillons des navires et des consulats. Tout le microcosme qui vit à Rhodes sous l'autorité turque voit, entend et comprend. Je souhaite que la sauvage acclamation de la dixième heure n'ait pas d'écho vers Tunis et Alger.

III

ADALIA

LA CÔTE DE PAMPHYLIE. — ADALIA. — LE KHANI; LE BAZAR.
LES REMPARTS; LOUIS VII A ADALIA. — LE GOUVERNEUR TURC.

Adalia, 18 septembre.

Le programme de notre voyage portait Adalia et l'idée de cette escale nous avait d'abord étonnés. Adalia est une petite ville de Pamphylie, au fond du golfe auquel elle donne son nom. Elle n'a d'autre intérêt pour l'histoire que le passage de Louis VII, pendant la seconde croisade. Y a-t-il là de quoi motiver un long crochet?

Dès que, au point du jour, le *Sénégal* commence à ranger la côte d'Anatolie, notre étonnement cesse. Jusqu'à présent, le long de l'Italie et de la Grèce, nous n'avions vu le Midi et l'Orient que sous leurs formes nues et sèches. Rhodes même n'est verdoyante qu'au bord de la mer; elle élève au-dessus d'une plaine étroite des collines rocheuses. A cette beauté architecturale il manquait des arbres. Maintenant, les sources jaillissent de tous côtés aux flancs des montagnes et descendent en cascades jusqu'à la mer. La côte est un nid de verdure. Une haute végétation couronne les falaises roses ou violettes, encadre les petits ports aux maisons blanches, foisonne sur les ruines antiques. L'eau fécondante scintille au soleil; elle s'élance toute blanche dans le flot bleu; elle rit aux yeux et à l'âme. Devant de telles oasis au milieu d'une ardente fournaise, on comprend mieux les souhaits des poètes qui ont vécu parmi ces contrastes de sécheresse et de fraîcheur :

> Oh! qui me gelidis in vallibus Hemi
> Sistat et ingenti ramorum protegat umbra!

« Oh! qui me conduira dans les vallées glacées de l'Hémus? Qui étendra sur moi l'ombre des grands arbres? »

Puis, les villes de Syrie que nous allons parcourir, Beyrout et Damas, Jaffa et Jérusalem, sont plus ou moins entamées par la civilisation occidentale. Elles ont une population cosmopolite où toutes les races et tous les costumes du bassin méditerranéen mêlent leurs notes confuses. Demeurée en dehors des grandes routes du commerce, Adalia conserve intacte la physionomie asiatique et sa médiocre étendue permet d'embrasser cette physionomie d'un coup d'œil.

La ville apparaît dans une double ceinture de remparts fauves, au sommet d'une falaise rouge. Et il semble que toutes les sources aperçues le long de la côte se soient donné rendez-vous ici. Aux deux extrémités de la ville, sur le port, le long des rues montantes, l'eau gronde ou babille en jets puissants ou en ruisselets. Elle nourrit la vigueur des beaux arbres — micocouliers, mûriers, platanes surtout, l'arbre favori des Turcs — qui ceignent la ville, y pénètrent en colonnes épaisses, s'éparpillent en panaches au milieu des maisons.

Tous les hommes sont sur la marine, étalant un bariolage de costumes parmi lesquels de rares complets européens piquent leurs notes fâcheuses. Du haut des terrasses, les femmes regardent, étroitement voilées ou le visage découvert, selon leur religion. Tout à l'heure, dans la ville, elles se risqueront sur le pas des portes pour nous observer de près, curieuses et craintives. Quelques-unes, les plus jolies, relèveront leurs voiles. Cela nous vaudra le spectacle d'une querelle de ménage. Un mari survient tandis que ses femmes laissent entrevoir leur visage aux infidèles. Il les apostrophe rudement, les pousse dans la maison et elles fuient devant le maître, avec des cris aigus.

Comme à Rhodes, le gouverneur s'est piqué de nous bien recevoir. Il a envoyé ses officiers à bord et nous débarquons escortés de zaptiés qui distribuent dans la foule trop curieuse des coups de poing donnés et reçus avec le même flegme. Nous devons déjeuner hors de la ville, dans un bois de platanes. La route qui y conduit vient d'être réparée à notre intention. Il n'y a qu'une voiture dans la ville; elle est mise à la disposition des dames.

Aussitôt la porte franchie, on est dans le khani.

C'est jour de marché et les chameaux arrivent en longues files. Ils s'accroupissent sous le soleil de feu, dressant leur tête solennelle et comique sur leur cou recourbé en proue de navire. Du khani, une rue montante conduit au bazar, qui aligne sur un plateau ses allées ombragées de treilles et bruissantes de fontaines. Des étroites boutiques sortent des odeurs délicieuses ou fétides. De place en place, sous de grands hangars, citadins et campagnards, pressés autour de petites tables, fument en buvant le *rhaki* et le café, coupés d'eau fraîche. Puis, c'est la double enceinte des remparts, moitié romains, moitiés turcs. Contre une courtine blanchissent les débris d'un arc de triomphe élevé en l'honneur d'Adrien. Ils sont affreusement mutilés, mais entre les arcades courent encore des sculptures délicates. Au delà, les cimetières musulmans hérissent leurs stèles enturbannées parmi les détritus de tout genre, loques, savates, ordures ménagères. Le Turc est respectueux de la mort, mais il ne songe pas plus à la préserver de la saleté qu'il n'en préserve sa vie.

Le tour de la ville terminé, l'autorisation nous est donnée de parcourir la ligne des remparts. Ils sont beaucoup plus vieux et aussi décoratifs que ceux de Rhodes. Des embrasures ont été pratiquées dans leur épaisseur et quelques canons de fonte, sans affûts et remplis de terre, gisent devant celles qui regardent la mer. Mais, dans leur ensemble, ils remontent plus haut que le xiie siècle. Ils étaient à peu près tels que nous les voyons, lorsque Louis VII vint leur demander un abri.

Aussi devant ces doubles courtines, ces tours encore intactes ou fendues de haut en bas par les tremblements de terre, ces portes en bois de cyprès doublées de fer et constellées de clous, nous avons, comme à Rhodes, la sensation d'une vieille histoire tout à coup rajeunie.

Louis VII a jeté dans les murs d'Adalia, en 1148, son armée harcelée par les Turcs. L'histoire que l'on nous apprenait se borne à cette mention et les plus instruits d'entre nous l'avaient oubliée. Et voilà que maintenant, entre ces pierres silencieuses, s'anime un drame poignant. Des hommes de notre pays et de notre race ont été égorgés là. Ils arrivaient, exténués de fatigue. Depuis Constantinople, ils se traînaient sous leurs lourdes armures, le long des côtes de l'Asie Mineure, semblables, disent les *Gestes de Louis VII*, « à des brebis effarées, qui se portaient tantôt à droite, tantôt à gauche, tantôt dans les vallées, tantôt sur les montagnes ». Leur roi, pieux et brave, mais général incapable, n'avait su que payer de sa personne. Les Grecs, effrayés de voir sur leur territoire une armée puissante, fermaient devant eux les portes des villes, leur refusaient des vivres, empoisonnaient les fontaines, égorgeaient les traînards. Un jour, Louis VII, séparé de son armée et cerné par la cavalerie turque, avait dû se réfugier sur un monticule avec quelques chevaliers. Il évita la captivité par une défense héroïque; les Turcs, qui ne l'avaient pas reconnu, se lassèrent. Par une abnégation touchante, se jugeant lui-même, il remit le commandement à un simple chevalier, appelé Gilbert, que la voix commune désignait comme le plus digne.

Au prix de souffrances inouïes, Gilbert conduisit l'armée jusqu'à Adalia. Les Turcs, qui la suivaient pas à pas, bloquèrent la ville. Louis VII décida de continuer sa route par mer, mais, faute de vaisseaux, toute l'armée ne put s'embarquer. Le roi avait laissé pour ceux qui restaient des subsistances et une forte somme d'argent au gouverneur grec, qui avait promis de les faire escorter jusqu'à Antioche, rendez-vous de la croisade. Le Grec ne tint pas sa promesse et les Français essayèrent de se faire jour, seuls, à travers l'armée turque. Ils furent repoussés et lorsqu'ils voulurent rentrer dans la ville, ils trouvèrent les portes fermées. Les Turcs les massacrèrent ou les firent prisonniers entre leur camp et les murailles.

Nous avons suivi le théâtre de ce carnage. Dans ce décor intact, notre impression était aussi vive que si nous avions longé les bords de la Bérésina ou monté la colline de Waterloo. Il nous semblait voir cette foule se ruant vers les murs, tendant les mains, criant de fureur et de rage, percée dans le dos. Aujourd'hui, après bientôt huit cents ans, il n'y a plus en cet endroit que quelques stèles musulmanes, peut-être celles des vainqueurs tombés dans la poursuite, et, sous la principale porte, biaise et louche, un tombeau de derviche, drapé de vert, sous une neige de ces petits papiers où les fidèles inscrivent leurs prières.

Nous traverserons des endroits consacrés par des

souvenirs plus grandioses, mais aucun, plus que celui-ci, ne nous donnera la sensation de l'histoire. Nous verrons la côte de Syrie, où combattirent saint Louis et Richard Cœur de Lion, les remparts de Jérusalem escaladés par Godefroy de Bouillon et Tancrède, mais le détail de ces exploits exigerait de longues lectures et nous n'aurons pas le temps de les faire. Adalia nous offre, au contraire, un drame net et court qui procure en quelques mots toute son émotion. Nous comprenons de plus en plus l'idée qui nous a conduits ici. Elle nous fait sentir par un exemple topique ce que fut la conduite des croisades et les désastres qui les marquèrent du premier jour au dernier.

Par la route neuve du gouverneur, à travers les faubourgs habités par les Grecs et les Juifs, le long des bosquets d'orangers, nous gagnons le bois de platanes où nous devons déjeuner. Le chemin est dur et long, sous un soleil de 39° à l'ombre. Mais quel charme à l'arrivée! Le bois couronne un petit promontoire qui domine la mer de très haut. L'immense golfe d'Adalia s'étale comme une coupe de turquoise sous le dais argenté d'un ciel en fusion. Les troncs énormes des platanes sont entourés de fossés que remplit l'eau courante. Au bord du chemin, les tombes soigneusement entretenues d'un petit cimetière juif brillent sous les mûriers.

Avant le départ, il importe de remercier le gouverneur, et le commandant du *Sénégal* se rend au konak, suivi de quelques passagers. Le konak est un vieux château byzantin, aménagé au moyen de planchers et de cloisons de bois, où le va-et-vient fait comme un tonnerre de théâtre. Par les portes ouvertes, nous apercevons les plaideurs qui attendent le juge et les employés qui bâillent sur les paperasses. Le gouverneur nous reçoit dans un cabinet vaste et frais, où le mobilier administratif d'Europe contraste fâcheusement avec les divans et les guéridons à l'orientale. C'est un vieillard, la barbe courte et blanche sur le teint bistré. Le consul de France servant d'interprète, il échange avec nous quelques banalités coupées de longs silences, tandis que ses domestiques nous offrent les cigarettes, l'eau de cerise et le café. Il nous reconduit avec une noble politesse. Tout à l'heure, il nous rendra notre visite à bord. Si le protocole était banni du reste de la terre, il se retrouverait chez les Turcs.

Il n'y a eu dans le gouvernement d'Adalia ni massacres, ni même des troubles. On nous dit que partout il aurait pu en être ainsi. Les Turcs n'égorgent que par ordre. Il suffirait de quelques zaptiés distribuant un nombre raisonnable de gourmades pour faire vivre en paix les populations disparates de l'empire ottoman. Le fanatisme ne peut rien contre le respect du Padischah. Concluez.

IV

CHYPRE

L'ÎLE DE CHYPRE; LE CULTE DE VÉNUS. — LES LUSIGNANS; BAGRADINO. — LES ANGLAIS A CHYPRE. — FAMAGOUSTE; LE PALAIS; LA CATHÉDRALE; LES ÉGLISES; LES REMPARTS. — JOINVILLE A CHYPRE. — LE COMMANDANT ANGLAIS. — *Othello* ET *Tannhæuser*. — LA PRISON. — L'ART CHYPRIOTE. — VAROCHA.

Famagouste, 19 septembre

Rhodes ressemble à un navire dirigeant sa proue vers la côte d'Anatolie; Chypre éveille l'idée d'un poisson-épée, d'un *espadon* pointant sa lame, la péninsule de Karpasos, vers le golfe d'Alexandrette, nœud vital, où se rencontrent l'Asie Mineure, la Syrie et la Mésopotamie. Après avoir longé le continent depuis Adalia, il faut piquer droit au sud et doubler le cap Saint-André, pointe de la lame, pour aller joindre le port de Famagouste. L'île s'est présentée d'abord par une immense côte, en ligne dentelée, au-dessus de laquelle s'étagent, comme deux remparts parallèles, les monts Cérines et la chaîne de l'Olympe. Nous suivons cette côte pendant des heures, car, après la Sicile et la Sardaigne, Chypre est la plus grande des îles méditerranéennes. Puis, les deux côtés de la péninsule de Karpasos nous présentent par le nord et par le sud leurs plages basses, entre lesquelles court une ligne de hauteurs, arête de l'épée.

Nous sommes ici dans la zone la plus chaude de la Méditerranée. Nulle part, dans notre hémisphère, le morne accablement de midi ne pèse plus lourdement que sur cette terre fauve et nue, silencieuse sous la nappe d'argent qui tombe de l'azur pâle. Il n'y a pas un souffle dans l'air et la mer semble frémir sous la flamme céleste. Complétez par une marine le *Midi* de Leconte de Lisle et vous aurez l'impression du milieu du jour, en vue de Famagouste.

La fécondité naît du soleil; aussi Aphrodite est-elle sortie de l'écume qui frange cette côte. Elle est apparue ici, sœur ou fille d'Astarté. Sur les vaisseaux phéniciens elle est passée à Cythère, puis en Laconie, et, de là, elle a pénétré dans l'Olympe grec. Les premiers sanctuaires de Kypris étaient dans la partie de l'île où nous allons aborder, à Idalie, à Paphos et à Amathonte. C'est à Paphos que se trouvait sa plus ancienne image, une pyramide de pierre blanche, autour de laquelle des torches brûlaient sans cesse. Ses temples ne sont plus que des ruines informes et ses bosquets fameux ont disparu. Sa trace, cependant, n'est pas tout à fait effacée. Les femmes de Chypre sont chrétiennes, mais comme autrefois, elles se rendent chaque année en procession au bord de la mer et, d'après le vieux rite dont elles ne savent plus le sens, pour devenir fécondes, elles plongent leurs mains dans l'écume des flots.

En tout, Chypre était pour les Grecs le pays des origines. C'est par elle que, de l'Orient, leur arrivaient, confus et troubles, les mythes et les arts dont leur raison lumineuse développait les germes de poésie et de beauté. L'Égypte et l'Assyrie se rencontraient dans l'île; les Phéniciens, inventeurs médiocres et merveilleux courtiers, en avaient fait le grand entrepôt de leur commerce méditerranéen. Des trésors passaient à travers Chypre et beaucoup y restaient. Un chercheur avisé, M. de Cesnola, consul d'Italie, sut les exhumer, il y a quelques années, pour les vendre au musée de New-York et, grâce à ses découvertes, l'histoire de l'art antique s'est enrichie d'un chapitre essentiel.

Lorsque les Lusignans eurent perdu le royaume de Jérusalem, Richard Cœur de Lion conquit Chypre pour eux sur l'empire grec et ce fut le commencement d'un État qui devait durer deux siècles et demi, à la fois religieux, militaire et commercial. Les papes interdisant à l'Europe tout commerce avec l'Islam, l'Europe pouvait trafiquer à Chypre, terre chrétienne, sans désobéir à l'Église. Gênes et Venise disputaient l'île aux Lusignans; grâce au mariage d'une Cornaro avec leur dernier descendant, Venise en resta maîtresse. Les Vénitiens ont eu ici le même honneur que les chevaliers de Saint-Jean à Rhodes. Les derniers, ils ont défendu cette possession chrétienne contre les Turcs. En 1571, Amurat prenait

Famagouste, après une défense de onze mois, dirigée par Marc-Antoine Bagradino. Soliman avait traité de façon chevaleresque les chevaliers de Rhodes; Amurat viola de manière abominable la capitulation de Famagouste : il fit écorcher vif Bagradino et envoya sa peau à Constantinople. La glorieuse dépouille fut rachetée par la république et j'ai vu à Venise l'urne qui la contient, dans l'église Saint-Pierre-et-Saint-Paul, le Saint-Denis des doges, le *San Zanipolo* du peuple vénitien.

Après sept cents ans, les Anglais ont repris pour eux-mêmes la vieille conquête du roi Richard. Avec la sûreté de coup d'œil et l'audacieuse avidité qui leur a fait mettre la main sur les clefs extérieures et intérieures de la Méditerranée, Gibraltar et Malte — en attendant de saisir l'Égypte par notre faute, et la Crète, ce qui, sans doute, serait déjà fait sans le concert européen, — ils se sont fait attribuer Chypre en 1878, au prix d'une alliance éventuelle avec le Sultan contre la Russie. Ils s'établissaient ainsi, comme jadis les Phéniciens, au seuil de trois contrées qu'un immense avenir attend, après qu'elles ont eu la plus ancienne histoire du monde. Qu'ont-ils fait à Chypre depuis dix-neuf ans? Comme à Gibraltar et à Malte, comme en Égypte déjà, ont-ils imprimé leur marque vigoureuse sur la terre où les Lusignan et Venise avaient enraciné profondément l'Europe du moyen âge?

A ceux qui ont vu l'Égypte, Famagouste rappelle d'abord Alexandrie. C'est la même côte basse et plate, empanachée de hauts palmiers. Mais à mesure que l'on approche, les profils sévères d'une enceinte bastionnée et, surtout, les églises ogivales, surgissant au-dessus des remparts, procurent une impression toute européenne. Proche du port, une cathédrale à peu près intacte met comme une vue de côte normande, plus saisissante encore qu'à Rhodes, car ici la terre sans verdure offre une aridité asiatique. Cette cathédrale est Saint-Nicolas, où fut sacré le dernier des Lusignans; cette enceinte est celle qu'a défendue Bagradino. Depuis 1571, les Turcs n'avaient rien fait à Famagouste, pas plus qu'à Nicosie, à Limassol et dans le reste de l'île. Au lieu de s'installer dans la place, dévastée par leurs boulets, puis ruinée par un tremblement de terre, ils ont préféré construire hors des murs le village de Varocha. Les Anglais, eux, auront-ils exécuté leurs projets d'établir ici des arsenaux, des magasins, de puissants moyens d'action éventuelle?

Dès le débarquement, il est visible que non. Le port est ensablé. Les navires doivent mouiller sur rade foraine, avec beaucoup de précautions. Seules les petites barques du pays font le va-et-vient, sur les fonds bas, entre les débris à fleur d'eau de l'ancienne jetée. Famagouste est toujours désert et ce sont les habitants de Varocha, une centaine, qui nous regardent à l'ombre des remparts vénitiens. Quelques soldats les contiennent, soldats indigènes à la solde de l'Angleterre, en uniforme pittoresque et pratique, rappelant le costume des evzones grecs. Ce sont de vrais colosses, superbes de prestance et de tenue. Ils forment avec les Turcs de Rhodes et d'Adalia un contraste complet. Mais nous apprendrons tout à l'heure que le corps de sept cents hommes auquel ils appartiennent est la seule création militaire des Anglais depuis 1878.

Il n'a été besoin, en effet, d'aucun effort pour établir dans l'île l'autorité de l'Angleterre. De tout temps, la population mêlée de Chypre s'est montrée parfaitement docile envers ses divers maîtres. Pas un coup de fusil n'a été tiré lors de l'occupation. La garnison de troupes continentales débarquée au début a été réduite graduellement à une centaine d'hommes, pour instruire et encadrer la troupe indigène. Aujourd'hui, une trentaine d'officiers et de fonctionnaires suffisent à administrer et à garder un territoire de cinq cents lieues carrées et deux cent quarante mille habitants. Il faut reconnaître que l'Algérie, le Tonkin et Madagascar étaient d'autres morceaux que Chypre. Cependant, il y a une leçon pour nous dans le procédé constant des Anglais. A Chypre comme partout, ils ont innové le moins possible, conservant les fonctionnaires turcs, se contentant de les surveiller pour les rendre intègres, respectant les usages locaux. Surtout, ils y ont envoyé des hommes de choix et en petit nombre. Pas plus à Chypre qu'ailleurs, ils n'ont cherché à satisfaire les déclassés et les politiciens de la métropole. Enfin, obligés d'ajourner leurs grandes ambitions sur l'Asie Mineure, ils n'ont pas créé prématurément un outillage coûteux.

Supposez une ville de France bâtie du XIVe au XVe siècle, fortifiée au XVIe, autrefois riche d'églises et de palais, ruinée par un siège et désertée par ses habitants, vous aurez une idée fidèle de Famagouste. Jadis, la campagne qui s'étend vers l'intérieur de l'île était féconde et riante. C'était le seuil de la Messorée, grenier de l'île. Lorsque saint Louis prit ses quartiers d'hiver à Chypre, d'immenses approvisionnements avaient été amoncelés en plein air. Le sire de Joinville admirait fort ce spectacle :

> Les fourmens et les orges ils les r'avoient mis par monciaux en mi les champs; et quant on les véoit, il sembloit que ce feussent montaignes; car la pluie qui avoit batu les blez de lonc temps, les avoit fait germer par desus, si que il n'i paroit que l'herbe vert. Or avint ainsi que, quand on les vot mener en Égypte, l'en abati les crotes de desus à tout l'herbe vert, et trouva l'en le fourment et l'orge aussi frez comme l'en l'eust maintenant batu.

Aujourd'hui, du haut des remparts, on ne voit, jusqu'à l'horizon de montagnes, que la terre fauve et nue. Le soleil brûle et l'air vibre de chaleur. Nos pieds s'enfoncent dans une poussière rougeâtre. Si la cathédrale Saint-Nicolas est à peu près intacte, une dizaine d'églises et de chapelles ouvrent sur le ciel leurs fenêtres sans vitraux. Derrière la façade grandiose du palais des Lusignans, il n'y a plus qu'une cour immense et des ruines informes. Autour de ces squelettes gigantesques s'étendent les anciennes demeures des seigneurs, écroulées ou misérablement aménagées. Les rues sont à moitié comblées de débris. Comme une sentinelle restée debout sur le massacre d'un camp, Saint-Nicolas domine cette solitude silencieuse.

Car, au milieu de ces ruines, il n'y a d'autres passants que nous. Les habitants de Varocha nous laissent errer à la suite du commandant anglais, qui nous conduit au pas militaire à travers cette fournaise. Il est d'une correction impeccable, l'écharpe rouge autour du casque, la jugulaire au menton, le stick dans la main gantée, du reste ruisselant comme nous et son uniforme transpercé de sueur. Les indigènes restent à l'ombre, savourant le rhaki, l'eau fraîche et un thé délicieux dans un petit café installé sous des micocouliers, sur le parvis que les rois de Chypre, le jour de leur sacre, traversaient à cheval, couronne en tête, les chefs des colonies génoise et vénitienne leur tenant la bride.

Ceux qui aimaient les vieux remparts d'Antibes n'auraient pas assez d'admiration pour ceux de Famagouste. Plus nette encore qu'à Rhodes, ils y liraient une superbe page d'histoire militaire. Avec leurs revêtements de pierre, leurs bastions où le lion de Saint-Marc rugit toujours, la patte sur l'Évangile, leurs vastes casemates, leurs hauts cavaliers, ils représentent le dernier progrès du génie militaire au moment où Vauban et Cohorn allaient créer une fortification nouvelle. Nous suivons l'enceinte avec le plus compétent des guides, M. le commandant du génie Barré, professeur à l'École de Fontainebleau. Avec une parfaite obligeance, il nous fait l'*amphi*, comme disent les polytechniciens. Il nous conduit à l'énorme bastion qui forme l'angle nord-ouest de la place. C'est là que la défense était la mieux conçue et la plus complète. Nous sommes rangés autour de lui, sur l'herbe brûlée de la plate-forme, et tandis que, appuyé contre une embrasure vide, l'officier français nous explique pourquoi Bagradino fut un héros, je songe que là-bas, au fond de l'Adriatique, sous les voûtes silencieuses de *San Zanipolo*, ce qui reste du général vénitien doit tressaillir à cet hommage lointain d'un soldat.

Dans le bastion défendant l'entrée du port était aménagé un palais, où deux grandes salles gothiques subsistent encore. C'est ici, dit la tradition, que demeurait Othello et ces voûtes ont entendu le râle de Desdémone. Le commandant anglais n'est pas bavard, pour deux motifs, d'abord parce qu'il est Anglais, et puis il sait à peine quelques mots de français. Pourtant, il voudrait rendre hommage à Shakespeare. Il rappelle donc, en les espaçant lentement, les noms de Desdémone, d'Othello, d'Iago, de Cassio. Puis, il récite quelques vers du drame, le début du monologue d'Othello entrant l'épée à la main, dans la chambre de Desdémone :

> It is the cause, it is the cause, my soul.
> Let me not name it to you, you chaste stars!...

« Voilà la cause, voilà la cause, ô mon âme. Permettez que je ne la nomme pas devant vous, chastes étoiles!... »

Cela suffit pour évoquer le chef-d'œuvre où le grand inventeur a créé, si vraie, la Chypre vénitienne, sans l'avoir vue, comme il a marqué pour jamais la terrasse d'Elseneur. Au coin des rues en ruines et sur les dalles disjointes du port, comme dans les salles éventrées du palais d'Othello, les scènes du drame s'animent. On croit entendre au loin, sur la mer, les coups de canon annonçant l'arrivée d'Othello et de Desdémone, « la belle guerrière », les rixes et les duels, la plainte de Cassio, pleurant son honneur de soldat, l'appel d'Émilia : « Au secours! au secours! le Maure a tué ma maîtresse ».

Un autre chef-d'œuvre, le *Tannhæuser* de Wagner, est évoqué, du haut des remparts, par la vue des montagnes dont les cimes ferment l'horizon comme un rideau bleuissant et frangé. Elles rappellent la légende allemande dont s'est inspiré Wagner. La déesse de l'amour antique a séduit un chevalier chanteur et s'efforce de le retenir au fond du palais souterrain qu'elle habite dans les montagnes de Thuringe. C'est la lutte de la volupté antique et de l'amour chrétien. Le chevalier se repent, échappe à la déesse et meurt près de la pure Élisabeth, morte elle-même pour le sauver. Mais une légende du temps des croisades, origine de la légende allemande, raconte que le chevalier Tannhæuser vit toujours près de Vénus dans les cavernes de l'Olympe. Il attend dans ses bras la trompette du jugement dernier. Aphrodite, exilée, peut être vaincue dans la froide Germanie; sur sa terre de Chypre, elle est restée victorieuse.

J'ai dit que l'église Saint-Nicolas est intacte. De misérables aménagements de mosquée y sont disposés et des plâtrages en nids d'abeille bouchent les fenêtres. Mais il suffirait de replacer les autels et les vitraux, de remonter les orgues dans leur tribune, de coucher à nouveau sur le pavé les dalles funéraires, aujourd'hui dressées et retournées contre le mur, pour rendre sa physionomie primitive à un beau spécimen de l'architecture française du xiv° siècle. Le Turc fanatique devient humble devant son maître. Le commandant anglais nous introduit dans la cathédrale, dont la porte principale s'est ouverte toute grande devant lui, et l'iman à turban vert s'incline jusqu'à terre, quoique les éperons de l'officier et, derrière lui, nos lourds souliers de touristes, sonnent sur les dalles où les croyants ne marchent que pieds nus. Nous pouvons à loisir tourner autour des robustes colonnes, nous asseoir sur les marches du chœur, où l'arrachement de l'autel a laissé sa trace, entrer dans les chapelles et les sacristies, où nos deux prêtres catholiques rêvent tristement.

Je monte sur la terrasse qui remplace les toits d'Europe. Malgré ce sacrifice aux usages orientaux, l'architecte a voulu rappeler les édifices de son pays et il a flanqué le pourtour de glabes aigus, autour desquels croassent des corneilles. Le regard s'étend, jusqu'aux montagnes lointaines, sur Famagouste en ruines et la Messorée inculte. Le souvenir de saint Louis aidant, on croit voir la plaine d'Aigues-Mortes. Dans l'antiquité près de deux millions d'habitants vivaient avec le blé de cette terre; ils étaient encore cinq cent mille sous les Lusignans; avec la domination turque, j'ai dit à quel chiffre ils sont tombés.

La conversion en mosquée a sauvé Saint-Nicolas;

en revanche, l'église Saint-Georges est d'un délabrement lamentable et sans remède. Les voûtes tiennent encore, mais les portes sont remplacées par des brèches et le pavé par un tas de fumier. C'est une étable : deux vaches sont couchées dans le chœur. Pourtant, la piété grecque veille encore dans l'église profanée : devant les fresques qui, çà et là, subsistent aux murs, brûlent de petites torches, souvent renouvelées, car les traces de leurs fumées zèbrent le crépi. A quelques pas, une chapelle éventrée laisse voir, peinte à fresque sur les murs, la moitié d'un cavalier de belle allure, un quart pour l'homme, un quart pour le cheval. Et rien n'est plus triste que cette attitude de triomphe dans cette désolation. C'est aujourd'hui dimanche. Je suis seul devant ces églises ouvertes au vent de mer. Là-bas, en Occident, les clochers sonnent et ceux-ci ne leur répondent plus.

La propreté et l'élégance anglaise se sont emparées de ce qui reste du palais des Lusignans. Sur l'aire de la cour, soigneusement balayée, un lawn-tennis est tracé. Autour, sous les grands arbres, des fragments de sculpture ancienne, de vieux canons, des piles de boulets en fer et en pierre forment un décor moitié militaire, moitié seigneurial, qui ressemble à l'entrée d'un château historique dans un comté d'Angleterre. Un reste de pavillon est disposé en cottage, où les trois familles anglaises de Famagouste prennent le thé. Celle du commandant militaire nous l'offre cet après-midi.

Le commandant, lui, avec une patience infatigable, conduit par petits pelotons les touristes français à la prison de l'île. Il semble tirer de celle-ci quelque fierté. De fait, on ne saurait rien voir de plus pratique et de mieux tenu. Les cellules, peintes d'ocre jaune à l'extérieur, de chaux blanche à l'intérieur, sont disposées autour d'une petite cour. Un coup d'œil suffit pour la surveillance. Au moment où le commandant franchit l'entrée, la garde prend les armes et, sur l'appel du chef de poste, chaque prisonnier se présente devant sa grille, la main au bonnet. Les détenus sont une vingtaine, les uns enfermés isolément, les autres par groupes de trois ou quatre. Il y a parmi eux un prêtre assassin à tête de patriarche, un jeune berger incendiaire, d'une beauté sculpturale, quelques bandits fort truculents. Ils ont devant les yeux, au centre de la cour, matière à réflexions tardives, un gibet de pierre, construit avec des colonnes antiques. Plusieurs y seront accrochés dans quelques jours.

Il est écrit que j'aurai de grandes obligations au commandant. En récitant quelques vers de Shakespeare, il m'a suggéré la vision d'Othello. Il m'introduit dans le pavillon, où sa femme offre le thé, avec la grâce anglaise, un peu raide, mais si franche. Il a rangé dans une armoire le résultat des fouilles opérées, au hasard de la pioche, par ses soldats. Ce butin archéologique n'a pas, bien s'en faut, la richesse fructueuse des trésors exhumés par le flair italien de M. de Cesnola. Il ne renferme ni or ni argent. En revanche, les fragments de pierre calcaire ou de terre cuite y abondent et offrent la série assez complète des sculptures chypriotes : statuettes archaïques dans le style rendu fameux par les fouilles de M. Cavvadias à l'Acropole d'Athènes, bustes d'Aphrodite, coiffée de la mitre phrygienne, vases funéraires, œnochoés à la panse striée, toute la série de ces poteries aux formes tourmentées, par lesquelles l'art chypriote a créé une branche de la céramique. Je lui signale l'intérêt de quelques-unes de ces pièces. Il me les offre aussitôt. J'ai beau refuser : un soldat me les remettra au moment du départ.

Nous prions le commandant de nous faire l'honneur de dîner avec nous à bord du *Sénégal*. Il s'excuse sur une obligation de service : il doit recevoir le soir même le juge criminel qui vient de Nicosie pour expédier quelques prisonniers. Il prend donc congé de nous et monte à cheval pour aller à la rencontre du magistrat. Du haut des remparts, nous le voyons traverser les ruines de la ville, franchir le pont-levis et s'enfoncer dans la Messorée déserte. Il est à Famagouste depuis l'occupation, mais il ne s'ennuie pas et ne désire pas revenir encore en Angleterre.

Il nous reste le temps de voir Varocha. C'est un pauvre village, musulman et grec. Il y a des ateliers de poterie où se conservent par routine les procédés et les formes d'autrefois. On nous présente des encensoirs en terre cuite, dont le foyer et le couvercle ajourés sont réunis par des volutes de même matière, formant charnière. Ils servent à une gracieuse coutume, reste du culte de Vénus. Lorsqu'un hôte entre dans une maison, le père lui présente la pomme, chère à la déesse; lorsqu'il part, la fille aînée l'encense avec des résines odorantes.

A l'heure où nous regagnons le port, le soleil couchant auréole la façade fauve de Saint-Nicolas, embrase la poussière rouge dans les rues désertes et allonge l'ombre des palais béants. La désolation de Famagouste est si complète que la tristesse du crépuscule ne peut l'augmenter; elle la diminuerait plutôt, en voilant les ruines que le jour inondait d'une lumière implacable. Nous franchissons la porte massive au pied de laquelle un gigantesque lion de pierre a vu passer la dépouille de Bagradino. Nous étions venus chercher ici le passé et voir si quelque germe d'avenir n'y levait pas. Nous n'avons trouvé qu'un cimetière dans un coin duquel un officier anglais s'est ménagé une guérite confortable au milieu des tombes, pour surveiller une prison, lire Shakespeare et jouer au tennis.

V

CHEZ LES JÉSUITES DE BEYROUT

L'INSTITUT DES JÉSUITES ; LA FACULTÉ FRANÇAISE DE MÉDECINE. — GAMBETTA ET JULES FERRY. — LA FRANCE EN SYRIE. — L'HOSTILITÉ TURQUE.

Beyrout, 20 septembre

Il serait intéressant de décrire Beyrout et d'en tirer la somme d'orientalisme qu'il contient. Quoique fortement entamé par l'Europe, le grand port syrien conserve une physionomie originale : mélange de deux civilisations qui se font valoir par le contraste, site gracieux, ville animée, campagne délicieuse au pied du Liban, qui ferme l'horizon de ses hautes et âpres cimes, tandis qu'il déroule jusqu'à la mer un chapelet de collines fleuries. Mais j'ai déjà dit, en quittant Adalia, le premier aspect de l'Orient et, pour compléter le point de vue, Damas va me fournir une matière autrement riche. Je préfère, parmi mes premières impressions de Syrie, en choisir une qui me semble d'un intérêt encore plus vif que la littérature pittoresque et raconter une visite aux Jésuites de Beyrout.

A tort ou à raison, je n'aime rien des Jésuites, ni l'esprit de leur ordre, ni leur enseignement, ni leur littérature, ni leur art. Je leur en veux d'avoir écrasé Port-Royal, qui valait mieux qu'eux, de toute façon. Élevé par l'Université, je vois en eux de faux humanistes. Libéral, j'éprouve à leur égard quelque chose des sentiments professés par M. Homais et je me console en songeant que le grand Pascal pensait de même, en motivant un peu mieux son antipathie que le pharmacien de Flaubert. On m'eût beaucoup étonné en me disant que, aussitôt débarqué en Syrie, je visiterais avec une vive curiosité un établissement de Jésuites français et que j'éprouverais dès les premiers pas une admiration respectueuse pour l'œuvre qu'ils poursuivent ici.

Sur le bateau, j'avais été engagé à faire cette visite avec une insistance qui devenait une obsession, mais la fréquence de ce conseil, donné par des hommes fort divers d'opinions et de carrière, ne me permettait pas de le négliger. Donc, la ville aussitôt parcourue, je montais la côte d'Achiafyéts et je sonnais à la porte des Jésuites. Sur le désir exprimé par un Français de visiter la maison, le Père recteur voulait bien me recevoir et me guider. Voici ce que j'ai vu et l'impression que j'en garde, après avoir essayé de bien voir et avoir contrôlé mon sentiment par tous les moyens dont j'ai pu disposer.

Les Jésuites français ont fondé à Beyrout une

école à trois degrés, dans laquelle ils donnent l'enseignement primaire à trois cents élèves, l'enseignement secondaire à quatre cent cinquante, l'enseignement supérieur à cent vingt. Ces élèves sont admis sans différence de nationalité ou de religion. Enseignement primaire et enseignement secondaire répondent à ce que ces mots signifient chez nous, avec les différences qu'exigent ici le milieu et d'autres besoins. Quant à l'enseignement supérieur, il consiste en une faculté de médecine.

Cette école de Jésuites est une fondation de la troisième République. En 1879, Gambetta en adoptait l'idée avec l'ardeur passionnée qu'il mettait au service de tout ce qui lui semblait intéresser le prestige français à l'extérieur. Il mourait avant d'avoir pu la mener à bien. Jules Ferry la reprenait et l'exécutait. La lettre ministérielle qui est, pour la faculté de Beyrout, comme une charte de fondation, porte sa signature.

Les Pères jésuites sont au nombre de quatre-vingts. Ils sont assistés, pour l'enseignement de la médecine, par six docteurs français. Ils reçoivent de la France, au titre exclusif de ce dernier enseignement, une subvention annuelle de quatre-vingt-treize mille francs. Enfin, ils ont fondé une imprimerie, dont les publications en langues hébraïque et syriaque ont obtenu les plus hautes récompenses à nos Expositions universelles. Leur Bible, notamment, est un chef-d'œuvre de typographie savante.

L'établissement est installé dans un édifice superbe sans faux luxe. De la terrasse qui en forme le centre, le regard embrasse la ville, la campagne et la mer. Les Pères qui lisent leur bréviaire entre deux classes et les élèves penchés sur un texte ou une préparation anatomique aperçoivent, en levant les yeux, le pavillon français qui flotte sur notre stationnaire, le *Troude*, et les paquebots des Messageries maritimes. Ils entendent les sonneries françaises, vives et gaies, auxquelles répondent les clairons du stationnaire turc — un vieux vapeur à aubes, enlizé dans le port, — clairons sourds et traînants, comme la voix lointaine du muezzin, comme la plainte de l'Orient fanatique et contenu.

Aux premiers pas dans la maison, l'ordre et la propreté, la netteté des méthodes, traduite par les détails matériels, contrastent de manière singulièrement instructive avec la négligence, la saleté et l'incohérence des habitudes orientales. Classes, dortoirs, bibliothèques, collections, laboratoires sont des modèles de tenue. Sur les tables et les rayons se trouvent toutes les revues scientifiques de quelque intérêt et le meilleur choix de tous les livres spéciaux. Dès qu'une facilité d'étude se traduit par un nouvel instrument, il arrive à l'école de Beyrout. Il n'y a pas une grande ville de France dont les institutions d'enseignement supérieur soient mieux outillées que celle-ci. Pour les cours de médecine, les Pères qui assistent, comme maîtres de conférences, les six professeurs titulaires, sont eux-mêmes des savants au courant des derniers travaux. L'un d'eux, en relations constantes avec les docteurs d'Arsonval et Tripier, me montrait, avec une compétence et une modestie singulières, son laboratoire d'électrothérapie et ses photographies aux rayons Rœntgen.

Quant au but qu'ils poursuivent, le voici, tel qu'ils l'exposent, en toute simplicité et toute conviction. Depuis sept cents ans la France a commencé en Orient une œuvre de civilisation. Si les croisades, entreprises au nom de Dieu par des hommes, ne furent pas seulement une œuvre de sentiment, mais de sang et de conquête, le plus bel exemple de vertu où se soit réalisé l'idéal chrétien, saint Louis, appartient à la France. Les Lusignans à Jérusalem et à Chypre, les chevaliers de Saint-Jean à Rhodes, nos barons féodaux en Palestine, en Syrie et en Grèce, ont maintenu pendant trois siècles la langue, la pensée et les mœurs de la France. A leur suite, appelés, protégés et défendus par eux, nos marins et nos marchands ont fait de la Méditerranée un lac français et des ports du Levant autant de comptoirs français. Puis « le mirage oriental » a lui aux yeux de Bonaparte. Par sa fulgurante apparition en Égypte et en Syrie, le vainqueur des Pyramides et du mont Thabor a donné à l'imagination orientale un choc si retentissant que son nom assure encore le respect du Français.

L'écroulement de la fortune napoléonienne n'a diminué en rien le prestige du nom français. Les Orientaux, qui se connaissent en grandeur et en poésie, estiment que la catastrophe finale ne détruit pas l'histoire faite et que la gloire reste acquise. Ils nous tiennent encore pour le premier peuple de l'Europe. Ils savent aussi que nous sommes le plus loyal en affaires, le plus généreux d'idées, le plus bienfaisant par ses œuvres. Ces peuples, dont le radieux soleil éclaire tant de souffrances, ont éprouvé notre désir constant d'affranchir les hommes, de les rendre moins misérables, de défendre les opprimés.

Mais cette position privilégiée en Orient est menacée. Depuis la Révolution et Waterloo, tout l'effort de l'Europe, à la suite de l'Angleterre, notre plus constante rivale, tend à diminuer le rôle prépondérant de la France dans le Levant. Depuis 1870, deux grands États, dont l'un méditerranéen, l'Allemagne et l'Italie, sont entrés en ligne avec des ambitions impatientes. Un autre, la Russie, un moment arrêtée par la guerre de Crimée, a repris en Orient sa politique traditionnelle, qui consiste à éliminer toute influence rivale de la sienne. Partout notre langue, notre action et notre commerce rencontrent des rivalités sourdes ou déclarées, hypocrites ou franches. Le Sultan a écarté notre tutelle, par peur de la Russie devenue notre alliée, et s'est jeté dans les bras de l'Allemagne.

Issue d'un mouvement religieux, l'influence française en Orient s'appuyait en grande partie sur les missions religieuses. Tous nos gouvernements les ont protégées, et avec eux leur nombreuse clientèle d'indigènes. On se rappelle le mot de Gambetta : l'anticléricalisme n'est pas un article d'exportation. Voilà pourquoi, depuis vingt-sept ans, la République, continuant en Syrie l'œuvre de l'ancienne monarchie, subventionne des congrégations hospitalières ou enseignantes, parmi lesquelles les Jésuites de Beyrout.

Ceux-ci s'emploient en échange à faire aimer la France, à instruire et à moraliser en son nom. Ils n'ont ni plus de zèle ni plus d'habileté que les autres ordres, Lazaristes et Augustins. Mais ils ont eu l'heureuse idée de porter leur effort sur une des parties les plus utiles de l'œuvre commune, en se donnant à l'enseignement de la médecine. On sait ce qu'est l'hygiène en Orient. La négligence et la saleté y sont effroyables. Les maladies contagieuses y font des coupes sombres. Celles qu'un peu de soin arrêterait y multiplient les infirmités. Partout, dans ces pays, les rues, pleines d'aveugles, d'estropiés et d'ulcéreux, sont un appel à la pitié. Les Jésuites de Beyrout ont donc créé en 1883 une faculté de médecine. Ils apportaient ainsi un appui décisif aux efforts des médecins français qui, depuis un demi-siècle, s'efforcent de faire comprendre au gouvernement turc la nécessité des mesures hygiéniques, introduisent un peu de salubrité dans les villes, assainissent les bazars et les cimetières, donnent des soins gratuits dans des dispensaires et des hôpitaux.

L'enseignement de la faculté de Beyrout est constitué sur le modèle français. Les Pères jésuites présentent leurs professeurs au choix du gouvernement qui les agrée. Chaque année, un jury choisi dans les facultés de France vient à Beyrout conférer les diplômes de docteur en médecine et de pharmacien au nom de l'État français.

Le succès de cette fondation, considérable dès le

début, a toujours été grandissant. J'ai dit qu'à cette heure la faculté de Beyrout compte cent vingt élèves. Ils viennent surtout, outre la Syrie, d'Égypte, de Mésopotamie et des îles grecques. J'ai vu leur attitude envers leurs maîtres; elle respire la confiance et la reconnaissance. Quant à la valeur des diplômes qu'ils obtiennent, elle est grandement appréciée dans tout l'Orient. En France, elle a équivalence légale avec les diplômes français.

Les choses en étaient là il y a un mois, lorsque le Père recteur a été avisé par le consulat de France d'une mesure prise à Constantinople et qui, si elle est maintenue, va ruiner d'un seul coup la faculté de Beyrout. Le Conseil de l'enseignement médical ottoman refuse de reconnaître le diplôme français. Bien plus, avoir commencé ses études médicales à Beyrout devient une sorte de « casier judiciaire » aux yeux de ce Conseil. Les élèves de Beyrout sont systématiquement écartés des examens turcs, c'est-à-dire qu'ils sont déclarés incapables par la Turquie, parfaitement incapable elle-même d'examiner quoi que ce soit, en dehors des collèges d'ulémas et de derviches.

Cette double interdiction est le résultat d'une intrigue patiemment menée près du Sultan. Le bien public à longue échéance est son moindre souci; en toutes choses, il ne voit que l'intérêt politique et immédiat. Qui a tenu les fils de cette intrigue? Plusieurs mains, sans doute, mais, ici, je n'ai pas de renseignements assez précis pour citer des noms.

Voilà donc la science française officiellement condamnée par le gouvernement turc. Ce pays de haute culture regarde nos maîtres comme des ignorants dangereux.

Nous avons à Constantinople un ambassadeur qui ne passe ni pour un naïf ni pour un maladroit. Il est fort inquiet. Il a fait des réclamations ; elles n'ont pas abouti. Notre ministre des affaires étrangères est saisi de la question et, certainement, il avisera, mais il n'est pas mauvais que l'opinion française le soit aussi. Voilà pourquoi il m'a semblé intéressant de dire dans le *Figaro* l'affront que les Turcs veulent faire à la France en la personne des Jésuites de Beyrout.

Car ces Jésuites sont Français et travaillent pour la France. S'ils appartiennent à un ordre cosmopolite, cela ne les empêche pas d'aimer leur pays, comme on l'aime à distance, d'un amour plus éclairé, plus actif et moins tranquille. J'ai encore dans l'oreille l'accent avec lequel ils me disaient : « Nous sommes Français et notre œuvre est française ». Les abandonner serait, pour la France, s'abandonner elle-même.

VI

DE BEYROUT A DAMAS

LA BANLIEUE DE BEYROUT; AÏN-SOFAR. — LE LIBAN; LA PHÉNICIE ET LES PHÉNICIENS. — LA CŒLÉ-SYRIE; L'ANTI-LIBAN. — LE PAYS DES PATRIARCHES.

Damas, 21 septembre

Autour de Beyrout, l'étroite plaine qui sépare le Liban de la mer rappelle singulièrement la banlieue de Cannes et de Nice. C'est la même végétation et, avec un luxe moins fin, la même profusion de villas. En été, chassés de la côte par la chaleur humide, les riches négociants émigrent vers les premières pentes de la chaîne. Grâce au chemin de fer qui joint Beyrout à Damas, ils peuvent s'installer à mille et douze cents mètres. Au-dessous du col que franchit la voie pour descendre dans la Cœlé-Syrie, « la Syrie creuse », étalée entre le Liban et l'Anti-Liban, à Aïn-Sofar, vient de s'établir une station d'air, faite pour ravir Paul Bourget et navrer Pierre Loti.

Pendant l'arrêt, je visite l'hôtel gigantesque élevé en cet endroit. Sur les tables du hall, s'étalent les journaux de France; dans le salon, un piano joue une mélodie anglaise; une piste pour bicyclettes est aménagée sur la terrasse, et un superbe professeur, américain, dit une affiche, attend ses élèves, avec des effets de torse et de mollet. Elles s'attardent à regarder les touristes français ou même à faire la conversation avec eux, car la connaissance de notre langue est générale dans le Liban. Ce sont des Levantines aux yeux de velours, au teint mat, aux formes lourdes.

Mais c'est ici la dernière impression de luxe cosmopolite. L'antique Orient, celui des Phéniciens, se découvre au loin et, vu de cette hauteur, les détails discordants se perdent dans l'harmonie générale. On oublie le chemin de fer qui gravit lentement la montagne sur une voie à crémaillère. On domine le pays de Tyr et de Sidon, longue et étroite bande, verte d'oliviers et d'orangers, rouge de sable, semée de villes blanchissantes. Elle borde la mer qui conduisait les ancêtres de Carthage vers tous les rivages de la Méditerranée. De là se sont répandus sur le monde antique les cultes de l'Asie, mythes de volupté, qu'épurait la poésie grecque, et qui troublaient la raison romaine. Vers Byblos coule l'Adonis, au bord duquel les femmes syriennes pleuraient chaque année la mort symbolique du beau chasseur aimé de Vénus, et, d'île en île, de rivage en rivage, leur lamentation se prolongeait à travers le monde grec.

A mesure que la voie s'élève, le caractère de la contrée se dégage et explique l'histoire du peuple singulier qui a vécu sur cette côte. Pour qui se souvient des livres de Renan, de MM. Georges Perrot et Maspéro, il y a là une merveilleuse leçon de géographie et d'histoire. Il suffit à la rigueur, pour la comprendre, des vagues notions qui restent dans la mémoire du plus modeste bachelier. Resserrée entre le Liban et la mer, coupée de petites chaînes perpendiculaires à la grande et divisée de la sorte en vallées sans communication entre elles, la Phénicie poussait ses habitants vers la mer, une mer difficile et dangereuse, qui leur apprenait l'audace et l'habileté. Leurs villes n'avaient qu'une banlieue de jardins et le Liban leur fermait l'intérieur des terres. Ne pouvant s'étendre en arrière, ils échelonnaient sur leur longue falaise des ports sans cohésion nationale, Tyr, Sidon, Berytus, Byblos, et demandaient la richesse au commerce de mer.

Leur pays était petit et, comme produit précieux, ne fournissait que la pourpre. Ils avaient peu d'invention, et leur art ne révèle guère que des éléments imités, mais c'étaient des industriels laborieux et des trafiquants infatigables. Moitié marchands, moitié pirates, établissant des comptoirs sur toutes les côtes de la Méditerranée, sans prendre racine dans aucun pays, ils furent les courtiers du monde ancien. Ils semaient sur leur passage les germes d'art et d'industrie, comme font les oiseaux voyageurs avec les graines des pays lointains. Ils n'avaient d'autre mobile que l'amour du gain et ils ont fait autant pour la civilisation que le grave génie de l'Égypte et la raison lumineuse des Grecs.

Ils ont inventé et répandu l'alphabet. Leur dieu national, Malquart, mérite une place à côté d'Osiris et d'Athéna. L'ardeur qu'il mettait au cœur de son peuple pour la navigation et le commerce compense amplement le mal qu'ont fait au monde ancien les mythes d'Astarté et d'Adonis.

La chaîne du Liban forme la transition entre le pays des marins et celui des pasteurs. Cultivée en terrasse par un labeur patient, elle déroule un amphithéâtre merveilleux de couleurs franches et de lignes nettes, au-dessus de la plaine dont une brume d'argent amollit les contours. Elle nourrissait une population moins avide et plus simple que celle de la côte. Après le peuple marchand, dont l'esprit était uniquement tourné vers l'aventure fructueuse, cette échelle dressée vers le ciel dirigeait la pensée de l'homme vers Dieu. Un flot d'idéalisme a coulé sur les deux versants de la montagne, vite arrêté du côté de la mer, largement répandu dans l'intérieur de l'Asie, vers les grandes plaines de la Mésopotamie.

Le soleil baisse sur l'horizon à l'heure où nous commençons à descendre vers la Cœlé-Syrie. Nous sommes en plein paysage biblique. Les premiers hommes ont habité cette plaine. Ici, comme dit Bossuet, Caïn « fit voir au monde naissant la première action tragique ». Noé et Abraham plantèrent leurs tentes dans cette vallée, fermée au sud par l'Hermon et prolongée à l'est par le désert vers la Mésopotamie. Le Liban baigne déjà dans l'ombre violette, tandis que l'Anti-Liban brille d'un rose vif.

Sous une épaisse chevelure de mûriers, la plaine blanche fuit vers Damas. Une paix sereine enveloppe l'étendue et le soir descend sans tristesse. Vers les villages, accrochés aux flancs de la double chaîne, montent les troupeaux de chèvres noires et les files de chameaux. Dans la plaine, des bergers à cheval rassemblent leurs moutons. Le cheval galope, la crinière et la queue flottantes, la tête droite, les jambes hautes ; le berger, les genoux remontés par les étriers courts, le manteau gonflé par le vent de la course, le long fusil à l'épaule, salue d'un grand geste les voitures fumantes qui amènent dans son pays les hommes d'Occident.

La plaine traversée, une gorge étroite donne accès dans l'Anti-Liban. Ici prend sa source le Barada, qui va porter à Damas la fraîcheur et la fertilité. Ses eaux bondissent le long de la voie. Après l'air brûlant et sec de la plaine, une brise humide souffle au visage. De grands arbres bordent le torrent. Tandis que le ciel passe de l'azur sombre au vert doré, au jaune pâle, au lilas mourant, des feux percent le feuillage. Ce sont les femmes maronites qui préparent le repas sur l'aire des maisons. Bientôt, dans le ciel noir, les étoiles brillent d'un éclat de diamant.

Je suis à l'arrière du train, sur une plate-forme découverte, et je n'ai rien perdu de cette fête. Je songe aux hommes de la Bible qui — chemin de fer à part — virent ce pays, il y a sept mille ans, tel que nous le voyons. Ils étaient encore tout voisins de Dieu et ils entendaient sa voix dans les solitudes.

Ils le mêlaient à tous leurs actes; ils l'avaient pour allié ou pour ennemi; la nuit, ils luttaient avec les anges. De leurs passions, ils démêlaient lentement la notion du bien et du mal. Ils atteignaient une dignité morale que le génie de la Grèce et de Rome n'égalera pas. Les traditions de ces pasteurs ont formé le livre sacré du genre humain.

VII

DAMAS

LE BAZAR. — UN ENTERREMENT TURC; LE FANATISME DAMASQUIN. — LES ŒUVRES FRANÇAISES A DAMAS. — LE FAUBOURG DU MEIDÂN. — LE CIMETIÈRE CHRÉTIEN. — LE COUCHER DU SOLEIL SUR DAMAS. — LES FRANÇAIS DEVANT DAMAS : LOUIS VII; BONAPARTE ET KLÉBER; FUAD-PACHA ET LE GÉNÉRAL D'HAUTPOUL. — LE GOUVERNEUR. — LES JARDINS DU BARADA. — LA NUIT A DAMAS. — DEUX OFFICIERS TURCS.

Damas, 23 septembre

Nous sommes arrivés à Damas, en pleine nuit, une nuit fraîche et claire. Descendus à une station de faubourg, toute chétive, des fiacres à l'européenne nous ont emportés vers la ville, le long du Barada, qui luit et murmure dans l'ombre. Sous les platanes en quinconces qui bordent la rivière, des cafés sont installés : leurs kiosques de musique et leurs rangées de lumières éveillent une idée lointaine de Champs-Élysées. Ils sont pleins : après la chaleur du jour, au son de la musique arabe, devant les énormes chibouks et les tasses minuscules, les Damasquins prolongent le *kief* sous les étoiles.

Dès le soleil levé, par la rue droite, l'ancienne *via recta* des Romains, j'arrive au bazar. Dans toutes les villes d'Orient, c'est là qu'est le centre de la vie. Il n'en est pas de plus original, de plus complet et de plus vaste que celui de Damas. Il emmêle au centre de la ville ses immenses travées et ses étroites ruelles où le passant frôle les boutiques des deux côtés. Sauf exceptions rares, ces boutiques sont minuscules. A la fois ateliers et comptoirs, elles se groupent par corps d'états : selliers, tisserands, menuisiers, orfèvres, etc. Les artisans et les marchands travaillent et vendent dans l'ombre ; affairés ou placides, ils appellent l'acheteur ou le laissent venir. Les objets de pacotille s'entassent à côté des travaux précieux. D'immondes réduits, où grésillent des fritures, voisinent avec les étalages de soieries brillantes, et les magasins d'où s'exhale une délicieuse odeur d'eau de rose avec les boucheries fétides. De loin en loin, les vestibules des bains turcs miroitent d'eau ruisselante.

Dans les travées et les ruelles grouillent les robes jaunes et les tarbouchs rouges, les grands voiles blancs et noirs. Les chameaux fendent lentement la foule et les cavaliers passent au grand trot. De vieux fiacres véhiculent, sur le pavé disjoint et la terre inégale, les gros fonctionnaires turcs et les Levantins à figure blafarde. Les types sont superbes ou répugnants : jeunes Syriens au visage de bronze clair, vieux juifs à nez crochu, soldats en haillons, mendiants aveugles, Bédouins dont la botte éperonnée relève les grands manteaux. Par terre dorment des chiens au museau aigu et au poil jaunâtre. Une poussière épaisse flotte dans l'air et, par les fentes des voûtes, les fenêtres des coupoles, le débouché des rues, le soleil projette ces larges pinceaux de lumière dorée qui font la joie des peintres orientalistes.

Naguère Damas possédait encore une des plus belles et des plus célèbres mosquées de l'Orient, la Grande Mosquée, le sanctuaire des Ommiades. Là se trouvaient le tombeau de saint Jean-Baptiste, adopté par les musulmans comme un de leurs prophètes, et celui de Saladin. La Grande Mosquée a été complètement détruite, en 1893, par un incendie; seul, le tombeau de Saladin, séparé de l'édifice principal, a été préservé. Il faut que la vénération des Turcs pour ce sanctuaire soit bien grande, car ils le reconstruisent. Autour du minaret resté debout, modèle de la Giralda de Séville et du campanile de Saint-Marc, un immense chantier est en plein travail. L'édifice sera rétabli dans sa splendeur première. En attendant, des imans déguenillés promènent les infidèles pour quelques piastres dans l'enceinte qui, longtemps interdite, n'était franchie avant l'incendie que moyennant un fort *bachchich*.

Il est neuf heures et le marché bat son plein, lorsque éclatent des chants nasillards, rythmés par les coups sourds du tambourin arabe. C'est un enterrement. Il n'interrompt pas le mouvement et le trafic. Le défunt était un personnage considérable, car le cortège est nombreux. Des gamins ouvrent la marche sous la conduite d'un gaminmajor; un chœur d'aveugles les suit; puis les tambourinaires. Flanqué de drapeaux et surmonté du turban vert, le cercueil tangue et roule comme une chaloupe sur le flot, car les porteurs se remplacent sans cesse : il est méritoire pour un bon musulman de porter un mort. Le long cortège va cheminer ainsi, tambourinant et chantant, jusqu'à l'un des immenses cimetières qui entourent Damas. Là, le mort sera couvert d'une mince couche de terre et, avant de quitter la fosse, l'iman prêtera l'oreille pour entendre la voix lointaine de l'âme admise dans le sein d'Allah.

> Ne les dérange pas, ils t'appelleraient chien;
> Ne les méprise pas, car ils te valent bien.

Je ne les ai ni méprisés, ni dérangés. Ils m'ont appelé chien tout de même. A plusieurs reprises, des pierres ont ricoché devant moi; d'assez loin, car si « le Franc » est souvent insulté à Damas, on n'ose pas encore l'attaquer. Mais, à la suite de l'enterrement, je m'étais aventuré seul, loin du centre. Damas est la ville la plus fanatique de l'Orient. Jusqu'à ces derniers mois, avec les souvenirs de 1860, elle détenait le record des massacres. L'Arménie l'a dépassée, mais la ville sainte est prête, au premier signal, à reprendre l'avance.

Pourtant, nulle part, même à Beyrout, les Européens, et surtout les Français, ne font plus de bien qu'ici. Nous avons à Damas un collège de Lazaristes qui instruit deux cents garçons et une école où les Sœurs de Saint-Vincent-de-Paul reçoivent cinq cents filles. Les Sœurs ont aussi un orphelinat, où les ménages sans enfants viennent en adopter, et deux dispensaires, où se donnent, en moyenne, cinq cents consultations par jour. J'ai retrouvé là le type amusant et touchant de notre Sœur de charité, brusque, cordiale et autoritaire, rudoyant les hommes et maternelle aux enfants. L'une d'elles avait rangé sur un lit de camp une trentaine de gamins atteints d'ophtalmie et, le compte-gouttes à la main, elle suivait la file, dosant à chacun l'oxyde de zinc avec une rapidité et une adresse merveilleuses, tandis que les petits malades baisaient sa longue manche.

Ces œuvres prospèrent avec de modiques subventions du gouvernement français, malgré l'hostilité que le gouvernement turc ne leur a jamais témoignée plus visible et plus maussade que dans ces derniers temps. Les Sœurs veulent fonder un hôpital de vingt-quatre lits, avec le matériel que leur ont abandonné les ambulances du chemin de fer. Elles sollicitent en vain depuis trois ans le firman d'autorisation. Cependant un hôpital anglais obtenait toutes les facilités nécessaires. Il s'élève, superbe, en face du terrain que nos Sœurs ont acheté et qu'elles ne peuvent même pas entourer d'une clôture.

J'ai suivi le long faubourg du Meidân par où, chaque année, la grande caravane se met en route pour la Mecque. La saleté de la rue défie toute description. Partout des infirmes rongés d'épouvantables maladies et des enfants aux yeux cerclés de mouches. A l'ombre d'un mur, deux hommes écorchent un cheval, dont la tête, encore intacte, aux reflets roses comme un cou de tourterelle, est étendue sur la poussière, avec une expression pitoyable de grâce insultée. Dès la tombée du jour, les chiens, seuls préposés à la salubrité publique, viendront fouiller ses entrailles. Au seuil des portes se cuisinent d'immondes nourritures. Des hommes emportent sur leurs turbans crasseux les crêpes dégoûtantes d'huile qui sont le mets favori du peuple damasquin.

Toutes les maisons ont le même aspect misérable : murs aveugles et enduits lépreux. Le musulman riche réserve son luxe pour l'intérieur. Les rares étrangers qu'il admet à franchir sa porte y trouvent des cours ornées de fontaines jaillissantes et de fleurs, des murs décorés de stucs rayonnants, des tapis sans prix, des meubles exquis de forme et de décoration, car la vie d'été se passe dans ces cours. Malheureusement, l'Orient commence à imiter l'Europe et un affreux clinquant se mêle à ces délicates splendeurs.

J'ai longé le cimetière d'Es-Saghir, où sont enterrées les deux femmes de Mahomet et sa petite-fille Fatime, les vieux remparts aux courtines arabes élevées sur l'appareil romain, et le chemin fameux qui vit la conversion de saint Paul, mais il paraît que la tradition a changé l'endroit « pour la commodité des voyageurs ». Ce chemin conduit au quartier chrétien, que borde un cimetière. Ici, les tombes sont humbles, sans inscriptions ni ornements. Cette modestie ne les préserve pas des insultes musulmanes : la plupart sont écornées, renversées ou même ouvertes. Au bord du chemin, la voûte d'un caveau est largement éventrée. Le soleil illumine l'intérieur et j'aperçois, parmi les pierres et les ordures, les cercueils rompus et les ossements épars.

Le terme de cette longue promenade est le faubourg d'Es-Salayèh d'où l'on voit le soleil se coucher sur Damas. La ville se découvre tout entière, émergeant d'une mer de verdure dont les sables du désert forment les rivages. On ne soupçonne pas en la parcourant l'existence de ses innombrables jardins, car on chemine entre les maisons ou les clôtures de terre séchée au soleil. D'Es-Salahyèh, on domine ces fraîches splendeurs. Dans les jardins, sous les peupliers au feuillage d'argent, brillent les canaux du Barada. A mesure que le soleil baisse, l'ombre gigantesque du Djebel-Quasioùn s'étend comme un voile bleu sur le paysage. Deux montagnes, l'une violette, l'autre rose, forment comme les paupières de cet « œil de l'Orient ». Les Arabes placent ici le paradis terrestre ; ils disent qu'Adam fut formé avec la « terre rouge » de cette plaine, et ils montrent un tombeau, une *tourbè* musulmane, qui serait une de ses nombreuses sépultures.

Avec l'histoire sacrée, que d'histoire profane tient dans cet horizon! Trois fois les armées d'Europe ont menacé Damas et, toujours, Damas les a bravées. Après son embarquement à Adalia, le pieux et triste Louis VII avait gagné Antioche, puis marché sur Damas : « Quel beau spectacle, dit le chroniqueur Odon de Deuil, présentaient les chrétiens avec leurs nombreux pavillons et leurs tentes toutes neuves, où flottaient au gré des vents tant de bannières différentes par la forme et la couleur. Les Turcs frémirent, en voyant, du haut des remparts de Damas, approcher une armée aussi formidable. » En un jour, les croisés emportaient les abords de la ville. Ils se crurent vainqueurs ; mais au lieu de pousser leur conquête, les chefs s'en disputaient le partage, tandis que les soldats, après la longue et pénible traversée du désert, jouissaient avec délices, dans les jardins, de l'ombre, de l'eau et des fruits. Bientôt, les maladies ravageaient l'armée ; il fallait lever le siège et reprendre la route du désert. Mourant de fatigue et de soif, l'armée semait de cadavres la route qu'avaient suivie ses bannières orgueilleuses.

Six cents ans plus tard, une autre armée française marchait sur Damas. Elle était l'avant-garde de Bonaparte et Kléber la commandait. Au Mont-Thabor, les deux généraux avaient écrasé l'armée du pacha de Damas. Le 17 avril 1799, « Napoléon médita sur sa position ». Marcherait-il sur Damas, avec sa petite armée, en laissant derrière lui Saint-Jean-d'Acre où les Turcs tenaient toujours ? Le récit de cette méditation, dans les *Campagnes d'Égypte et de Syrie*, dictées à Sainte-Hélène, est beau comme du Corneille :

Était-il raisonnable d'envoyer Kléber avec trois mille hommes dans une grande capitale dont la population est de cent mille habitants, les plus méchants de l'Orient? N'était-il pas à craindre qu'aussitôt qu'ils auraient compté le petit nombre des Français, ils ne les entourassent de tous côtés? Cependant, la prise de Damas pouvait avoir lieu au plus tard le lendemain 18, ou le 19 au matin; cela était bien tentant. Quels avantages ne retirerait pas l'armée de cette conquête!... Quel éclat cela ne jetterait-il pas sur les armes françaises!... Que serait-ce si au Caire, à Tripoli, à Alger, à Acre, on apprenait que le pavillon tricolore flottait sur la sainte, antique et riche Damas!... Mais puisqu'il n'était pas possible, avant la prise d'Acre, de s'emparer de Damas, Kléber ne pouvait-il pas au moins la mettre à contribution, ce qui n'exigeait que quarante-huit heures! Demander une contribution et repasser-sur-le champ le Jourdain était une expédition peu avantageuse, qui nuirait aux opérations ultérieures; cela pouvait entraîner la perte des dix-huit mille chrétiens qui habitaient cette ville.... Kléber reçut l'ordre de repasser le Jourdain.

En 1860, un autre Napoléon faisait marcher encore des soldats français sur Damas. Les musulmans avaient égorgé les chrétiens, avec la complicité des autorités turques, pendant une série de journées qui laissèrent bien loin comme atrocité les Vêpres Siciliennes et la Saint-Barthélemy. Mandataire de l'Europe, la France s'était chargée d'arrêter les massacres. Le gouverneur turc Fuad-Pacha tenait par-dessus tout à éviter l'entrée des Français dans la ville sainte. C'était un homme de génie, resté profondément turc après s'être assimilé la civilisation occidentale. Passionné d'action et de plaisir, érudit et poète, on disait de lui en Europe qu'il avait l'esprit de Talleyrand et la galanterie d'un Abencérage. Il employa toutes les ressources de la diplomatie orientale à retenir le général de Beaufort d'Hautpoul dans le Liban. Il s'était chargé de châtier les massacreurs ; il le fit vite, durement et au hasard. Ses victimes, au premier rang le gouverneur Ahmed-Pacha, acceptèrent leur sort avec une abnégation de victimes expiatoires. Comme Saladin aux temps héroïques, et par les moyens de notre temps, Fuad avait sauvé Damas. La ville sainte est toujours inviolée.

Le soleil plonge sous l'horizon, au moment où je descend du Djèbel-Quasioùn. Un nuage de poussière, enflammé par ses derniers rayons, roule sur la route blanche et bientôt je croise une voiture escortée par des dragons, le mousqueton sur la cuisse. Le gouverneur de Damas vient de quitter le vieux Seraï aux tours massives pour passer la nuit dans son frais palais d'Es-Salayèh. Il était naguère ministre de la police à Constantinople. Après les massacres, il fut envoyé à Beyrout, en disgrâce apparente. L'Europe a réclamé. Le voilà maintenant gouverneur de Damas, c'est-à-dire élevé au poste le plus important de l'empire, après celui de grand vizir.

Le soir, la musique arabe grince et nasille sous les platanes, au bord des ruisseaux d'eau courante. Les chibouks s'allument et le café fume sur les petites tables entourées de lourds divans. Un parfum singulier, qui flotte partout dans la ville, se concentre ici, capiteux et énervant, suave avec une arrière-odeur de corruption. Je n'avais pu le définir ; je le reconnais enfin, aux épis de tubéreuse qu'offrent des enfants. Des danseuses juives, parées comme des châsses, les yeux grandis par le khol et la figure blanche de céruse, attendent les amateurs. C'est le paradis de Mahomet, mais l'Européen fera bien de ne pas s'y attarder : la fièvre monte du Barada.

A mesure que la soirée s'avance, un concert de hurlements grandit par la ville. Il va durer toute la nuit. Les chiens, endormis le jour, commencent à dévorer les charognes. Des batailles s'engagent et toutes les variétés de l'aboiement montent dans l'air, sourdes et aiguës, modulées et monotones, plaintives et menaçantes. Ces concerts nocturnes inspiraient aux anciens une horreur superstitieuse : il semble, en effet, qu'Hécate, reine des morts, prenne possession des carrefours, jusqu'à ce que le soleil levant vienne chasser les terreurs de la nuit.

J'ai quitté Damas au point du jour, après un dernier regard sur la ville, blanchissante dans la lumière rose. Tous les bruits se sont tus; l'Orient s'assoupit à l'heure où l'Occident s'éveille. Une grande paix s'étend du Djebel-Quasioûn aux casernes turques, où les clairons, comme enroués de sommeil, reprennent à deux fois une diane lente.

Tandis que nous attendons le train, deux officiers, un artilleur et un dragon, sortis de la caserne voisine, viennent lier conversation avec nous. L'artilleur est long et maigre, les traits aigus, l'œil intelligent; il tremble de fièvre. Le dragon, trapu et bien portant, a le nez épaté, les yeux bridés et les lèvres épaisses. Tous deux parlent l'anglais, savent quelques mots de français et étudient l'allemand. Le dragon, quoique polyglotte, est d'une rare ignorance. L'artilleur est assez instruit et, surtout, très fier de ce qu'il sait. Un petit atlas de Schrader sort de mon sac de voyage; il le prend, le feuillette et, avec un bonheur d'enfant à montrer sa science, nomme les pays et les grandes villes, tandis que le dragon, sérieux et supérieur, ne dit mot et, visiblement, envie son camarade. Tous deux nous interrogent avec une curiosité avide sur la guerre turco-grecque. Ils savent que le Padischah est vainqueur, mais ils ignorent les détails de la campagne. Il faut bien leur confirmer que les Grecs écrasés ont demandé la paix. Leurs yeux brillent d'orgueil et, dès que le train s'ébranle, nous les voyons regagner la caserne au pas accéléré. Ils vont apprendre à leurs camarades les nouvelles qu'ils tiennent des *roumis*, enveloppés à leurs yeux dans le désastre grec.

VIII

BAALBEK

L'HISTOIRE DE BAALBEK. — LES FIACRES DE MOU'ALLAKA. — LE « LYS ». — L'ACROPOLE DE BAALBEK. — L'ENCEINTE ; LES COURS ; LE GRAND ET LE PETIT TEMPLE. — LE COLOSSAL DANS L'ART ROMAIN. — LE CULTE DU SOLEIL A ROME. — LE JOUR LEVANT A BAALBEK ; LA JEUNE FILLE AU VOILE. — LE *Trilithon*.

Au milieu de la Cælé-Syrie, à Baalbek, l'Héliopolis des Grecs, les premiers hommes dont l'histoire ait conservé le souvenir avaient élevé un temple au Soleil. Pour les Grecs, Phoibos était la divinité bienfaisante entre toutes, le vainqueur du serpent Python, c'est-à-dire la chaleur purifiante, l'être charmant d'où naît toute fécondité, toute joie et toute beauté. Le Baal de Syrie était terrible, comme la flamme céleste qui brûle éternellement ce pays calciné. Rayonnant à travers l'azur implacable, ses flèches d'or répandaient la mort et la stérilité, en même temps que la fécondité et la vie. De lui descendaient la torpeur fiévreuse qui accable les hommes et la sécheresse qui épuise la terre. Il allumait dans le sang les passions qui tournent à la férocité l'instinct par lequel la vie se continue.

Jamais temple d'une divinité ne s'éleva dans un lieu plus convenable à son culte que le site de Baalbek. Si les sources du Litâni et de l'Orontès entretiennent en cet endroit une fraîche oasis, c'est une terre brûlée qui conduit à la ville du Soleil. Les pentes rapprochées du Liban et de l'Anti-Liban concentrent et réverbèrent la chaleur. Le sol de la vallée est fertile, mais poudreux et pierreux. Les hommes n'auraient pu vivre et célébrer le culte sans les eaux qui reproduisent en petit, dans un pli du terrain, la fraîcheur féconde de Damas. C'est donc là qu'ils ont élevé le sanctuaire, mais on n'y arrive que plein du Dieu et accablé par le sentiment de sa force.

Baalbek n'a d'histoire que depuis le IIIe siècle après Jésus-Christ, mais la légende fait remonter sa fondation aux premiers jours du monde. Selon les Arabes, Caïn, meurtrier d'Abel et maudit par Dieu, se serait construit un refuge en cet endroit. Ils disent aussi que Nemrod avait élevé cette citadelle pour escalader le ciel. Puis, Salomon, le grand roi voluptueux, aurait fondé, autour des bases gigantesques amoncelées par Caïn et Nemrod, un entrepôt du commerce juif avec la Mésopotamie et érigé sur elles, en l'honneur de Baal, un temple magnifique, pour complaire à ses favorites syriennes.

Baalbek appartint aux Romains dès le temps de

César, et Antonin y élevait, vers 138 après Jésus-Christ, un double temple cité comme une des merveilles du monde. Caracalla, sur le désir de sa mère Julia Domna, continuait l'embellissement du sanctuaire. Théodose le ruinait et le remplaçait par une église. Mais l'œuvre d'Antonin et de Caracalla était si colossale qu'elle défiait les hommes, le temps et la nature. Depuis Théodose, les Arabes ont fait de Baalbek une forteresse prise et reprise, les Croisés l'ont pillée, Tamerlan l'a ravagée, les tremblements de terre l'ont secouée plusieurs fois. Rien n'a pu achever la destruction. Les ruines colossales de ses temples, signalées dès le xiiie siècle par les voyageurs, se dressent toujours à la lisière du désert syrien.

Des voitures nous attendent à la station de Mou'allaka. Ce sont des fiacres hors d'usage, dont Marseille fournit toute la côte de Syrie. Ils sont attelés de chevaux lamentables. Comment ces équipages nous conduiront-ils à Baalbek par la route qui s'étend à perte de vue, raboteuse et caillouteuse, coupée de ponts éventrés qui bâillent sur les torrents à sec? Aussitôt montés, commence une course folle. Les cochers syriens font la fantasia avec ces débris de voitures et de chevaux! Ils s'excitent de cris et de tapage; ils luttent de vitesse. Dans les tourbillons de poussière qui nous brûlent les yeux et la gorge, nous cramponnant aux ferrures pour n'être pas jetés bas par les cachots, nous sommes pilés les uns contre les autres, parmi nos valises qui jouent au volant. Mais rien n'est solide comme de vieux fiacres : ceux-ci iront jusqu'au bout et nous ramèneront. Quant aux chevaux, ils ont un fond surprenant. Ces rosses couronnées et rogneuses galopent avec une ardeur endiablée à travers l'empierrement et les ornières. La route ne suffit pas à notre course de chars : quoiqu'elle soit bordée de fossés assez profonds, nos conducteurs se lancent dans les champs, où ils ont plus d'espace et un terrain guère plus mauvais.

Les accidents sont inévitables dans ces conditions. Les voitures s'enchevêtrent et s'accrochent. Aussitôt dégagées, les cochers recommencent à galoper vers la tête de la colonne. Des roues sautent de l'essieu et se brisent; ils les raccommodent avec des bouts de corde. La voiture où je me trouve est attelée de trois chevaux, et les deux sous-verges tirent au renard, si bien que, perdant l'équilibre, le plus penché des deux tombe en entraînant les deux autres. C'est alors, dans la poussière rouge, une mêlée de croupes et de fers, un enchevêtrement de formes équestres, rappelant les furieux combats de cavalerie qu'imaginaient les peintres de la Renaissance. Il faut du temps pour dégager et relever les pauvres bêtes, réparer les brancards et les traits brisés. On en vient à bout et on repart.

Nous allons ainsi pendant quatre heures dans le soleil, le bruit et la poussière, entre les deux chaînes parallèles. Aux flancs des montagnes et dans la plaine blanchissent les groupes de maisons cubiques. Des vignes échevelées rampent sur le sol, chargées de raisins blonds ou pourpres, aux grains énormes. De superbes plantations de mûriers découpent les champs en quinconces. Sur la route, les Bédouins aux grands manteaux noirs à raies blanches, les Syriens en robes de couleurs vives, les Arabes coiffés d'énormes turbans et les jambes nues, cheminent conduisant des files de chameaux ou montés sur de petits ânes.

Au sortir du village de Tamnin, deux cavaliers, arrêtés au bord du chemin, nous regardent venir. Hommes et montures sont d'une égale beauté, les hommes drapés de laine et de soie rayées, ne montrant que le visage bronzé, mais laissant deviner des corps d'athlètes, les chevaux caparaçonnés de filets aux houppes flottantes. Ce sont des chrétiens, nous apprend notre cocher, les jeunes fils d'une riche famille. Ils nous disent en français : « Voulez-vous nous voir courir? » Ils partent au galop, manteaux et harnais flottants, botte à botte et en ligne droite, puis ils se séparent, décrivent chacun une courbe et se rejoignent, après avoir dessiné une fleur symbolique; ils reviennent ensuite vers nous, en répétant la même figure. C'est un reste des tournois chevaleresques, le « lys », un souvenir des Croisés. Vieilles gloires de la patrie lointaine!

Mais les deux chaînes qui forment la vallée se resserrent et tout à coup surgit à l'horizon, comme une borne colossale, dorée d'un côté, noire de l'autre, une colonnade qui domine d'une hauteur énorme une oasis pressée autour d'elle : ce sont les ruines du Grand Temple, surmontant l'acropole de Baalbek. Le soleil va bientôt se coucher, et, sur ces ruines, le déclin de Baal répand une splendeur triste. L'heure et le spectacle sont en harmonie.

A mesure que nous approchons, la colonnade grandit encore et l'acropole, quoique élevée, contrairement à l'usage antique, dans un bas-fond, domine d'une hauteur écrasante la plaine qui fuit. Cet ensemble, loin d'être rabaissé par les montagnes voisines, les réduit elles-mêmes. Je doute qu'aucun monument romain puisse donner à un pareil degré l'impression du colossal.

Un village turc est groupé autour des ruines. Nous le traversons rapidement, car nous n'avons plus que deux heures de jour et, parmi les jardins arrosés d'eau courante, les frais vergers, les ruelles bordées de misérables maisons, nous arrivons au pied de l'acropole. Les premières assises sont formées de ces blocs énormes, dits *cyclopéens* ou *pélasgiques*, dont les premiers hommes, sur toute la terre, bâtissaient leurs édifices. Ceux de Baalbek ont vu des milliers d'années mourir à leurs pieds et ils ne portent même pas la marque du temps. Leur surface est aussi polie, leurs joints sont aussi nets que s'ils étaient placés d'hier. Au-dessus, un appareil de beaucoup postérieur, plus petit, mais colossal encore, est formé de fragments rapportés, bases et chapiteaux de colonnes, morceaux de frises, etc. : c'est une partie romaine. Les créneaux de la forteresse arabe couronnent le tout.

L'enceinte, orientée du levant au couchant, se compose de trois parties successives : un vestibule hexagonal, une cour quadrangulaire et une seconde cour en pentagone irrégulier. Jadis, un escalier monumental et un portique analogue aux Propylées d'Athènes donnaient accès dans l'acropole par la cour hexagonale. Ils ont été complètement détruits, pour la facilité de la défense. Aujourd'hui, l'entrée se fait par un long et obscur souterrain, de construction romaine, colossal comme le mur d'enceinte, au bas duquel il ouvre sa gueule noire.

Au sortir de l'obscurité, sous la lumière du soleil, qui se couche avec une splendeur royale (c'est le moment, disent les Grecs, où il règne, βασιλεύει), le spectacle est d'une grandeur et d'une mélancolie dignes du dieu dont la nuit va voiler la gloire, comme le temps a détruit son temple et aboli son culte. Le premier regard est pour les six colonnes isolées que l'on a vues de la plaine. Elles se dressent, surmontées encore de leur entablement, au-dessus d'un prodigieux amas de débris, couchés autour d'elles par les siècles, la guerre et les tremblements de terre. Elles mesurent, au total, vingt-trois mètres de haut, et sont, avec le mur qui les soutient et les élève au-dessus de l'aire, le reste du Grand Temple, le Temple du Soleil. Jadis, elles étaient au nombre de cinquante-quatre, et l'édifice avait quatre-vingt-neuf mètres de long sur quarante-huit de large.

Par comparaison, le temple voisin, consacré à Jupiter, s'appelait le Petit Temple. Cependant, lui aussi était grandiose. Ses colonnes ont près de vingt mètres de haut, et il mesurait quarante-neuf mètres de long sur vingt-six de large. Il a beaucoup moins souffert que le Grand Temple. Plus de la moitié de ses colonnes sont encore debout et la *cella* est intacte. Sur le côté de l'édifice qui surplombe le mur d'enceinte, la plupart des colonnes se sont écroulées au bas de l'enceinte, mais l'une d'elles reste appuyée obliquement contre le mur de la *cella*; l'assemblage de ses parties est si solide qu'elles ne se sont pas séparées. La porte a pour linteaux trois pierres énormes; celle du milieu s'est affaissée et a glissé des deux tiers de sa longueur. Elle a conservé longtemps cette position menaçante; dans ces dernières années seulement, a été construit, pour la soutenir, un pilier de maçonnerie. Sur ces pierres est sculpté un aigle gigantesque, aux ailes éployées, l'aigle de Jupiter.

La cour rectangulaire et la cour hexagonale formaient comme deux vestibules dignes de la majesté des temples. On y voit encore les restes d'une décoration somptueuse, avec exèdres, niches superposées, colonnades, promenoirs couverts, etc. Aussi, nul édifice ne donne-t-il une impression de grandeur et de richesse supérieure à celle que l'on reçoit à Baalbek. La majesté somptueuse de l'Empire romain s'est étalée ici, dans l'ensemble et dans les détails. Mais, cette impression longuement et fortement ressentie, comme le souvenir de l'art grec nuit à ce faste! L'art de Baalbek est un art de décadence. Ses colonnes corinthiennes exagèrent jusqu'à l'absurde les proportions rationnelles de l'ordre primitif. On n'y retrouve pas le sens de la destination, de la mesure, de l'équilibre, surtout le goût. La richesse des détails et le soin de l'exécution sont inouïs, mais les modèles originaux sont dénaturés; ainsi la porte du temple de Jupiter, imitée de l'Érechthéion d'Athènes, est surchargée d'ornements et pousse à l'énormité une forme conçue pour des dimensions beaucoup plus petites; ainsi les caissons du péristyle, où des bustes sont engagés horizontalement dans un fouillis vermiculé.

La grandeur et la beauté de l'art romain consistent dans l'impression d'utilité et de force qui se dégagent de ses monuments typiques : le Colysée, le Panthéon d'Agrippa, le pont du Gard, le théâtre d'Orange. Lorsqu'il emploie ses formes propres, le plein cintre et la coupole, il atteint le plus haut degré de l'effet architectural. S'il veut forcer l'imitation des Grecs jusqu'à l'étalage du colossal et de l'inutile, il frappe encore, mais d'étonnement plus que d'admiration. C'est l'impression que reçoit le visiteur de Baalbek.

Il songe aussi à ce que ces temples représentent dans l'histoire de la décadence impériale. Rome respectait ou même adoptait les divinités des peuples qu'elle avait soumis. Cette large tolérance était d'une politique habile. Mais, lorsque la conquête se fut étendue sur l'Orient, les dieux sensuels et cruels de la Syrie troublèrent la raison romaine. Ils amenèrent à Rome leur cortège de prêtres corrompus. Ils vengèrent leur patrie esclave en jetant la pourpre sur les épaules d'Elagabal, qui entra dans Rome, vêtu en prêtre de Phénicie, menant avec lui la pierre noire d'Emèse, symbole de Baal, et déshonorant les divinités austères de la vieille Rome, en les rangeant comme vassales autour de l'idole étrangère.

J'ai vu Baal se coucher sur les ruines de son temple. Je veux aussi *contempler son lever.* Avant le jour, je fais le tour de l'acropole. Des jardins où court l'eau fraîche arrivent jusqu'au pied de l'enceinte. Dans la pénombre, les musulmans font leurs ablutions et les femmes chrétiennes descendent à la fontaine, la cruche à l'épaule, avec le geste de leurs sœurs antiques. Au bord d'un fossé, des chiens dévorent une carcasse de chameau. La beauté et la laideur de la vie orientale sont inséparables à Baalbek comme à Damas.

Je suis arrêté devant un de ces jardins par la porte fermée. Une jeune fille m'aperçoit et elle vient ouvrir à l'étranger, en soulevant du doigt le secret d'une serrure primitive. Elle ne parle pas le français; mais ses yeux sourient et comprennent. Elle me précède, sur les pierres croûlantes, le voile flottant et la démarche légère, ouvrant les clôtures du même geste rapide et gracieux. Lorsque j'ai fait le tour et gagné la porte de l'acropole, elle reçoit le *bachchich* en baisant la pièce de monnaie et en la mettant sur son cœur.

Au cours de cette visite extérieure, j'ai vu, sur la face occidentale du mur, les trois énormes blocs qui avaient donné son nom au sanctuaire, le temple des trois pierres, τρίλιθον. Chacune d'elles mesure environ vingt mètres de long sur quatre de haut. Elles sont à près de six mètres au-dessus du sol et la science se demande comment elles ont pu être amenées près de là, comment elles ont pu être élevées à cette hauteur. A quelques cents mètres de là, dans la carrière d'où elles ont été tirées, l'une d'elles est encore à moitié engagée dans la masse rocheuse. Un de nos guides escaladera tout à l'heure ce piédestal gigantesque et courra sur la plate-forme, en criant et en agitant son manteau de ses deux bras levés.

Du haut des Propylées en ruines, j'ai vu Baal reparaître au-dessus de son temple, rayonner autour de la grande colonnade, inonder de lumière la *cella* de Jupiter. Il continuera de briller lorsque, depuis longtemps, les plus durables de ces pierres seront tombées en poussière. Du jour où les premiers hommes l'ont vu paraître et disparaître, où il a éclairé leur naissance et leur mort, fait sortir la vie de leur poussière et répandu sa force sur tout ce qui existe, ils l'ont adoré, tantôt avec une piété pure, tantôt avec une exaltation sensuelle. Ils lui ont donné bien des noms; ils ont cherché, par la foi et la science, par la raison et le sentiment, à deviner le mystère de cette force qui crée et détruit. Baalbek est le roi de ses temples, et, malgré le faux goût de l'édifice, la main de l'homme n'a rien élevé de plus digne de lui.

IX

DE JAFFA A JÉRUSALEM

LES BATELIERS DE JAFFA. — LA PLAINE DE SARON. — BONAPARTE A RAMLÈH. — LES MONTAGNES DE JUDÉE. — EN VUE DE JÉRUSALEM.

25 septembre.

Ce matin, vers cinq heures, le *Sénégal* a mouillé devant Jaffa, après une manœuvre longue et prudente. La ville n'a qu'une rade, largement ouverte aux vents d'ouest, avec une passe étroite au milieu d'une ligne de récifs, sur lesquels la lame brise avec force. Elle s'élève en amphithéâtre, toute blanche, serrée dans une ceinture de jardins et fermée de remparts, cuits par le soleil et croulants de vieillesse. Çà et là, parmi les terrasses et les coupoles, des restes d'arceaux gothiques sont la marque de l'Occident sur cette clef de la Palestine, que tous les peuples du vieux monde ont essayé de saisir.

De même, les légendes se succèdent et se pénètrent autour de l'antique Joppé. Les Grecs plaçaient ici l'exposition d'Andromède et sa délivrance par Persée. A cette heure indécise, l'imagination peut évoquer la forme blanche de la nymphe, ses blonds cheveux flottant au vent de mer, les bras liés au rocher et détournant les yeux du monstre, tandis que le héros libérateur se hâte à son secours. Persée est devenu saint Georges et de vieilles images le représentent délivrant, lui aussi, une vierge exposée aux flots. C'est d'ici que Jonas s'embarqua pour le voyage qu'il devait terminer de si miraculeuse façon.

A gauche de la ville s'étend une plaine mamelonnée et comme moutonnante. Elle s'élève jusqu'aux montagnes grises qui annoncent la tristesse de la Judée et la désolation de Jérusalem. Le jour grandit et les détails du paysage ressortent. Au milieu des orangers d'un vert intense, des oliviers pâles, des caroubiers au port robuste, des grenadiers au feuillage luisant, un toit à l'européenne s'allonge et fume. C'est la gare du chemin de fer qui conduit à Jérusalem.

On peut regretter que la vie moderne n'ait pas épargné à la Ville sainte l'affront d'une telle arrivée. Monter à Jérusalem en caravane, à dos de chameau, à cheval, ou, mieux encore, à pied, avec le bourdon du pèlerin, serait-il d'une piété plus respectueuse? Oui, si l'on parvenait aussi à changer son âme imprégnée de présent. Il faut accepter son temps tel qu'il est et on ne remédie pas à ses vulgarités par des tartarinades. Tel qui gagne la route de Jérusalem par le désert et couche sous la tente, a mis dans sa valise un guide Joanne et un nécessaire de toilette perfectionné. Les bateaux à vapeur et les voies ferrées ne détruiront pas de sitôt la foi et la poésie. L'éternel soleil et la vieille histoire les conservent.

Quant à l'originalité de l'Orient, elle survit tout entière dans le débarquement à Jaffa. Pour peu que la mer soit mauvaise, l'opération est dangereuse; elle est difficile par les temps les plus calmes. La côte reçoit sans cesse le choc des lames que le vent d'ouest lance contre elle du fond de la Méditerranée. Pour franchir la passe, il faut se confier aux bateliers habiles et aux fortes barques du pays. Dès que le navire a mouillé, ces barques l'entourent, montées par des êtres à faces de démons. Toutes les races de l'Afrique et de l'Asie sont représentées parmi eux.

A demi nus sous leurs haillons, ils crient et gesticulent; ils s'injurient et interpellent les passagers. L'accès du navire leur est interdit. Ils maintiennent donc leurs barques au bas de l'échelle, avec beaucoup de peine, car l'agitation de la mer les rapproche et les éloigne violemment. Pour les passagers, ils doivent saisir le moment où la vague soulève l'embarcation au niveau de l'échelle et y sauter. Plusieurs hésitent et manquent leur coup; ils tomberaient à la mer ou seraient écrasés entre la barque et le navire, sans l'adresse merveilleuse des bateliers, dont les bras de fer ou de bronze les saisissent au vol.

Les barques remplies, les bateliers rament vers la passe, en chantant une mélopée sauvage. Nous sommes fortement secoués et un peu mouillés.

Tandis que les femmes se lamentent ingénument, les hommes sont sérieux et silencieux : ils regardent la ligne de brisants qui se rapproche. Bientôt la passe est devant nous : elle paraît de plus en plus étroite et ses rochers ont des aspects de bêtes méchantes. Mais en arrivant sur elle, barreur et rameurs enlèvent la barque au moment précis où la lame se gonfle et, après un fort coup de tangage, nous lancent dans les eaux calmes.

Les bateliers de Jaffa sont d'excellents marins et de parfaits sacripants. Ils essayent presque toujours de mettre à profit l'impression que leur mer, leurs manœuvres et leurs mines produisent sur les timides. Au moment où la barque arrive sur la passe, ils lèvent les avirons et demandent un *bachchich* supplémentaire. Une menace énergique suffit à leur faire reprendre l'effort. Pourtant, il y a quelques années, par un gros temps, ils poussèrent l'intimidation un peu loin : ils manquèrent l'entrée et noyèrent une vingtaine de pèlerins. Pour eux, ils nagent comme des poissons et tous se tirèrent d'affaire.

Une ligne de constructions massives borde le quai. Ce sont les couvents, grec, latin et arménien. Ce dernier servit d'hôpital pendant la peste fameuse qui ravagea, en 1799, l'armée de Bonaparte. Le train va partir pour Jérusalem et nous ne pouvons que jeter un regard au passage sur les galeries aux voûtes massives qui virent l'héroïsme médical de Larrey et Desgenettes. Nous traversons au plus vite le bazar, dont les éternels chameaux barrent les rues étroites, à travers une foule où dominent les traits de la race sémitique, profils chevalins, yeux saillants, nez crochus, fortes lèvres, le long des boutiques où la camelote européenne voisine avec les marchandises de l'Orient. Par une longue rue qui offre un contraste du même genre — maisons hautes et largement ouvertes, murs clos et bas, — nous entrons dans une gare du « modèle général » et nous montons dans le train minuscule qui va gravir jusqu'à Jérusalem les montagnes de Judée.

Il est sept heures du matin. Le ciel est voilé d'une brume légère et un soleil pâle luit sur la plaine. La terre de Syrie était rouge et ses montagnes d'un rose vif. Celle-ci est d'un gris doux et ses collines d'un bleu pâlissant. La nature avait prédestiné cette contrée à un rôle autrement sérieux que la voluptueuse Syrie, et l'histoire a jeté sur elle un voile de tristesse. Bientôt, aux bois d'orangers et aux plantations de mûriers, aux bouquets de grenadiers et de caroubiers succède une vaste plaine, où les aloès et les cactus découpent l'étendue, sillonnée par les lits caillouteux des torrents desséchés. Des villages, aux murs de terre et aux toits plats, couronnent les ondulations du terrain. C'est la plaine de Saron que chantait Isaïe : « La terre déserte et sans chemin se réjouira, la solitude sera dans l'allégresse et elle fleurira comme le lis. Elle poussera, elle germera de toutes parts, elle sera dans une effusion de joie et de louanges. » Mais nous voyons dans la nudité sèche de l'été finissant cette terre sur laquelle l'allégresse du prophète tressaillait au printemps.

Peu à peu le soleil a dissipé la brume et répand sur la campagne un fleuve d'or fauve, qui devient bientôt de l'argent en fusion. Pourtant, la tristesse du paysage ne fait que croître. Malgré les groupes d'hommes et d'animaux qui cheminent sur l'étendue, on éprouve la morne impression de la solitude. Lydda, la ville des Benjaminites, laisse bientôt apercevoir son église ruinée. C'est ensuite Ramlèh, « le Sable », d'où Richard Cœur de Lion protégeait Jaffa contre les musulmans.

Nous regrettons de ne pouvoir nous arrêter ici. Bonaparte y séjourna dans sa marche sur Saint-Jean-d'Acre et nous voudrions voir, au couvent latin, la chambre qui fut habitée par lui. Le plus résolu des hommes d'action était aussi un rêveur et un poète. On sait quel mirage il suivait du Caire à Saint-Jean-d'Acre, ses immenses projets, sa vision d'un empire oriental, à l'exemple d'Alexandre, et des croisades renouvelées pour un objet tout terrestre. Il espérait prendre Jérusalem et Constantinople, puis marcher sur les Indes. Mais déjà, dans cette bourgade de Ramlèh, il avait le sentiment de l'impossible. Il songeait avec rage à Sydney Smith, qui lui avait enlevé sur mer son matériel de siège. Il allait se heurter contre Saint-Jean-d'Acre, défendu par son ancien camarade de Brienne, le colonel Phelippeaux, émigré au service de l'Angleterre. Bientôt, il devait regagner l'Égypte, après s'être arrêté bien loin de Constantinople et tout près de Jérusalem. « Cet homme, disait-il de Sydney Smith, m'a fait manquer ma fortune. »

Le mot ne se trouve pas dans cette *Campagne d'Égypte et de Syrie*, dictée à Sainte-Hélène, que je citais à propos de Damas. En revanche, on y peut voir l'impression que la Palestine avait produite sur le général et son armée. Dès les premières pages, Napoléon a tracé en quelques lignes l'image morale de Jérusalem : « Jérusalem a été la métropole religieuse du monde chrétien. Elle est aujourd'hui révérée par les Juifs, les Chrétiens et les Musulmans, c'est-à-dire par les trois religions qui ont transmis aux hommes la connaissance d'un seul Dieu créateur et rémunérateur, et dont le culte s'étend sur presque tout l'univers. C'est la ville sainte, très noble, très religieuse. Qu'est-ce que Rome auprès de Jérusalem, de la Judée, aux yeux de la religion? » Quant aux soldats, « tous se faisaient une fête d'aller à Jérusalem ; cette fameuse Sion parlait à toutes les imaginations et réveillait toute espèce de sentiments…. Quelques vieux soldats, qui avaient été élevés dans les séminaires, chantaient les cantiques et les complaintes de Jérémie, que l'on entend pendant la semaine sainte dans les églises d'Europe. »

Mais il fallait d'abord prendre Jaffa, puis marcher sur Saint-Jean-d'Acre. Le regret était vif : « Les coureurs de l'armée s'approchèrent à trois lieues de la ville sainte. L'armée brûlait de voir la colline du Calvaire, le Sépulcre, le plateau du temple de Salomon ; elle éprouva un sentiment de peine lorsqu'elle reçut l'ordre de tourner à gauche. » En indiquant le motif de cet ordre, le général laisse voir que ce sentiment est le sien : « Marcher sur Jérusalem sans avoir occupé Jaffa eût été manquer à toutes les règles de prudence ».

Des lieux saints, Bonaparte et son armée ne virent que Nazareth. Voici, à propos de ses environs, Béthulie et Cana, un des rares traits où Napoléon daigne avoir de l'esprit et sourire : « Les soldats visitaient avec intérêt le lieu où Holopherne avait eu la tête coupée; le miracle surtout des noces de Cana était fort célébré, car ils n'avaient point de vin ». Il est possible que la vision d'un *Te Deum* à Notre-Dame rouverte au culte se soit dès lors présentée à l'esprit du général : « En entrant dans le couvent de Nazareth, l'armée crut entrer dans une église d'Europe; elle était belle, tous les cierges étaient allumés, le Saint-Sacrement exposé; l'armée assista à un *Te Deum*; il y avait un très bon organiste ».

Dans tout le récit de la campagne semble vibrer l'écho de cette réflexion simple et grave : « En campant sur les ruines des anciennes villes, Monge lisait tous les soirs l'Écriture sainte à haute voix sous la tente du général en chef. L'analogie et la vérité des descriptions étaient frappantes; elles conviennent encore à ce pays après tant de siècles et de vicissitudes. »

A Deir-Abân, nous sommes en pleine montagne, une chaîne aride et nue, dont la roche a percé, émietté, chassé en poussière la terre blanchâtre. A peine si, de loin en loin, au fond des gorges ou sur les plateaux, elle laisse place à quelques oliviers au milieu desquels s'élèvent de pauvres villages. La désolation grandit. Les vallées ne sont plus que des chaos de pierres, entre les flancs à pic des roches ardoisées. Pendant des heures, nous montons vers le sommet de la chaîne. Enfin les indices habituels annoncent l'approche d'une ville. Les villages sont plus rapprochés; des femmes, lourdement chargées, gravissent les pentes et des hommes poussent devant eux des troupeaux de chèvres noires. Tout à coup le ciel s'élargit; la locomotive siffle longuement, tristement et, sur la gauche, très loin encore, au sommet d'une colline qu'entoure une chaîne de hauteurs, comme une reine assise au milieu de ses femmes, paraît une ville ceinte de remparts et de tours, couronnée de coupoles, toute blanche dans la lumière. C'est Jérusalem.

Parmi nous, les conversations et les rires, les plaisanteries habituelles des Français en voyage, ont cessé. Chacun se penche hors des portières et des plates-formes. Des sentiments mêlés et confus remplissent les âmes. Pour moi, ceux qui dominent ce trouble sont la tristesse et l'attendrissement.

Des deux pentes de la vie, j'ai gravi la première, celle qui monte, et je suis sur le plateau, tout près de celle qui descend. J'arrive à l'âge où l'on a plus de regrets que d'espérances, et, sur la route parcourue, que de tombes jalonnent déjà mes souvenirs! Je repasse ma jeunesse et ses affections. Les premiers enseignements que j'ai reçus venaient de l'histoire qui s'est déroulée autour de cette ville. Elle a été la patrie lointaine vers laquelle étaient tournés mon esprit et mon cœur d'enfant. Les noms que j'ai appris, les prières que j'ai récitées, les cérémonies qui ont frappé mes yeux de cinq à quinze ans, exaltaient le nom de Jérusalem.

Je suis chrétien et Français. Si sceptique et si cosmopolite qu'aient pu me rendre la lecture, la réflexion, les voyages, la poursuite de la vérité pure, je sens bien que ces deux titres ont imprimé dans mon être une marque indélébile, que j'aurai toujours au cœur le respect de la foi et l'amour de la patrie. La cloche qui a sonné ma naissance sonnera ma mort et sur ma tombe sera dressée la croix. Souvent, avec cette complaisance des mères à revenir sur les naïvetés de leurs enfants, la mienne m'a rappelé que, tout petit, un premier jour de l'an, j'avais reçu comme étrennes un beau sabre et que, mêlant le catéchisme, que l'on m'apprenait, avec la guerre de Crimée, où était l'un des miens, je défendais la gloriette du jardin, élevée au rang de forteresse, contre les Russes et les juifs. Je ne veux plus aucun mal aux juifs, malgré l'antisémitisme, et tout dans mon pays est à l'alliance russe. Pourtant, je regrette mes illusions et ma jeunesse, l'âge où je croyais la France invincible, où je récitais ma prière sans la comprendre toute, mais où le sens de quelques mots, si beaux et si pleins, me faisait rêver, comme rêve un enfant, vite et en surface, mais avec la candeur fraîche des âmes neuves. Il n'est plus à la mode d'aimer Musset. Cependant, je persiste à trouver pleins d'émotion et de beauté les vers de *Rolla* sur le Christ et je ne puis les réciter tout bas sans qu'ils me retentissent dans le cœur.

Depuis deux siècles l'histoire de mon pays est faite de sa lutte contre ceux qui avaient fondé leur pouvoir sur le dogme chrétien. La raison ne s'exerce qu'en niant ou écartant la foi, et la croyance au surnaturel n'est possible que par une abdication volontaire de la raison. Pourtant, c'est la parole chrétienne qui a déposé dans l'âme moderne ce qu'elle contient de meilleur. Elle a formulé la solidarité et la fraternité humaines, la pitié, le respect des humbles, la dignité et le prix de toutes les âmes, l'égalité devant Dieu. Des flots de sang ont été versés au nom du Christ, mais par la férocité humaine, saisissant ce prétexte à s'exercer, comme elle en a saisi tant d'autres, une et diverse selon les temps. Si la part de cette férocité a été restreinte, si l'oppression de l'homme par l'homme a diminué, si plus de justice règne sur la terre, c'est que le monde applique les préceptes chrétiens, même lorsqu'il semble les combattre.

J'ai roulé ces pensées confuses au fond du cœur, tandis que, à travers la triste Judée, je montais vers Jérusalem. Je les ai ressenties, nettes jusqu'à la souffrance, dans la cellule où les Pères augustins me donnent l'hospitalité.

X

A JÉRUSALEM

LES COCHERS DE JÉRUSALEM. — LES PÈRES AUGUSTINS. — L'ÉGLISE DU SAINT-SÉPULCRE. — LA « FOLIE HIÉROSOLYMITAINE ». — UNE PROCESSION GRECQUE.

Jérusalem, 26 septembre

Toutes différences gardées entre des cochers et des bateliers, on entre à Jérusalem comme on débarque à Jaffa, c'est-à-dire fort secoué. Nous trouvons à la gare des cochers auprès desquels ceux de Baalbek sont une livrée de haut style. Encore plus mêlés et plus minables, mais aussi amoureux d'étranges fantasias, ces forbans, écume de vingt races, chargent sur de vieux fiacres attelés d'haridelles les voyageurs préalablement dévalisés, c'est-à-dire dépouillés de leurs bagages, par des portefaix qui ont escaladé les wagons avec une furia de pirates montant à l'abordage.

Voyageurs et bagages à peine réunis dans les fiacres, ceux-ci partent à fond de train sur une pente raide, qui traverse la vallée du Hinnom, et se relève brusquement pour gravir la colline de Sion. Ils rasent tour à tour les deux côtés du ravin; ils se coupent et s'accrochent pour se dépasser, en s'injuriant à pleine gorge. Notre cocher est un nègre. Les yeux hors de la tête, fouettant ses deux bêtes menées à rênes flottantes, il se grise de vitesse et de bruit.

Nous avons pu, durant cet étrange steeple, jeter un coup d'œil sur les abords de Jérusalem. A droite de la route, une haute muraille, surmontée de créneaux et flanquée de tours, couronne l'escarpement. Elle s'appuie sur une forteresse massive, la cité de David. Sa position la préservant des attaques qui, toutes, des Romains aux Croisés, se portaient sur le front nord, cette forteresse a été remaniée dans ses parties supérieures, mais la base de la tour principale, avec ses gros blocs en bossage, est la même qu'au temps du roi prophète. A l'angle du bastion s'ouvre la porte de Jaffa, par laquelle, jusqu'à ces derniers temps, les pèlerins d'Europe entraient dans la ville. Ils arrivent aujourd'hui par la Porte-Neuve, récemment ouverte, en face d'un faubourg moderne, où se trouvent l'hôpital français de Saint-Louis, Notre-Dame de France, hôtellerie des pèlerins français, et le vaste établissement des Russes. Ces constructions sont monumentales et dignes de Jérusalem; mais, à côté d'elles, des auberges, des cafés, des magasins à l'européenne, donnent à ce coin de banlieue l'aspect d'un village provençal.

Pendant longtemps, les Pères franciscains furent les seuls à recevoir les pèlerins de notre pays, comme tous ceux de communion latine. Ils partagent aujourd'hui ce rôle hospitalier avec les Pères augustins de l'Assomption, qui ont bâti Notre-Dame de France. C'est un bel édifice de pierre blanche, encore inachevé, sur lequel flotte le drapeau tricolore. De hautes et larges galeries, toujours fraîches sous ce climat brûlant, un immense réfectoire, des rangées de cellules peuvent y recevoir déjà jusqu'à cinq cents voyageurs. Cette fondation est l'œuvre des « grands pèlerinages de France », c'est-à-dire une « association cléricale ». La plupart d'entre nous sont venus à Jérusalem moins en pèlerins qu'en touristes. Ils répugnent au mélange de la religion avec la politique. Mais nous sommes en lointain pays et nous éprouvons ici le sentiment que nous ont laissé les Jésuites de Beyrout. L'idée de patrie domine de très haut les classements politiques. Les Pères travaillent pour la France, et cela suffit pour que nous nous sentions d'accord avec eux.

De ma cellule, je découvre un vaste panorama : sous mes yeux, le camp des Croisés; à droite la ligne des remparts, coupée par la porte de Damas; en face une vallée profonde, la vallée de Josaphat, dont le versant opposé forme le mont des Oliviers, à droite un groupe énorme d'édifices, sur lequel flotte le drapeau russe. Ce panorama est plein d'histoire. Les croyances juives sur la vie future, la veillée suprême du Christ, le premier acte des Croisades, la politique d'aujourd'hui et celle de demain se concentrent dans cet espace.

L'aspect de « l'établissement russe », comme on

dit ici, est obsédant. Cet ensemble d'édifices est colossal et somptueux. Il comprend deux hospices d'hommes, un hospice de femmes, un hôpital, une église, le consulat. Il dénote une puissance en plein développement, ambitieuse et absorbante. Chaque pas dans Jérusalem confirmera cette première impression.

Nous visiterons la ville par petits groupes, à chacun desquels un Père augustin servira de guide. J'ai pu causer avec la plupart des membres de la communauté. Chez tous, j'ai trouvé une cordialité, une franchise, une candeur ouverte, une bonne humeur spirituelle, qui sont le contraire de la réserve ecclésiastique telle que nous la connaissons en Europe. Ils se tiennent au courant des dernières recherches sur l'histoire et la topographie de Jérusalem. Plusieurs d'entre eux sont en rapports personnels avec les savants qui se sont voués à l'étude de la Terre-Sainte. Mais ce qui me frappe le plus, c'est la liberté de leur esprit critique. Ces croyants n'ont rien de la crédulité du dévot. Ils n'acceptent pas les légendes sur les lieux saints en bloc et les yeux fermés. Ils n'y voient pas des articles de foi, mais simplement un point de départ pour des recherches où la piété doit s'appuyer sur la science.

J'ai trouvé ces qualités à un haut degré chez celui que j'ai eu la bonne fortune de suivre pendant trois jours. Jeune, d'esprit fin, de manières élégantes et simples, il nous a laissés pleins de reconnaissance pour sa bonne grâce, comme aussi de curiosité discrète devant le mystère que proposent les antécédents et l'origine, l'éducation et la vocation de ces hommes qui ne parlent jamais d'eux-mêmes et répondent à toutes les questions, ont une personnalité et se dévouent à une cause abstraite, sont modestes avec tout ce qui, dans le monde, produit et justifie l'amour-propre.

Je dois ajouter que, si les Pères augustins ont l'esprit critique et si j'ai beaucoup profité de leur érudition, ils conservent la foi dans les principales attributions de la légende et que mes réserves sur celles-ci n'engageront que moi-même.

Nous descendons à l'église du Saint-Sépulcre par un dédale de ruelles étroites, le long desquelles grouillent les mendiants. Nous en avons vu beaucoup depuis Rhodes. Ceux de Jérusalem sont les plus loqueteux et les plus pitoyables. Leurs plaies font horreur. Leur lamentation ne cesse pas jusqu'au mur puissant qui enferme l'église et autour duquel rayonne le bazar. Vendeurs et acheteurs offrent tous les types de la Judée : Bédouins du désert en manteau rayé, Fellahs en courte jupe de toile, gros Turcs en tarbouch et stambouline, Levantins en complet d'Europe. Le mur tourné, on est sur le parvis de l'église. Celle-ci, avec ses deux portes et ses deux fenêtres à cintre surhaussé et légèrement ogival, rappelle nos plus modestes cathédrales de France. La simplicité de la primitive église survit dans cet aspect. On songe, par contraste, à l'apothéose religieuse et politique dont Saint-Pierre de Rome étale la splendeur.

Le parvis est plein de foule. Les croyants rêvent

au sortir de l'église, les curieux s'amusent du va-et-vient, les musulmans impassibles regardent l'affluence chrétienne devant ce que leur mépris appelle *el quomâmah*, l'ordure ; mépris impartial et protecteur, car des soldats turcs, en armes, circulent devant l'église pour maintenir l'ordre, comme ils montent la garde à l'intérieur, assurant à chaque culte l'exercice de ses droits, à son lieu et à son moment.

Le Saint-Sépulcre est la propriété commune de toutes les confessions chrétiennes. Chacune, en vertu de vieux usages jalousement défendus, a ses droits, ses privilèges, ses prétentions victorieuses ou disputées. Les rivalités diplomatiques attisent ces antagonismes. Par là, le sanctuaire du Dieu de paix est un temple de discorde. On sait quelle portée peuvent avoir les querelles religieuses de Terre-Sainte ; la guerre de Crimée est sortie d'une dispute entre moines latins et grecs dans l'église de Bethléem. Ces moines ont l'humeur également taquine. Pressés dans un petit espace, ils nourrissent des rivalités de petite ville et se grisent de commérages. Orgueilleux et ignorants, ils attachent une importance énorme à des riens ; enflammés de passions religieuses, ils en cuisent le fiel ; soutenus par leurs gouvernements respectifs, ils sont politiciens. Leur esprit concentre en un même ferment de haine les passions de la Ligue et celles du *Lutrin*. Il inspire une folie spéciale, la « folie hiérosolymitaine » qui, violente ou douce, étalée ou cachée, obsède le pèlerin et le touriste : folie contagieuse qui gagne les plus calmes et les plus sceptiques.

Il convient de dire que notre clergé, le plus éclairé et le plus digne des clergés catholiques, recueille ici l'avantage visible de cette supériorité. Je suis très frappé du respect que nos guides rencontrent partout, aussi bien chez les Turcs que chez les communautés rivales.

L'église du Saint-Sépulcre fut bâtie par la mère de Constantin, sainte Hélène. Venue à Jérusalem trois cents ans après Jésus-Christ, elle a consacré la tradition topographique, en un temps où la critique était peu exigeante, dans une ville bouleversée de fond en comble par une série de sièges. De là viennent les incertitudes, ou même les impossibilités, que la science moderne relève à chaque pas dans cette topographie traditionnelle. Longtemps, les moines latins ou grecs ont repoussé comme sacrilège toute discussion à ce sujet. Aujourd'hui, pénétrés par l'esprit du siècle, ils consentent à douter un peu ; ils admettent plus ou moins, mais enfin ils admettent en principe, que tout n'est pas certain dans les attributions légendaires. Même, il se trouve des religieux, comme les Augustins, pour travailler à l'œuvre de critique libre et respectueuse qui se poursuit sur les lieux saints. Jérusalem est loin de Rome. Cet éloignement l'a préservée de cette manie de certitude, de ce besoin de définir et d'imposer qu'éprouve l'autorité romaine. Le croyant peut encore, à Jérusalem, concilier le respect du dogme et l'amour de la vérité.

Depuis l'impératrice Hélène, l'église du Saint-Sépulcre a été plusieurs fois détruite et reconstruite.

Elle a été restaurée une dernière fois en 1808, après un incendie. Tel qu'il est à cette heure, l'édifice porte surtout la marque des Croisés, qui lui donnèrent sa forme essentielle, et des Grecs, qui profitèrent de l'incendie final pour le restaurer avec un mauvais goût criard. Héritiers de Byzance, ils s'acharnent contre tout ce qui rappelle la conquête et la possession latine, c'est-à-dire des droits supérieurs aux leurs : ceux du sang versé. Ils professent à l'égard des Latins les sentiments de terreur et de haine qui animaient les empereurs grecs, ces Alexis, ces Isaacs et ces Murzuphles, perfides, cruels et lâches, tandis que les Latins conservent le mépris des Croisés pour « ces Grécules, les plus vils des hommes ». L'incendie de 1808 avait épargné les tombeaux des premiers rois latins de Jérusalem, Godefroy de Bouillon et Baudoin; les Grecs les ont détruits, sous prétexte de restaurer l'humble chapelle où les deux rois avaient voulu reposer, au seuil du Saint-Sépulcre.

Ils laissent de mauvaise grâce aux cultes rivaux, latins et autres — arméniens, coptes, syriens, abyssins, — un tiers de galerie, un quart de chapelle, un bout de pavé, que ceux-ci défendent avec acharnement. Une lampe ou un tapis déplacés provoquent des bagarres sanglantes. Il est arrivé que, des processions se rencontrant, on s'est battu à coups de crucifix. En pareil cas, les Turcs interviennent et frappent sur les combattants avec impartialité. En somme, le Saint-Sépulcre est la chose des Grecs. Ils sont maîtres de la grande rotonde et du tombeau. Leur place est prépondérante, fastueuse, étalée.

A l'heure où nous entrons dans l'église, les Grecs célèbrent une cérémonie. Sous le dôme se pressent les papas coiffés de hauts bonnets noirs et couverts d'ornements magnifiques, dont les gemmes et les broderies brillent d'un éclat aveuglant, à la lumière des lampes et des cierges. Les chants de la liturgie grecque vibrent monotones, stridents, nasillards, et, malgré cela, d'un grand caractère. Les formules de supplication sont répétées longuement, avec un accent indicible d'angoisse et d'espoir. Sur un trône élevé, autour duquel s'étagent les évêques et les archimandrites, le patriarche est assis, immobile comme une idole, les cheveux d'un noir argenté tombant sur les épaules, la barbe épaisse et longue, l'œil fixe et comme halluciné. Au-dessous de lui s'étend la houle mouvante des papas. Plusieurs de ces têtes sont d'une beauté singulière. Les barbes épaisses et les longues chevelures encadrent des visages olivâtres, dont les yeux, profonds et rêveurs, reflètent la foi mystique. Sur beaucoup de ces visages se lisent aussi l'orgueil, la volonté, le despotisme sacerdotal. On n'y voit pas la finesse et la fermeté des masques césariens que façonne la religion romaine. Le souvenir de Saint-Pierre évoqué au Saint-Sépulcre fait ressortir l'opposition des deux religions, catholique et grecque, occidentale et orientale, essentielle malgré la communauté d'origine.

Aux portes étroites du sanctuaire se presse une foule mêlée. Les yeux brillent de foi dans cette masse éclairée par de violents contrastes d'ombre et de lumière. L'odeur âcre des haillons, des haleines et des corps se mêle au parfum de l'encens. Une procession se forme, ordonnée et confuse, sous des bannières aussi riches que les ornements sacerdotaux. En tête, brodés d'argent et frappant les dalles de leurs longues cannes, marchent des cawas. Les prêtres suivent, précédant le patriarche, qui porte sur la tête, à deux mains, le reliquaire de la vraie croix. Derrière lui, en grand uniforme et le cierge à la main, s'avancent les agents du consulat de Russie. Avec une irrésistible poussée de vague lente et trouble, les moujiks ferment la marche, en touloupe et en grosses bottes, le bonnet à la main.

Le cortège sort de l'église, pour accompagner le patriarche et ses prêtres au patriarcat. Les cloches sonnent, frappées au marteau, sur une cadence triomphale et sauvage. Au soleil d'Orient, cette pompe s'étale avec orgueil. Les uniformes respectés du consulat russe exposent aux yeux la prépondérance grecque, c'est-à-dire russe. Le rite grec, en effet, s'est mis depuis le commencement du siècle sous le protectorat de la Russie, qui fait servir cette tutelle à la poursuite de ses grands desseins, politiques et religieux. A cette heure, Jérusalem est russe. Les établissements russo-grecs sont d'une richesse éloquente. Des cérémonies comme celle-ci achèvent la démonstration. Tandis que les Grecs d'Athènes, écrasés, pleurent la « grande idée », les héritiers présomptifs des Turcs, les futurs maîtres de Constantinople défilent au son des cloches éclatantes.

Ils étendent la main, non seulement sur Constantinople, mais sur Jérusalem et la Syrie. Jadis maîtresse intellectuelle et morale de la région par le protectorat latin, ses missions, ses écoles, ses hôpitaux, naguère encore, par Beyrout et Jaffa, poussant deux chemins de fer au cœur du pays, la France semble se résigner à l'effacement. Elle a sacrifié beaucoup à l'alliance russe dans les affaires de Grèce. Elle fait de même en Syrie.

Doit-elle abandonner ses droits et sa politique? Il ne s'agit pas pour elle de faire du cléricalisme en Orient, mais d'y répandre sa langue et d'y maintenir son commerce, d'y servir la civilisation. Cette œuvre était en bonne voie. Notre déférence constante pour la Russie et le mauvais vouloir de la Porte la compromettent. Des incidents comme l'affaire des Jésuites de Beyrout sont significatifs. Si notre pays ne veut pas se réduire à monter la garde sur les Vosges et à faire de la politique électorale, qu'il veille à ses intérêts en Syrie et en Palestine.

Tout cela, pour une procession? La cérémonie du Saint-Sépulcre symbolise des impressions multiples. Et puis, y a-t-il rien de plus significatif à Jérusalem qu'une procession?

XI

A JÉRUSALEM

LES MOINES ET LES PÈLERINS AU SAINT-SÉPULCRE. — INCERTITUDE DES LIEUX SAINTS. — LES RELIQUES DE GODEFROY DE BOUILLON. — LE MOURISTAN; L'EMPEREUR D'ALLEMAGNE; LES ABYSSINS. — LA VOIE DOULOUREUSE. — LE SOIR A JÉRUSALEM. — LA *Jérusalem délivrée*.

Jérusalem, 27 septembre

La procession grecque vient de quitter le Saint-Sépulcre et il semble, après tout ce qui en est sorti, que l'église doive être vide. Elle est presque aussi pleine. Noyés dans la foule orthodoxe ou refoulés par elle, les visiteurs des différentes confessions l'envahissent aussitôt après le départ des Grecs. En même temps, des coins sombres de l'église et des couvents reliés au sanctuaire par des couloirs tortueux, sort une foule de moines, mêlée et bigarrée comme les pèlerins. Toutes les tribus de la Babel chrétienne, Latins, Arméniens, Coptes, Abyssins, ont ici leurs représentants. Campés autour du Saint-Sépulcre, ils montent la garde pour la défense de leurs droits et ils reprennent leurs postes dès que la place est libre.

Ce sont des croyants, animés d'une passion noble entre toutes dans son principe, mais qui se complique chez eux des plus basses formes de l'esprit prêtre. Cet esprit a son côté tragique, celui que Racine incarne dans Joad et Mathan; il est singulièrement mesquin par son côté comique, celui que montre Boileau dans le chantre et les chanoines du *Lutrin*. Sublime ou bas, c'est un esprit d'égoïsme et d'ambition, s'efforçant de faire de Dieu son complice; c'est un esprit de discorde et d'acharnement :

> Abîme tout plutôt; c'est l'esprit de l'Église.

Au Saint-Sépulcre, cet esprit est particulièrement odieux. Il commence par donner la nausée à tous les visiteurs de Jérusalem qui ont quelque culture d'esprit et quelque délicatesse d'âme.

Tout à l'heure, j'ai vu de mes yeux une scène du *Lutrin*. Deux prêtres, un copte et un arménien, se poursuivaient, littéralement, l'encensoir à la main, le long des chapelles qui rayonnent sous la coupole. Chacune de leurs confessions prétend au droit d'encenser à la même heure les autels de ces chapelles. Pour éviter la péremption de ce droit, dès que l'Arménien a encensé, le Copte encense derrière lui. Au milieu de leur course, les deux porte-encensoir se sont rencontrés, brandissant les cassolettes aux plaques vibrantes. J'ai cru qu'ils allaient engager le combat. Ils se sont contentés d'échanger un regard de suprême dédain.

Mais l'aspect de la foule chrétienne, le bruit de ses pas, le murmure de ses prières, sa sincérité, sa ferveur, font oublier les prêtres ridicules. Hommes et femmes, jeunes et vieux, tous se prosternent avec la même foi devant les autels affectés à leur rite et, chacun dans sa langue, poussent la même prière vers le même Dieu. Ils déposent un moment sur ces dalles leur fardeau de douleur et de misère. Beaucoup sont poudreux des longues routes, amaigris par la fatigue, tremblants d'une double fièvre, celle de l'âme et celle du corps. Les pierres où ils s'agenouillent sont grasses et brillantes des contacts innombrables. L'air surchauffé, chargé de miasmes, épaissi par la fumée de l'encens, prend à la gorge et pique les yeux ; mais on éprouve à peine le malaise et le dégoût physiques. On regarde ces mains suppliantes, ces visages d'extase, la lueur de ces yeux où se reflètent les mille lampes brûlant aux voûtes. On a commencé par invoquer mentalement Jésus chassant les vendeurs du Temple ; on ne voit bientôt plus dans Jérusalem que « la Cité de Paix », le lieu de la terre où le sens du divin est d'autant plus fort qu'il parvient à se dégager d'un alliage humain plus lourd et plus bas.

Entre les objets de vénération que renferme l'église et qui, à toute heure, ont leurs fidèles, il en est trois de particulièrement assiégés : la pierre de l'Onction, le Saint-Sépulcre, le Golgotha.

Sur la pierre de l'Onction, Nicodème aurait oint le corps du Christ avant de l'ensevelir. C'est une dalle de marbre jaunâtre, placée à l'entrée de l'église.

Des chandeliers gigantesques l'entourent et au-dessus brûlent des lampes. Elle est polie par les baisers des fidèles. Comme un essaim de mouches, ils s'agenouillent sans cesse, déposent leur baiser et se relèvent. Aucun ne songe au dégoût et au danger de ce contact.

Le Saint-Sépulcre se trouve au-dessous de la coupole. Il est contenu dans une étroite chapelle où l'on pénètre en rampant. Taillée dans le roc, la cavité sépulcrale est couverte d'une table de marbre fendue, devant laquelle les fidèles se succèdent rapidement, car la chapelle ne peut contenir que trois ou quatre personnes à la fois. Quarante-trois lampes, appartenant aux diverses confessions, y entretiennent une chaleur étouffante. Le visiteur, étourdi par cette chaleur et aveuglé par l'éclat des lumières, se prosterne et baise la pierre, tandis qu'un prêtre grec l'asperge d'eau de rose.

Le Golgotha, la colline du supplice, est compris, lui aussi, dans l'enceinte de l'église. Il faut renoncer ici à la vision du calvaire que se forme tout chrétien ; on ne trouve pas à Jérusalem la colline abrupte et nue, avec les trois croix dressées sur le ciel. Le Golgotha domine à peine de quelques mètres le Saint-Sépulcre et le sol primitif est couvert par les murs et le pavement. Partagé en deux chapelles, appartenant l'une aux Latins, l'autre aux Grecs, il ressemble à n'importe quel sanctuaire, étroit, obscur et surchargé ; il ferme à l'âme toute envolée vers le ciel. Il laisse voir, difficilement, trois ouvertures pratiquées dans le roc : l'une, garnie d'argent, est celle où aurait été plantée la croix du Christ; les deux autres auraient reçu les croix des deux larrons. On montre à côté la fente du rocher qui répond au texte de saint Mathieu : « La terre trembla; les pierres se fendirent ». Les Grecs se sont emparés du rocher. Les Latins ont pour eux la place où la Sainte Vierge aurait reçu le corps de son fils après la descente de la croix.

Hélas! aucune de ces attributions n'est certaine et plusieurs sont inacceptables. La pierre de l'Onction a été souvent déplacée et remplacée; il est prouvé que la pierre actuelle date seulement de 1808. Il se pourrait que le Golgotha fût une élévation non pas naturelle, mais artificielle et assez récente. La proximité du Calvaire et du tombeau soulève de grandes difficultés. Non seulement la critique libre, mais les croyants discutent à ce sujet; ils accordent plus ou moins à l'authenticité des divers lieux vénérés dans le Saint-Sépulcre.

Mais, en somme, qu'importe? Pour les croyants, la divinité de Jésus-Christ ne dépend pas du succès ou de l'insuccès des recherches menées par sainte Hélène, ni même des supercheries imaginées par les prêtres. Sincères ou fourbes, ceux qui ont recueilli ou créé les traditions relatives au Saint-Sépulcre n'étaient que des hommes. Leurs erreurs ou leurs tromperies ne prévalent pas contre ce qui s'est passé autour du Golgotha. Quelques mètres de terrain, bien ou mal mesurés, quelques pierres authentiques ou fausses, sont ici de médiocre importance. Ce qui est certain, c'est que le Christ a subi la passion sur les collines de Sion et qu'il est mort sur l'une d'elles. La vénération des fidèles ne s'égare donc pas ; ils sont certains de s'agenouiller sur la scène du grand drame, un peu plus près ou un peu plus loin du dénouement. Ils ne se trompent que de quelques pas. Les pierres qu'ils baisent en tremblant ont été consacrées par toutes les prières qui ont palpité vers elles.

Ainsi s'est répandu sur la terre un torrent d'idées et de sentiments qui reflue continuellement vers sa source. Qui en compterait les flots et quelle plume y puiserait l'essence de foi qui les préserve de la corruption? L'imagination chrétienne a revêtu le drame de Golgotha de toutes les formes naïves ou savantes. Le meilleur de l'art européen vient de là, depuis les Vierges du Pérugin jusqu'aux récentes images de Tissot, depuis le mystère de la Passion, joué par des villes entières dans les cathédrales aux immenses vaisseaux, jusqu'à la tragédie croyante de Racine, jusqu'au théâtre incrédule de Voltaire, jusqu'au drame romantique et à l'opéra.

Si la foi résiste à l'incertitude du Saint-Sépulcre et du Calvaire, l'histoire respecte de même les reliques douteuses de Godefroy de Bouillon. Un moine latin les montre à quelques pas du tombeau profané par la jalousie grecque. Il sort d'un tiroir l'épée, la croix et les éperons du premier roi de Jérusalem. L'épée est fort simple et surtout d'aspect un peu faible pour les idées qu'elle éveille. Les éperons n'ont de remarquable que leur longueur. Épée et éperons n'étaient montrés jadis qu'en grand mystère, par crainte des Turcs. Aujourd'hui, chacun les manie.

Ils servent à conférer l'ordre du Saint-Sépulcre. Chateaubriand a reçu l'accolade de cette épée et chaussé ces éperons. « Cette cérémonie, dit-il, ne pouvait être tout à fait vaine. » Il suffirait que ces reliques aient été prises au sérieux par le grand écrivain pour leur mériter le respect des lettrés.

Aux couvents qui entourent le Saint-Sépulcre se rattachent nombre de traditions religieuses et de faits historiques, mais le souvenir de l'église leur fait tort. Il en est deux, cependant, qui éveillent des impressions toutes récentes ou qui frappent par le contraste.

En face de l'église s'étend le Moûristan, où les chevaliers hospitaliers de Saint-Jean-de-Jérusalem, les futurs chevaliers de Rhodes et de Malte, avaient installé le siège de leur ordre. L'édifice est en ruines, mais une part sera bientôt rebâtie. Depuis 1869, celle-ci a été cédée à la Prusse, et l'aigle à deux têtes surmonte l'entrée. L'empereur d'Allemagne veut faire grand, là comme partout. Il a commencé la reconstruction de l'église, et le travail est en pleine activité. Déjà les trois nefs sont relevées. Guillaume II a déclaré son intention de venir l'inaugurer en personne. Que produira ce jour-là le « germe » dont parlait Renan? Quelle parole retentissante le César germain ajoutera-t-il aux paroles innombrables qu'il a déjà prononcées?

Tout près, une cour entourée de réduits misérables forme le couvent abyssin. A demi nus, lamentablement pauvres et refusant avec simplicité les aumônes que nous leur offrons, les noirs sujets de l'empereur Ménélick disent leurs prières avec ferveur. Ils portent en toute simplicité l'auréole des victoires récentes.

La grande chaleur est un peu tombée et on peut se risquer dans le dédale des rues qui forment la *Voie douloureuse*, de la porte Saint-Étienne au Golgotha. Je suis les quatorze stations à l'exemple desquelles les églises d'Europe ont imaginé « le chemin de la croix ». La plupart sont douteuses. La seule qui ait quelques chances d'authenticité est la première, « le prétoire », dont une caserne turque occupe aujourd'hui l'emplacement. J'entre dans la cour. Sous la porte, devant le corps de garde, est tendu le drapeau rouge, frappé du croissant et de l'étoile. La cour est déserte, car la dixième heure vient de sonner et, à l'intérieur des bâtiments, j'entends, comme à Rhodes, scandée par le clairon, la prière pour le Padischah.

Le procurateur romain aurait voulu sauver Jésus. Pour éviter une émeute, il dut le livrer au peuple. Ainsi Pilate, par politique, les Juifs, par fanatisme, se chargeaient inconsciemment d'un crime qui allait peser à jamais sur leur mémoire. M. Anatole France a imaginé le procurateur de Judée retiré à Naples et repassant tous les actes de son gouvernement en Judée, sauf un : « Jésus? Jésus de Nazareth? Je ne me rappelle pas. » Pour ce jugement oublié, le nom de Pilate est en horreur aux petits enfants. La populace juive, ameutée par ses prêtres, prononçait elle-même la malédiction terrible : « Que son sang retombe sur nos enfants! » Sur l'aire de ce prétoire, la nation la plus vivace et la plus cohérente qui ait paru dans le monde a donné le signal de sa propre dispersion.

Aussitôt après le prétoire, les incertitudes ou les impossibilités recommencent. Le couvent français de Notre-Dame-de-Sion est bâti contre un arc romain, où la tradition voit l'arc de l'*Ecce homo*. Ce n'est probablement qu'une porte du temps d'Adrien. A chacune des plaques marquant un arrêt du sinistre cortège qui accompagnait le Sauveur vers le Golgotha, la critique la moins exigeante élève des doutes. Mais l'imagination s'en dégage et les domine. On voit le corps débile, chargé de la lourde croix et tombant à trois reprises; on assiste à la rencontre du fils avec sa mère; on entend la bouche divine prononcer la parole qui répond au cri de la foule juive : « Filles de Jérusalem, ne pleurez point sur moi, mais pleurez sur vous-mêmes et sur vos enfants ». Ainsi, partout à Jérusalem, l'esprit domine la matière et l'âme des choses s'exhale de leur poussière incertaine.

Le couvent de Notre-Dame-de-Sion est surmonté d'une tour qui domine la ville et la campagne. Je monte sur la plate-forme à l'heure où le soleil baisse sur l'horizon. La mélancolie du spectacle est indicible. Sous les rayons éclatants et obliques, la campagne est couleur de cendre. Dans l'enceinte de remparts qui la serre comme une couronne d'épines, la ville blanche a la pâleur d'un visage mort. Aucun bruit, aucune fumée ne s'élèvent. Les maisons carrées et fermées ressemblent à un immense cimetière. Les vrais tombeaux, chrétiens, juifs, musulmans, foisonnent autour des remparts. Leurs dalles et leurs stèles remplissent la vallée de Josaphat. Par eux, les approches de la ville sont un désert de pierres funéraires. Tombeau suprême entre tous ces tombeaux, la coupole du Saint-Sépulcre les domine. La mosquée d'Omar, sur son aire semée d'édicules et plantée de cyprès, éveille l'idée d'un *campo-santo* italien, de la place superbe et morne où dort la gloire de Pise. De l'autre côté de la vallée, le mont des Oliviers ferme ce paysage de désolation. Entre les bouquets d'arbres, il est parsemé d'édifices clos et, lui aussi, fait songer à une sorte de Père-Lachaise.

Bientôt, sur la campagne et la ville, le crépuscule étend son manteau de deuil. Avant de regagner Notre-Dame-de-France, je veux jeter un coup d'œil sur l'enceinte de la mosquée d'Omar, le *Harâm es-Chérif*. Les soldats de garde me laissent entrer, à la condition de ne pas franchir les escaliers qui conduisent à la mosquée. Je longe un vaste hangar, sous lequel sont entassés des bois confus ; c'est un dépôt de cercueils et de tables à laver les morts. Je sors de l'enceinte par la porte de Damas. Sous la lumière mourante, l'ogive d'un gris bleuâtre est comme voilée de crêpe. Au pied des remparts, une tribu de Bédouins a établi son campement. A la lueur rouge des feux qui palpite sur les tentes, les hommes, debout dans leurs grands manteaux, et les femmes, accroupies devant la flamme, semblent commencer une veillée funèbre, car un chevreau mort est étendu au milieu d'eux.

Il se peut que, sans les souvenirs religieux, Jérusalem ne serait pas plus triste que les autres villes d'Orient, mais telle est leur puissance qu'ils endeuillent tous les aspects de la ville. Ils ont formé Jérusalem à leur image et l'œil ne peut la voir qu'à travers eux.

Cette impression nuit grandement à la lecture de la *Jérusalem délivrée* que je fais le soir, dans ma cellule. Tasse étale la facilité brillante du génie italien, comme Dante en concentre l'énergie et la passion. Joints à Machiavel et Boccace, les deux poètes expriment au complet l'âme fine et forte de leur pays. Mais tandis que, en tous pays et devant tous les sites, Dante, Machiavel et Boccace conservent leur vigueur ou leur grâce, le Tasse, transporté aux lieux dont il s'est inspiré de loin, perd beaucoup. La fausse élégance, les anachronismes de sentiments, de langage et de couleur, la joie païenne, l'alliage de la galanterie et de la sensualité avec la passion déparent cette poésie, ils forment un contraste choquant avec le site et l'histoire de Jérusalem, la tristesse nue du paysage et la grandeur sombre des légendes, la rudesse et la naïveté des Croisés. Le poète de la Renaissance italienne sur son déclin n'a exprimé que l'âme de son temps; il n'a pas élevé son génie jusqu'à l'esprit chrétien, dont le souffle est parti d'ici, jusqu'à l'âme universelle, qui respire dans Homère et dont une part a passé chez Virgile, poète d'imitation et de réflexion, comme Tasse, mais qui dominait et dépassait son temps.

Je n'ai pas emporté Dante et je le regrette. C'est

lui que je voudrais relire ici. Je suis sûr que, dans ces vallées de Josaphat et de Hinnom, que j'ai vues aujourd'hui du haut des murs et où je descendrai demain, le poète de l'*Enfer*, loin de perdre, lui, gagnerait. J'en dirais autant de Milton ; on peut le lire à Damas, dans les jardins du Barada. Chateaubriand a loué Tasse à Jérusalem ; c'est qu'il songeait à ses *Martyrs*, sur lesquels l'influence de la *Jérusalem délivrée* a été plus fâcheuse que salutaire, et l'on sait par le *Génie du christianisme* qu'il appréciait Dante médiocrement. Il eût mieux valu pour lui que ce fût l'inverse. Je n'ai pas pu aller jusqu'au bout du poème. Herminie et Clorinde ne sont pas des filles de Sion.

XII

A JÉRUSALEM

LA VALLÉE DE JOSAPHAT ET LE JUGEMENT DERNIER. — LE TOMBEAU DE LA VIERGE. — LE GETHSÉMANI. — LE MONT DES OLIVIERS. — LA MER MORTE. — LE *Dominus flevit*.

Jérusalem, 28 septembre

Pour visiter les environs de Jérusalem, peut-être est-il prudent de prendre une escorte ; il est certain, du moins, que cela fait vivre quelques soldats turcs. Au moment où nous sortons de Notre-Dame-de-France, à six heures du matin, un grand escogriffe nous attend pour nous accompagner. Il est long et sec, avec une figure de tristesse, un torse étique, une invraisemblable ouverture de jambes. Les manches de sa vareuse et les jambes de son pantalon s'arrêtent fort loin de ses poignets et de ses chevilles. Il a la courbache au poignet et le sabre autour des reins. Il prend la tête de notre groupe et, deux jours durant, sa grande ombre nous précédera.

Pour descendre du plateau dans la vallée de Josaphat, le chemin fait brusquement un coude, vers l'angle nord-est de l'enceinte. A cet endroit se présente une caravane de Bédouins qui arrivent de la mer Morte. Ils tiennent toute la route et notre soldat leur ordonne rudement de faire place. Un dialogue des plus animés s'engage. Les voyelles sonores et les dures aspirations se croisent avec un éclat strident. Seul contre la caravane copieusement armée, notre soldat fait bonne contenance, mais nous nous demandons si le chemin de Josaphat ne va être pour nous la route de Thèbes, avec le conflit tragique d'Œdipe et de Laïus. Las d'éloquence, notre homme dégaine et marche sur les Bédouins, qui s'écartent aussitôt. Vainqueur sans combat, il nous fait signe que nous pouvons avancer et ne remet le sabre au fourreau que lorsque nous avons dépassé la caravane.

Y a-t-il eu vraiment danger de bataille? Notre guide, le Père augustin, estime qu'en pareil cas on ne sait jamais. Turcs et Bédouins sont tantôt plus criards que méchants, tantôt prompts aux coups. Après comme avant sa victoire, le soldat reste impassible et silencieux.

Du haut de Notre-Dame-de-Sion, nous avons déjà vu le paysage désolé qui s'étend devant nous, mais il ne formait qu'une partie du panorama. Maintenant, nous ne voyons que lui, et, dans la splendeur du soleil levant, il est d'une tristesse lugubre. La vallée de Josaphat descend du nord et, longeant le front oriental de l'enceinte, va rejoindre au sud la vallée du Hinnom. Le Cédron, « le ruisseau d'hiver », est censé y couler, mais il n'y a trace d'eau. Cette vallée est un immense cimetière, musulman du côté de la ville, sur la pente du mont Moriah, juif sur la pente opposée, au flanc du mont des Oliviers.

Une erreur d'interprétation sur un passage du prophète Joël a donné naissance à la tradition qui fait de la vallée le futur théâtre du jugement dernier : « Lorsque j'aurai fait revenir les captifs de Juda et de Jérusalem, j'assemblerai tous les peuples et je les emmènerai dans la vallée de Josaphat, où j'entrerai en jugement avec eux, touchant Israël mon peuple et mon héritage, qu'ils ont dispersé parmi les nations, et touchant ma terre, qu'ils ont divisée entre eux ». Dans ce jugement entre Israël et ses ennemis, les juifs, les chrétiens et les musulmans ont vu celui que doivent subir tous les hommes, à la fin du monde. Sur le mur d'enceinte qui entoure la mosquée d'Omar, est placé en travers un tronçon de colonne. De ce tronçon jusqu'au mont des Oliviers, disent les musulmans, un fil de fer sera tendu sur la vallée, pour servir de pont aux âmes. Celles des bons, soutenues par les anges, franchiront l'abîme d'un trait; celles des méchants, comme des balles de plomb, tomberont au fond de l'enfer.

En attendant, juifs et musulmans choisissent leurs places pour le grand jour. Aussi les pierres funéraires hérissent-elles les deux pentes de la vallée, plus pressées que les asphodèles dans la prairie infernale des Grecs. Elles blanchissent à perte de vue, sans qu'un brin d'herbe pousse entre elles, comme roulées par les eaux disparues du Cédron. Un groupe sombre fait tache au loin parmi les stèles, sous le soleil déjà haut. Ce sont des musulmans qui déposent un mort de plus dans l'immense nécropole.

Au fond de la vallée, à gauche du pont qui la traverse — un vieux pont, sur lequel Jésus a passé bien souvent et qu'il franchit une dernière fois, conduit vers Jérusalem et le Golgotha par Judas et les gardes, — se présente un porche ogival, à trois arcades inscrites les unes dans les autres, entre deux contreforts romans. C'est l'entrée du « tombeau de la Vierge ». Un escalier large et rapide y descend. Sur les premières marches, deux lits se font face, entourés de rideaux. L'église appartient en commun aux Grecs et aux Arméniens ; chacune des deux confessions, pour maintenir son droit de propriété, y fait coucher un moine. Au fond, dans l'église, brillent de nombreuses lampes et la chaleur qu'elles dégagent lutte contre l'humidité glaciale de la crypte. De cette profondeur monte le chant d'une voix nasillarde et cassée. C'est un moine grec, très vieux, qui psalmodie, debout et immobile, comme une antique statue de bois peint, seul dans l'église, à ce qu'il semble.

Le sarcophage de la Vierge est enfermé, comme celui du Christ au Saint-Sépulcre, dans une étroite chapelle, où l'on se glisse par une porte basse. A l'intérieur de cette chapelle, j'entends un murmure de voix. J'y pénètre en rampant et, en me redressant, mon nez frotte rudement contre le drap d'or d'une chasuble : on y dit la messe et j'ai rencontré le dos de l'officiant. Les prêtres n'ont pas l'air de s'apercevoir qu'un intrus a pénétré dans le sanctuaire.

L'église renfermerait encore les tombeaux de saint Joseph, de saint Joachim et de sainte Anne. Rien de plus douteux que toutes ces attributions. Quant à celle qui place le tombeau de la Vierge en cet endroit, elle est formellement condamnée.

Le tombeau de la Vierge est déjà sur le terrain du Gethsémani, « le pressoir d'huile », l'endroit où Jésus passa sa dernière nuit, en attendant Judas et les soldats romains. A côté de la porte, quelques marches conduisent à la grotte de l'Agonie. C'est là qu'il aurait veillé. La grotte est le seul des endroits consacrés par la tradition chrétienne dont un amas de constructions et d'ornements n'ait pas dénaturé l'aspect primitif. On voudrait pouvoir rêver ici, en toute sécurité d'attribution, au drame de souffrance qui s'y est déroulé dans l'ombre et le silence. Mais aucun des évangélistes ne parle de cette grotte. Ce n'est probablement qu'une ancienne citerne. Ainsi, partout le doute, la superstition au lieu de la foi, la raison mise en garde, par le respect même, contre la crédulité?

Non, car voici enfin, au sortir de la grotte, l'enclos des Oliviers, le coin de la terre où, sans incertitude possible, Jésus a veillé sa nuit d'angoisse. Les récits des évangélistes s'accordent tous à le désigner.

Au-dessus d'un mur, pointent des oliviers; une petite porte s'ouvre au coin de ce mur et nous entrons. Hélas! nous sommes dans un jardinet mesquin et propret, aux carrés de fleurs entourés d'allées sablées. De petites niches enferment, en plâtre colorié, les stations d'un chemin de croix. De cet endroit auguste, la piété sacrilège des Franciscains a fait un petit cloître à l'italienne. La déception est profonde. Les résultats de l'esprit moine sont encore plus odieux dans cet enclos solitaire et pauvre que les pompes et les rivalités du Saint-Sépulcre.

Derrière un grillage sont groupés huit oliviers. Ils ne tiennent plus que par l'écorce et ils sont étayés par des piliers en maçonnerie. Un rare feuillage, d'un vert jauni, les couronne. On sait la prodigieuse longévité des oliviers. Ceux-ci sont au moins les rejetons de ceux au pied desquels le Christ s'est prosterné; ils sont nés de la terre qui a bu la sueur d'angoisse et entendu les dernières paroles : « Mon âme est triste jusqu'à la mort. — Mon Père, s'il est possible, que ce calice s'éloigne de moi; néanmoins, qu'il en soit non comme je le veux, mais comme vous le voulez. — Voici l'heure qui est proche et le Fils de l'homme va être livré entre les mains des pécheurs. Levez-vous, allons, celui qui doit me trahir est près d'ici. »

Alfred de Musset a exprimé le regret de la vieille croyance devant le Golgotha; Alfred de Vigny a fait parler le désespoir de l'âme humaine au Gethsémani. Le pur et stoïque poète du pessimisme romantique constate froidement

> Le silence éternel de la divinité.

Si le Père n'a pas répondu à l'appel de son Fils, cet appel console encore la misère humaine. Pour deux poètes qui désespèrent, des millions d'hommes continuent à espérer, en murmurant aux heures de souffrance : « Que votre volonté soit faite et non la mienne ».

Au flanc du mont des Oliviers, le chemin s'élève presque à pic, poudreux et pierreux, écorchant la terre jaunâtre. Nous atteignons bientôt le sommet. Une mosquée le surmonte, bâtie avec des débris antiques. C'était autrefois la chapelle de l'Ascension. Des imans à turban vert la gardent. Au milieu, sur le roc, ils montrent une empreinte confuse, qu'aurait laissée le pied du Christ.

A quelques pas, sur le plateau, un vaste ensemble de constructions appartient aux Russes. Ils occupent de la sorte les deux points culminants de Jérusalem, le camp des Croisés à l'ouest, le mont des Oliviers au nord. Ils ont ici une superbe église, destinée, paraît-il, à contenir la sépulture de leur dernière impératrice, mais la Turquie aurait refusé le passage au corps d'armée qui devait escorter le convoi funèbre. Une haute tour la domine. Il faut renoncer à monter au sommet, car le gardien est allé à Jérusalem, emportant la clef. Notre regret est diminué par la vue qui se découvre du parvis de l'église. Il ne semble pas possible que, de là-haut, cette vue soit plus étendue et plus belle.

Des cercles concentriques de collines grises, séparées par des vallées bleuâtres, ondulent jusqu'à l'horizon. La mer Morte paraît à l'est, au fond d'un entonnoir gigantesque, creusé à quatre cents mètres au-dessous du niveau de la Méditerranée. Près de six lieues nous séparent d'elle, mais telle est la transparence de l'air qu'on la croirait toute voisine. D'ordinaire, sa nappe est d'un bleu doux. A cette heure, sous les rayons du soleil déjà haut, elle ressemble à un miroir terni. Cet aspect est plus conforme à la légende des villes englouties sous le bitume. Il complète la désolation de ce paysage couleur de cendre, où les taches de verdure disparaissent dans la lumière vibrante. On dirait une cuve infernale où dorment lourdement, sous une buée livide, des flots de plomb fondu. Un grand silence plane sur elle et il semble que si l'on élevait la voix, le moindre son retentirait sur ce gouffre avec un fracas de tonnerre.

L'œil suit les contours de la nappe aussi nettement que sur une carte. Au nord, l'embouchure du Jourdain forme comme le manche du sombre miroir. Une végétation épaisse foisonne sur les rives du fleuve et met quelque vie dans ce royaume de la Mort. Au delà de la mer, l'horizon s'adoucit un peu. Sur l'azur pâle du ciel tranchent les montagnes violettes du pays de Moab. L'une de leurs dentelures est la cime du mont Nebo, d'où Moïse, avant de mourir, découvrit la Terre promise. Du côté de l'ouest, à certains jours, la Méditerranée se laisse apercevoir vers Jaffa. Ainsi le prophète aurait embrassé, dans son dernier regard, toute la contrée que Dieu donnait à son peuple. Après la mer Rouge, le Sinaï et le désert, il aurait revu les flots qui battaient les bords d'où il avait arraché Israël captif.

En revenant vers Jérusalem, derrière le petit village de Zeitoun, qui occupe une partie du plateau, s'élèvent l'église du *Credo* et celle du *Pater*, relevées par la princesse de la Tour d'Auvergne. L'église du *Credo*, où les apôtres auraient formulé la profession de foi chrétienne, n'est qu'une crypte, ancienne citerne, semble-t-il. Celle du *Pater* marque l'endroit où Jésus aurait enseigné à ses disciples l'oraison dominicale, la prière chrétienne par excellence, si humble et si confiante. Le sanctuaire est vaste et beau, en forme de temple antique, mais le charme et le sens du lieu sont dans le cloître ogival, aux murs duquel la princesse a fait disposer trente-deux plaques de faïence émaillée, portant le *Pater* écrit dans toutes les langues qui chaque jour, par des millions de bouches, l'élèvent vers le ciel. Elle a voulu reposer au milieu de cette invocation silencieuse. Une chapelle aménagée dans le cloître renferme son tombeau, sur lequel gît son image de marbre blanc.

En gravissant la montagne, nous avons passé à mi-côte, sans entrer, près de l'église ruinée du *Dominus flevit*. Nous voulions attendre que le soleil levant éclairât Jérusalem de sa pleine lumière. En cet endroit, « près de Bethphagé et de Béthanie, à la montagne qu'on appelle des Oliviers », la tradition place la scène rapportée par saint Luc. Le jour des Rameaux, Jésus, monté sur un ânon, allait entrer dans la ville aux acclamations du peuple, lorsque, « étant arrivé proche de Jérusalem, et regardant la ville, il pleura sur elle », et il prédit sa ruine prochaine, « parce qu'elle n'avait pas connu le temps auquel Dieu l'avait visitée ».

Est-ce vraiment le caractère essentiel de ce paysage, dont la Bible vante pourtant la splendeur et le charme? Est-ce plutôt le mirage de religion et d'histoire à travers lequel un chrétien le voit aujourd'hui? Est-ce simplement l'effet de la saison où il nous apparaît, après les ardeurs de l'été qui ont dépouillé cette terre blanchâtre? Je ne sais, mais, tandis que partout le soleil levant apporte la joie, Jérusalem nous apparaît aussi triste, dans la lumière vermeille du matin, que la veille, à l'heure grise du crépuscule. De plus en plus cet amas de formes blanches, cette ville close d'où ne sort pas la rumeur de la vie, d'où ne monte aucune fumée, ressemble à un immense cimetière. Ici se vérifie pleinement le mot qu'un paysage est un état de l'âme.

Les noms que nous dit notre guide complètent cette impression de morne tristesse, car ils éveillent des souvenirs de crime et de deuil. A notre gauche, la colline qui continue le mont des Oliviers s'appelle le mont du Scandale; c'est un des « hauts lieux » sur lesquels Salomon sacrifiait aux dieux étrangers. Un peu plus loin, s'élève le mont du Mauvais Conseil, où les Juifs complotèrent la perte de Jésus. Au flanc de celui-ci, est le champ du potier, qui fut acheté par Judas avec le prix de sa trahison, et où le traître se pendit. A nos pieds, le tombeau d'Absalon, le fils révolté, domine la foule des pierres sépulcrales, et la vallée de Josaphat va rejoindre celle du Hinnom, la *Gehenna* de l'Écriture.

Au-dessus des tombes, entre les collines aux noms maudits, la ville monte en pente légère vers le Saint-Sépulcre et la porte de Jaffa. Au premier plan, sur le mont Moriah, s'élève une merveille, la mosquée d'Omar, avec sa coupole verte dominant une petite ville d'édicules pieux, mais la vaste esplanade est déserte et le silence enveloppe cette splendeur. Là s'est élevé le temple de Salomon brûlé par les soldats de Titus; les Croisés, à la prise de Jérusalem, y firent un tel carnage que leurs chevaux avaient du sang jusqu'au poitrail. Pour nous Français, le souvenir de l'*Athalie* de Racine complète cette impression et nous entendons la prophétie de Joad gronder sur la solitude.

Au-dessous de la plate-forme, dans le rempart, la porte Dorée présente deux baies aveugles. C'est par elle que Jésus fit son entrée à Jérusalem. Les musulmans l'ont murée, car une vieille tradition dit que par là doit venir l'infidèle vainqueur qui reprendra la ville. Comme pour la garder encore après leur mort, des croyants ont voulu être enterrés devant elle, barrant le seuil avec leurs tombeaux.

Ainsi, partout le souvenir des catastrophes historiques et la lutte acharnée des croyances. Les peuples d'autrefois ont plongé cette ville dans le sang et les peuples d'aujourd'hui se la partagent en haine et discorde. La prophétie du *Dominus flevit* pèse toujours sur elle. Il ne peut y avoir de beauté calme et de charme doux en un tel endroit.

XIII

A JÉRUSALEM

LE « HARAM ECH CHERIF »; LA MOSQUÉE D'OMAR; LE MUEZZIN.
LA LUTTE DES RELIGIONS; LE SENTIMENT RELIGIEUX.

Jérusalem, 29 septembre

Jérusalem n'est pas seulement chrétienne. Elle est aussi musulmane et juive. Je devrais dire juive et musulmane, pour suivre l'ordre du temps. Mais, outre que les musulmans sont les maîtres de la ville, ils ont mis sur elle une marque profonde, tandis que le passé juif n'est plus que dans le souvenir.

L'islamisme a pris au christianisme une grande part des traditions hébraïques et messianiques. Il honore les prophètes, Jésus et sa mère. Il s'est emparé du mont Moriâh, emplacement du temple de Salomon et, en y élevant la mosquée d'Omar, le plus vénéré de ses sanctuaires, après la Caâba de la Mecque, il a consacré l'une de ses origines.

Jadis, les musulmans regardaient comme une souillure l'accès d'un infidèle dans la mosquée d'Omar et, en y pénétrant, le chrétien risquait sa vie. Il suffit aujourd'hui de demander, par l'intermédiaire de son consul, une autorisation qui n'est jamais refusée. Pour la visite, le consul fait accompagner ses nationaux par un de ses *cawas*, ces soldats à l'air féroce et bonasse, aux moustaches épaisses, éminemment décoratifs, car ce sont toujours des hommes superbes et parés comme des châsses. L'étoffe de leur veste disparaît sous les broderies et un sabre innocent, au fourreau d'argent ciselé, dessine sur leur large pantalon une courbe menaçante. Comme nous sommes en nombre, nous en avons deux et ils prennent la tête de notre colonne. Après quelques recommandations de discipline et de réserve, ils nous conduisent au pas militaire, sous un flamboiement de soleil et dans un tourbillon de poussière, vers l'enceinte sacrée du *Harâm ech Cherif*, où s'élève la *Koubbet es Sâkhra*, la coupole du Rocher.

Le *Harâm ech Cherif* s'étend au sud-est de la ville, au dessus des vallées de Josaphat et du Hinnom, en face du mont des Oliviers. Il occupe une vaste esplanade, carrée et artificielle, obtenue par des murs de soutènement qui élargissent le sommet aplani du mont Moriâh. C'est là que Salomon, avec l'aide du Tyrien Hiram, car les Juifs manquaient d'art national, avait élevé son palais et le temple, centre de la religion et de la nationalité juives. Hérode augmenta dans des proportions magnifiques ce temple, d'abord assez modeste, quoiqu'il ait excité l'admiration emphatique des historiens juifs, « petit temple pour un petit peuple », comme dit M. Maspéro. C'est le temple d'Hérode que les Juifs défendirent avec tant d'héroïsme contre Titus. Hadrien le remplaça par un temple de Jupiter. Le calife Omar consacra l'enceinte à l'Islam, et ses successeurs y élevèrent la *Koubbet es Sâkhra*, qui reçut communément le nom d'Omar. Les Musulmans défendirent le *Harâm ech Cherif* contre les Croisés avec le même acharnement que les Juifs avaient défendu le temple contre Titus. Les Croisés consacrèrent à Jésus la mosquée de Mahomet et y fondèrent l'ordre du Temple. L'islamisme a repris possession de son sanctuaire. Pour le lui enlever encore, il faudrait un massacre aussi sanglant que celui des Croisés.

Le *Harâm ech Cherif* est un des points culminants de Jérusalem et, en parcourant la ville, on a souvent devant les yeux son enceinte et ses coupoles. Il se découvre complètement du haut de Notre-Dame-de-Sion et du mont des Oliviers. Mais aussitôt franchie l'une de ses huit portes, on constate que, pour recevoir l'impression de sa rare beauté, il faut y pénétrer. On est au sein d'une des merveilles de l'Orient. Il réunit ici ses contrastes et ses harmonies.

Le visiteur a devant lui une vaste plate-forme, semée d'arbres et d'édicules. Elle entoure une aire surhaussée, à laquelle donnent accès quatre escaliers, terminés par des arcades en ogives. A travers celles-ci, on aperçoit la *Koubbet es Sâkhra*, l'immense coupole reposant sur une puissante construction octogonale.

Un souvenir se présente aussitôt à l'esprit, celui

du *Mariage de la Vierge*, le tableau de Raphaël, qui est au musée de Milan, imité lui-même d'un Pérugin, que possède le musée de Caen. Le peintre a représenté au fond de sa composition un temple évidemment inspiré par la mosquée d'Omar. A la suite des Croisades, l'image de celle-ci s'était répandue dans la chrétienté et on prenait l'édifice musulman pour le temple même de Salomon. L'esprit de la Renaissance italienne a singulièrement transformé le souvenir d'Orient. L'édifice de Raphaël, avec ses arcades à pleins cintres, ses fenêtres carrées, ses contreforts en forme de console renversée, est gréco-romain. Il n'a guère conservé de son lointain modèle que l'idée de la coupole sur un double édifice polygonal. La mosquée d'Omar est une transformation de l'art byzantin par le génie arabe. Entre le tableau chrétien et l'édifice musulman, il y a l'abîme de deux civilisations.

Cet édifice est puissant et léger, grandiose et exquis. La haute coupole s'élève, couverte de plomb noirâtre, sur un tambour émaillé d'azur intense, où courent en arabesques des versets du Coran. Le contraste est charmant entre la coloration claire de l'un et la sombre teinte de l'autre. Le tambour repose lui-même sur une construction octogonale, percée de hautes arcades et revêtue en bas de marbre blanc, en haut de faïence verte, bleue et blanche. Les formes robustes et les couleurs doucement fondues produisent la plus douce harmonie.

Au fond de la grande esplanade, une autre mosquée, la mosquée *El Aksa* ferme la perspective ; sur

les deux aires, les édicules élégants et les arbres
svelles répandent une variété sans confusion. La
blancheur vive des murs et le vert sombre des
cyprès, les pierres dorées par le soleil ou brunies
par le temps, procurent à la mosquée multicolore une ceinture de teintes neutres qui la met en
pleine valeur. Seule la place du Dôme, à Pise,
avec son ensemble divers et harmonieux d'édifices, dans une clôture de vieux remparts, peut
supporter la comparaison avec l'enceinte du *Harâm
ech Cherif*.

Nous sommes arrivés à l'heure de la prière et
nous devons attendre, pour pénétrer dans les mosquées, que les croyants aient fini leurs dévotions.
Je n'avais pas encore entendu d'aussi près la prière
du muezzin. Il vient de paraître sur le haut minaret
qui s'élève à l'un des angles de l'enceinte et, faisant
lentement le tour de la galerie, les deux mains
appuyées à la balustrade, il jette son appel aux
quatre coins de l'horizon. Cette voix humaine remplace, pour l'Islam, la cloche chrétienne. Le minaret
est le signe visible de l'Orient, comme le clocher
celui de l'Occident, et le chant du muezzin scande
la vie des cités asiatiques, comme la sonnerie du
bronze celle des cités européennes. Lentement,
répétant plusieurs fois chaque partie de la formule,
le chanteur aérien module la mélopée aux notes
longuement tenues, au rythme large, que Félicien
David a introduite dans *le Désert*. A cet appel, les
promeneurs de l'enceinte et les soldats du poste se
réunissent dans un édicule à jour qui fait face à la

mosquée d'Omar, et tournés du côté de la Mecque, ils se prosternent à intervalles réguliers. Ils n'accordent aucune attention au groupe de *roumis* qui les regarde. Leur foi s'absorbe dans l'extase. Elle méprise tranquillement l'impiété qui ne la comprend pas.

Les imans nous attendent à la porte de la mosquée d'Omar, le turban vert des *hadjis* autour de la tête et la matraque au poing. Ils tiennent à distance les gamins qui polissonnent autour de la mosquée et ils poussent contre eux ces cris féroces et inoffensifs qui sortent si aisément des gosiers orientaux. Nos chaussures à la main, nous les suivons.

La « coupole du Rocher » répond exactement à son nom : elle consiste en un rocher recouvert d'une coupole. Ce rocher serait, d'après les Juifs, le lieu du sacrifice d'Abraham. Il était pour eux ce que la pierre blanche de Delphes était pour les Grecs, le centre du monde. Compris, semble-t-il, dans l'enceinte du temple de Salomon, il dut en marquer le milieu. Là se trouvaient les énormes chérubins en bois d'olivier doré, dont les ailes divergentes, d'un côté touchaient la muraille et de l'autre se rejoignaient au milieu du temple. Le rocher portait l'autel des holocaustes. On y voyait gravé le *chém*, le nom inexprimable de Dieu. Auprès se trouvait le Saint des Saints.

En s'emparant du rocher, les musulmans lui ont fait une histoire miraculeuse. De là, disent-ils, Mahomet s'est élevé vers le ciel, monté sur la jument Bourâq. Comme le rocher suivait le Prophète, l'archange Gabriel le retint et l'on voit encore sur la pierre l'empreinte de sa main; depuis il plane sur l'abîme, sans autre appui que la volonté divine. Au-dessous du rocher se trouve un puits, où, deux fois par semaine, les âmes des croyants se réunissent pour adorer Dieu. Une grotte creusée dans la cavité inférieure du rocher a été l'oratoire de David et de Salomon; au plafond de cette grotte, la tête de Mahomet a laissé une empreinte; le pied du Christ est visible à la base extérieure du rocher.

Nous tenons ces légendes musulmanes pour des fables puériles; les musulmans traitent de même les miracles chrétiens. Eux et nous rejetons une part des légendes juives. Les juifs voient une égale imposture dans les miracles chrétiens et les miracles musulmans. En aucun lieu du monde ne se montre plus nettement le rôle du surnaturel dans toutes les religions, et aussi la négation mutuelle qui engendre l'intolérance. Ici, trois croyances se disputent les mêmes sanctuaires, avec le mépris et la haine de la croyance rivale. Bien plus, chacune de ces religions est divisée en confessions hostiles. Si les juifs sont à peu près maintenus dans la concorde par l'oppression commune, les musulmans ont leurs sectes, achar-nées les unes contre les autres, et si nous pouvions être témoins de leurs querelles, comme ils le sont des nôtres, la mosquée d'Omar nous offrirait des spectacles aussi scandaleux que ceux du Saint-Sépulcre.

Aussi le pèlerinage de Jérusalem commence-t-il par attrister et troubler non seulement les croyants, mais ceux qui, dans la ruine de la foi, ont conservé le sentiment religieux. Il faut la dévotion naïve du pauvre moujik, qui vient du fond de la Russie, en haillons et les pieds en sang, se prosterner en larmes sur le tombeau du Sauveur, pour ne rien voir de ce qui choque autour de cette pierre, comme le contraire des vertus chrétiennes. A chaque pas dans la ville sainte, tout homme de quelque culture rencontre, avec la bassesse et la méchanceté humaines, les contradictions et les impossibilités. Il se demande si toutes les religions ne sont pas des écoles d'aveuglement et de haine.

En regardant plus longuement, croyant ou incroyant, il en vient à l'état d'esprit dont les Pères de l'Assomption présentent le modèle idéal : il ne voit dans les attributions crédules et les partis pris aveugles qu'un alliage ajouté par l'infirmité humaine au sens du divin. Celui-ci paraît d'autant plus haut et plus fort. Il communique sa noblesse à l'âme ulcérée du juif, à l'âme violente du musulman, à l'âme pitoyable du chrétien qui, rapproché de son Dieu, le voit tel qu'il fut, souverainement bon et miséricordieux. L'interminale série des miracles devient chose secondaire et comme la forme symbolique de la religion. La foi s'élève et s'épure. Jérusalem démontre la parole divine : « La lettre tue et l'esprit vivifie ».

Aussi, dans cette mosquée d'Omar, où les juifs et les chrétiens ont prié, où des musulmans prient encore, le Dieu unique habite toujours, reconnaissable sous les altérations qui le défigurent. Lorsque l'iman raconte les miracles de sa foi, écoutons-le sans raillerie. Cet homme en turban vert est allé à la Mecque par le désert d'Arabie, bravant la faim, la soif et la peste, comme jadis nos pèlerins catholiques venaient ici, comme aujourd'hui viennent encore les paysans russes, à travers les souffrances et les dangers. Tout à l'heure, au pied du grand mur qui soutient la montagne sainte, nous verrons les juifs attester leur espérance invincible et rappeler à Dieu les promesses qu'il fit à son peuple.

Si le sentiment religieux se retrouve et s'épure sous la coupole du rocher, le plaisir d'art est immédiat et sans mélange. Le plan de l'édifice a la simplicité des œuvres grandes : trois enceintes concentriques, formées par deux rangées de colonnes, soutiennent la coupole au-dessus du rocher qu'entourent deux clôtures, l'une en bois, de travail arabe, l'autre en fer, de travail français, toutes deux exquises. Les disques de cuivre ciselé, les mosaïques, les plaques de faïence émaillée courent en bandeaux le long des murs ; l'immense coupole ouvre sa voûte de stuc, parsemée de clous d'or ; les fenêtres, en nids d'abeille garnie de vitraux, tamisent et colorent la lumière. Toutes les teintes, des plus vives aux plus douces, figurent dans cette décoration ; mais le bleu domine et donne la note générale. L'impression générale est d'une richesse harmonieuse et d'une délicatesse infinie. Une atmosphère d'azur semble baigner et fondre ces splendeurs.

Je ne songe pas à décrire les édicules parsemés autour de la mosquée d'Omar. Je me borne à noter que, à l'extrémité de la plate-forme, la mosquée *El Aksa*, « la plus éloignée », basilique de Justinien, comme Sainte-Sophie de Constantinople, reproduit le plan traditionnel des églises byzantines. L'islamisme l'a conservé, comme le christianisme a imité la coupole de la mosquée d'Omar.

Ainsi Dieu, le Dieu unique, toujours le même sous différents noms, est partout chez lui dans ces édifices pris et repris par les croyances ennemies. L'impression de respect pour le sentiment religieux, identique à lui-même sous des formes diverses, grandit à chaque pas dans Jérusalem.

XIV

A JÉRUSALEM

LES JUIFS DE JÉRUSALEM. — LE MUR DES LAMENTATIONS.
LE SIONISME.

Jérusalem, 29 septembre

Comme pour toutes les villes d'Orient, il est difficile d'évaluer la population de Jérusalem. Les uns la portent jusqu'à quarante mille habitants, d'autres la réduisent à vingt-cinq mille. Dans le premier chiffre, les juifs figureraient pour vingt-huit mille, dans le second pour douze mille. Cette proportion considérable s'accroît chaque année. Les émigrants israélites affluent d'Allemagne, de Russie et de Pologne vers Jérusalem. Ce sont les *Achkenazim*. Ils viennent non pas se joindre, mais se juxtaposer aux *Sephardim*, depuis longtemps établis dans la ville.

Les *Achkenazim* sont pauvres. En quittant l'Europe, ils n'obéissent pas seulement à la foi et au désir de reposer dans la terre ancestrale. Ils sont aussi poussés par la misère et l'espoir d'une condition meilleure, grâce aux nombreuses fondations de leurs coreligionnaires riches; ils fuient la persécution antisémitique de Russie. La plupart ne trouvent à Jérusalem qu'une existence précaire. Les moins dépourvus se logent dans les masures horriblement sales du quartier juif, qui s'étend sous le *Harâm ech Cherif* et s'ouvre sur la campagne par le *Bâb el Mogharibé,* « la porte des ordures ». Les autres reçoivent l'hospitalité dans les énormes constructions en forme de phalanstère que MM. de Rothschild et Montefiore ont élevées pour eux sur le mont Sion et dans la vallée du Hinnom. Tous reçoivent leur part des dons que leur envoient les juifs d'Occident, à la condition de prier pour leurs bienfaiteurs et aussi, une fois morts, de leur retenir une place dans la vallée de Josaphat. Tels les domestiques qui vont faire la queue pour leurs maîtres à la porte des théâtres.

J'ai vu les *Achkenazim* ensevelir leurs morts à la nuit tombante, en hâte, parmi les pierres blanches, au flanc du mont des Oliviers. Je les ai vus, à l'heure des synagogues, sortir en longues files noires, semblables à de tristes insectes sillonnant la poussière épaisse, des longs bâtiments qui s'étendent sous la route de Bethléem. Je les ai vus pleurer au pied du mur des Lamentations, où nous allons les rejoindre. Partout la dérision, agressive chez les musulmans, sans charité chez les chrétiens d'Europe, les accompagnait. Devant ces scènes de deuil et d'opprobre, je songeais à l'existence fastueuse que mènent en Europe leurs frères par le sang et la foi, à l'orgueil des équipages, au luxe des réceptions, aux galeries de tableaux, à la colonnade de la Bourse, au préfet Worms-Clavelin. Les uns jouissent, les autres souffrent; mais tous, dans l'orgueil et dans l'humiliation, avec leurs rares qualités et leurs défauts antipathiques, leur vanité et leur esprit pratique, leur bassesse et leur ardeur au travail, leur souplesse et leur intelligence, proposent au monde le même problème de fatalité historique, le même exemple de foi et de patriotisme, la même preuve de solidarité.

Les *Sephardim*, beaucoup moins nombreux, mais riches, sont l'aristocratie de la colonie juive à Jérusalem. Ils descendent des juifs chassés d'Espagne, à la fin du xve siècle, par Ferdinand et Isabelle. Ils ont pour eux, outre la richesse qu'ils entretiennent par le commerce, la fierté que procure la noblesse historique. Leur âme n'a pas été abaissée par la servitude et la persécution. Ils habitent de sales ruelles, mais l'intérieur de leurs maisons est luxueux. Ils sont vêtus de somptueuses robes en velours et coiffés de chaperons richement fourrés. Les vieux ont de la noblesse, avec leurs longues barbes grises et leurs grands traits. Si les jeunes ont d'habitude la figure trop rose, d'un ton de cire fardée, il y a parmi eux des types mâles ou charmants de beauté juvénile. A tous, de longues papillotes descendent en tire-bouchons le long des joues.

Achkenazim et *Sephardim* se réunissent le vendredi et les jours de fête au pied du « mur des Lamentations ». De tous les spectacles que peut offrir la ferveur religieuse, exaltée par la solidarité nationale, aucun n'est d'un effet plus saisissant, plus grandiose et plus triste que celui qu'ils offrent ce jour-là. Vers cinq heures, ils se hâtent par les ruelles sombres et les avenues dévorées de soleil. Ils gagnent l'endroit où leurs ancêtres, sous Constantin, ont acheté le droit de pleurer les malheurs de leur ville et de leur race. C'est un couloir étroit et long dont un côté est formé par une haute muraille, reste incontestable de la Jérusalem salomonienne. Les premières assises de cette muraille sont bâties d'énormes blocs à bossages. Les juifs appuient la tête contre ces murs et ils récitent en pleurant les Lamentations de Jérémie.

Ils s'entassent dans l'étroit couloir. Les premiers arrivés se pressent contre la haute muraille; les autres attendent leur tour. Presque tous ont le livre à la main ; tous psalmodient d'une voix lamentable. Ils pleurent de vraies larmes, qui arrosent les pierres et tombent sur le sol. Les femmes sont à gauche, les hommes à droite ; autour d'eux et derrière eux, les enfants qui pleurent du même cœur. Les haillons sont mêlés aux robes de velours. Une odeur nauséabonde sort de cette foule.

Un groupe compact est serré autour d'un chantre; le chantre dit un verset et le groupe répond d'une seule voix, en balançant le buste d'avant en arrière, d'un mouvement régulier et continu :

LE CHANTRE. — A cause du palais qui est dévasté.
LE PEUPLE. — Nous sommes assis solitaires et nous pleurons.

Le Chantre. — A cause du temple qui est détruit.

Le Peuple. — Nous sommes assis solitaires et nous pleurons.

Le Chantre. — A cause des murs qui sont abattus.

Le Peuple. — Nous sommes assis solitaires et nous pleurons.

Le Chantre. — A cause de notre majesté qui est passée.

Le Peuple. — Nous sommes assis solitaires et nous pleurons.

Puis ils supplient Jéhovah de se rappeler ses promesses : « Rassemble les enfants de Jérusalem. Hâte-toi, hâte-toi, libérateur de Sion.... Que bientôt la royauté reparaisse dans Sion. Console ceux qui pleurent dans Jérusalem. »

Ces voix lamentables sont pleines d'espoir. Après bientôt deux mille ans de persécution, ces malheureux comptent toujours sur la parole de l'Éternel. Sous le soleil impassible, devant ces pierres qui ont déjà bu tant de larmes, ils répètent leur appel avec la même acuité de douleur, la même confiance dans leurs destinées. Ils n'ont aucune honte; sous l'œil des curieux, au bruit de leurs rires, ils restent impassibles. Le sentiment de leur noblesse historique et religieuse leur entretient au cœur un orgueil supérieur à toutes les humiliations.

Aussi a-t-on pu, en tout temps et en tout pays, massacrer, brûler, disperser le peuple juif, lui donner tous les vices de la servitude. Dans l'exil, il a crû et multiplié. Il est riche et puissant par le monde entier. A cette heure les vieilles persécutions sont reprises contre lui avec des moyens atténués par les mœurs, mais inspirés de la même haine. Le peuple qui conserve de la sorte deux des sentiments les plus nobles et les plus forts que l'homme puisse éprouver, le patriotisme et la foi, est invincible. Les Juifs ont, dans le cœur et dans l'esprit, de graves défauts et de profondes lacunes. Mais leurs sentiments de famille, leur amour de l'épargne, leur force de résistance et leur ténacité, leur activité et leur intelligence leur assurent une durée, et aussi une part dans l'œuvre de la civilisation, contre lesquelles rien ne prévaudra.

Est-ce à dire que, jamais, Israël doive reprendre possession de Jérusalem et de la Judée? La question a été posée récemment. Un rêve confus, sorti des prédictions messianiques, a pris la forme d'un projet à échéance prochaine. Le congrès des *Sionistes* a fait quelque bruit autour de ce projet. Un groupe d'Israélites — parmi lesquels figure M. le Dr Max Nordau, l'ardent auteur de *Dégénérescence*, en qui semble revivre l'âme de Jérémie — songe à réunir les éléments de la nation juive et à les rétablir dans le pays natal. Il espère obtenir Jérusalem du Sultan et la donner pour capitale au nouvel État. Ainsi les efforts partiels de l'Alliance israélite, de MM. de Rothschild et Montefiore, tout ce que les juifs d'Europe ont fait en Palestine pour leurs coreligionnaires, aboutiraient à un résultat grandiose.

De toutes les chimères que peut nourrir le patriotisme, je n'en vois pas de plus vaine que celle-ci. Les juifs sont dispersés dans le monde entier; ils ont trouvé les moyens d'existence et la richesse « parmi les nations ». S'ils ont conservé, irréductibles, leur foi et leur solidarité de race, en bien des pays ils ont adopté leur séjour comme une patrie nouvelle. Le plus grand nombre — les plus intelligents, les plus laborieux et les plus riches — ne consentirait jamais à quitter cette patrie pour l'ancienne. Ils sont tenus par leurs intérêts et leurs affections; ils ont épousé des femmes étrangères; ils ont donné leurs filles aux gentils. Le temps n'est plus où de nouveaux Juges pourraient séparer le bon grain de l'ivraie et décider le peuple de Dieu à quitter Paris, Cologne et Francfort, en y laissant ses princesses et ses baronnes, pour aller mourir de faim sur un sol stérile, où le commerce et la spéculation s'exercent petitement.

Mais, en admettant que l'effort général du peuple dispersé tende seulement à une réunion partielle, qui ferait de Jérusalem la métropole des colonies juives éparses dans le monde, deux obstacles invincibles surgiraient aussitôt pour lui barrer l'accès de Sion.

Le premier viendrait du Sultan. Les *Sionistes* s'abusent étrangement lorsqu'ils le croient disposé à une cession, même contre une rançon que la richesse juive fournirait sans peine. Jérusalem est une ville sainte de l'Islam; elle renferme la mosquée d'Omar. Jamais le Padischah ne la rendra volontairement aux infidèles et, parmi tous les infidèles, il n'en est pas que le musulman déteste et méprise plus foncièrement que les juifs.

Admettons encore que, par impossible, la cession soit consentie par le Sultan. L'opposition viendrait alors des Russes, qui eux non plus n'aiment guère les juifs, mais, surtout, qui sont bien décidés à remplacer les Turcs en Palestine, comme dans le reste de l'Asie. Depuis le commencement du siècle, ils ont fait des progrès énormes à Jérusalem. Par les Grecs, leurs protégés, ils sont maîtres du Saint-Sépulcre. Ici, comme ailleurs, ils suivent un plan de conquête intégrale qu'ils réaliseront, car ils ont la suite dans les projets, le nombre et la richesse. L'appui que l'empereur d'Allemagne vient de prêter au Sultan a prorogé pour un temps l'échéance fatale, mais il ne saurait changer la nature des choses. Je l'ai déjà dit, les maîtres de Byzance sont aussi les futurs maîtres de Jérusalem.

XV

BETHLÉEM

LES NOËLS D'OCCIDENT. — L'OASIS DE JUDÉE. — RUTH ET BOOZ. — LE *Cantique des Cantiques*. — LE VILLAGE DE BETHLÉEM. — L'ÉGLISE DE LA NATIVITÉ.

Bethléem, 27 septembre

Autant le premier aspect de Jérusalem serre le cœur d'une tristesse poignante, autant celui de Bethléem l'épanouit doucement. Jésus est mort à Jérusalem; il est né à Bethléem. A Jérusalem, les amertumes raisonnées de l'âge mûr montent du fond de l'âme; à Bethléem, les naïves impressions de la première jeunesse se réveillent et leurs ailes blanches battent dans le souvenir. Tout ici est riant, paysage et légendes.

D'abord, le contraste est charmant et complet entre l'idée de Bethléem que la foi de l'enfance a laissée dans l'esprit et la réalité que présente, un matin de septembre, le village de la Nativité. Le Bethléem des jeunes souvenirs est tout blanc sous la neige. La messe de minuit sonne dans le silence ouaté de la campagne. Par les chemins, des voix de femmes et d'enfants chantent le vieux noël :

> Il est né le divin enfant;
> Sonnez, hautbois, résonnez, musettes.
> Il est né le divin enfant;
> Chantons tous son avènement.

A la lueur des lanternes, des groupes sombres marchent vers l'église dont les vitraux brillent dans la nuit. Ils font songer aux bergers contemplant l'apparition flamboyante de l'ange dans le ciel noir et aux rois Mages suivant l'étoile vers la crèche, où l'enfant Jésus ouvre les bras au monde, entre l'âne et le bœuf. Puis, c'est le retour sous la bise à la maison chaude, vers le sapin illuminé, tandis que les tout petits, demeurés au lit, rêvent de ce qu'ils trouveront au matin dans leur sabot.

Plus tard, cette pure image de Noël s'est ternie. On a été étudiant et l'on a fait le réveillon au quartier latin, dans une chambre garnie, avec le pâté et le champagne achetés chez l'épicier du coin, parmi les rires des filles, tandis que, de la rue, montent les chants d'ivrognes. On a été plus ou moins viveur et on revoit les restaurants de nuit, où l'on a grossièrement fêté la nuit sainte, avec des compagnes plus parées et moins fraîches. Rentré dans la vie de famille, on a retrouvé, grâce aux enfants, quelque chose des premiers Noëls. On a quelque peu donné dans le mysticisme des artistes et des poètes, le néo-christianisme qui fut à la mode en ces dernières années, par réaction contre la muflerie et la rosserie littéraires, en attendant le symbolisme et l'ibsénisme. Du moins, à ce mouvement factice et superficiel on a dû quelques plaisirs délicats; on a senti la poésie neuve qu'exprimait l'*Adoration des Bergers* de Bastien-Lepage, l'*Arrivée à Bethléem* de Luc-Olivier Merson, le charme naïf des *Noëls* de Maurice Bouchor, le brillant lyrisme d'Edmond Rostand dans la *Samaritaine*; on a goûté les évocations savantes de Jules Lemaître, d'Anatole France et d'Émile Ghebart; on a ressenti la singulière impression, mélange d'émotion et de scepticisme, de grandeur et de blague, que produisait la *Marche à l'étoile*, montée au Chat-Noir en ombres chinoises et chantée par Fragerolles.

De ces impressions mêlées, ce sont les plus pures qui s'éveillent aux abords de Bethléem, sous le soleil radieux, devant la nature d'Orient qui contraste si fort, à cette époque de l'année, avec les paysages nocturnes des Noëls d'Occident. Cette nature contraste aussi complètement avec le reste de la Judée. Entre Jérusalem et Bethléem, la fertilité renaît et augmente, à mesure que la ville s'éloigne et que le village se rapproche. Bethléem s'appelait d'abord *Ephrata*, « la féconde », et son nom actuel veut dire « la maison du pain ». Braves et laborieux, ses habitants ont toujours tenu à distance les Bédouins pillards de la mer Morte et cultivé avec soin leurs vignes et leurs olivettes. La Provence, entre Draguignan et Grasse, n'offre pas un aspect plus robuste et plus fin que la succession de collines à la crête desquelles court la route, de Rephaïm, qui marquait la frontière entre les tribus de Benjamin et de Juda, à la vallée des Caroubiers, au-dessus de laquelle s'étend Bethléem.

La chaleur accablante des jours précédents est tombée et une brise fraîche souffle. C'est un délice, après l'ardente fournaise dans laquelle nous vivions depuis trois semaines. Après deux heures de route, une double masse de maisons blanches apparaît en arc de cercle sur deux collines. Elle brille, dans l'air limpide, contre le bleu léger du ciel. Au-dessous, une vallée profonde descend en pente douce et étagée en terrasses. Elle s'évase comme une coupe garnie de verdure, la verdure de l'Orient, argentée par l'olivier, dorée par la vigne, relevée par le blanc de la terre et le gris des murs. Maisons et cultures respirent la vie heureuse. La terre est plus grasse autour de Beyrout et de Jaffa. Il y a ici plus d'élégance. La première fleur du christianisme est sortie de ce sol léger; son parfum court dans la brise qui rafraîchit ces collines et qu'a respiré la Vierge Marie. Sur la côte de Syrie, un souffle de volupté lourde flotte toujours, et dans l'écume de la mer respire l'Astarté phénicienne.

Les plus gracieuses légendes de la Bible se rattachent à Bethléem, comme les plus terribles à Jérusalem. Sur le plateau qui descend vers le village s'est déroulée l'idylle de Ruth et de Booz : « Or Booz donna cet ordre à ses gens : « Vous jetterez exprès des épis de vos javelles, et vous en laisserez sur le champ, afin que Ruth n'ait point de honte de les recueillir, et qu'on ne la reprenne jamais de ce qu'elle aura ramassé.... » « Ruth dormit à ses pieds jusqu'à ce que la nuit fût passée; et elle se leva le matin avant que les hommes se pussent entre-connaître. » Je voudrais rester ici assez longtemps pour voir l'ombre succéder à la lumière sur ce paysage que Victor Hugo, après la Bible, a marqué des plus beaux traits peut-être de son imagination pittoresque :

> Un frais parfum sortait des touffes d'asphodèle;
> Les souffles de la nuit flottaient sur Galgala.
> L'ombre était nuptiale, auguste et solennelle....

Je voudrais surtout voir le clair de lune sur cette campagne et m'assurer qu'il peut être aussi beau que celui-ci :

> Et Ruth se demandait,
> Immobile, ouvrant l'œil à moitié sous ses voiles,
> Quel Dieu, quel moissonneur de l'éternel été,
> Avait, en s'en allant, négligemment jeté
> Cette faucille d'or dans le champ des étoiles.

Lorsque, après un siècle de raison sèche et un demi-siècle de lyrisme tendu, la pensée française demanda la fraîcheur reposante des sentiments primitifs à la poésie champêtre, le souvenir de Ruth et de Booz n'eut-il point sa part dans les *Glaneuses* de Millet et la *Mare au diable* de George Sand? Sur la plaine de Barbizon et la lande berrichonne, le peintre et le romancier ont retrouvé l'inspiration qui soufflait sur le plateau de Bethléem, il y a des milliers d'années, lorsque la terre

> Était encor mouillée et molle du déluge.

C'est encore ici qu'a palpité sur la nature le plus brûlant des chants d'amour, lorsque la Sulamite courait les monts et les plaines, « dans le jardin de Salomon », cherchant le bien-aimé et chantant : « Je suis noire, mais je suis belle, ô filles de Jérusalem. J'entends la voix de mon bien-aimé; le voici qui vient, sautant sur les montagnes, par-dessus les collines. » C'est ici que le plus vénérable des poètes saluait le retour du printemps : « Levez-vous, hâtez-vous, ma bien-aimée, ma colombe, mon unique beauté, et venez. — Car l'hiver est déjà passé, les pluies se sont dissipées et ont cessé entièrement. — Les fleurs paraissent sur notre terre; le temps de tailler la vigne est venu; la voix de la tourterelle s'est fait entendre sur notre terre; — le figuier a commencé à pousser ses premières figues; les vignes sont en fleur, et elles répandent leur odeur. — Levez-vous, ma bien-aimée, mon unique beauté, et venez. » Lorsque l'ascétisme chrétien vint jeter un voile de deuil sur la beauté de la terre, il fit du *Cantique des Cantiques* un symbole mystique, le dialogue de l'église et de l'époux. Il n'y a pas, dans l'exégèse sacrée, un exemple d'interprétation plus subtile. Le chant de l'épouse reste, en lui-même, une invocation naturaliste à l'amour et au printemps.

Si l'épouse venait de Soûlem, en Galilée, la beauté des femmes de Bethléem était célèbre dans tout Israël. Elle ne s'est pas perdue avec le temps et elle apparaît aux premiers pas dans le village. Les Bethléémites sont grandes et bien faites; elles ont le visage régulier et fin, les yeux vifs et doux. Elles n'offrent pas l'expression craintive et farouche, l'air de chien battu qui est d'ordinaire celui des femmes d'Orient, le lamentable aspect de bêtes de somme que leur donne l'excès des gros labeurs. La plupart sont chrétiennes et profitent de la condition supérieure que le culte de la Vierge procure à leur sexe. Leur costume est gracieux : une robe bleue à corsage rouge, relevé de broderies en soie multicolore, un bonnet en forme de hennin tronqué, d'où tombe un voile blanc, de gros bracelets d'argent et de cuivre doré, des colliers en pièces de monnaie encadrant le visage et descendant sur la poitrine.

Les maisons du village bordent une rue sinueuse. Au lieu de l'aspect aveugle et refrogné des maisons orientales, leurs portes ouvertes laissent apercevoir des intérieurs relativement propres et le regard, en les traversant, plonge par les fenêtres sur l'amphithéâtre de la vallée.

A l'extrémité de la colline, paraît une masse sombre, percée de fenêtres étroites et surmontée d'une croix. C'est l'église de la Nativité. Elle s'élève sur une place, et les tombes d'un petit cimetière, escaladant la pente de la vallée, arrivent jusqu'à la chaussée aux dalles épaisses qui conduit à l'entrée. De la place, la vue est charmante sur les jardins en terrasse et la vallée des Caroubiers. L'horizon s'ouvre largement : à droite se creuse l'entonnoir de la mer Morte ; à gauche, une ligne de collines bondissantes monte vers Jérusalem. Il suffit de traverser la place et de s'accouder, comme au créneau d'un rempart, à la clôture échancrée des jardins pour se trouver à la pointe d'un éperon dominant deux vallées profondes, l'une qui va rejoindre les monts de Moab, l'autre qui s'enfonce à travers le massif de Jaffa. La lumière vermeille ruisselle sur les pentes, dore les murs, argente les feuillages. Elle nimbe l'église qui surmonte comme une couronne le berceau du Christ.

Cette église est le plus ancien monument de l'architecture chrétienne. Depuis l'impératrice Hélène, les additions et les restaurations en ont respecté le caractère essentiel. C'est ici le type de la primitive basilique. Dans un angle protégé par une tour trapue, s'ouvre une porte basse qui oblige à se plier en deux ; elle a été réduite à cette dimension par crainte des attaques. Elle donne accès dans un atrium nu, qui précède le porche de l'église. Celle-ci, grandiose et simple, est recouverte d'un toit à charpente apparente. Elle a trois nefs, formées d'un double rang de colonnes corinthiennes, que surmonte un mur éclairé par des fenêtres à plein cintre et décoré de mosaïques à fond d'or, malheureusement très dégradées.

Les Grecs, obligés de partager la nef avec les autres confessions, se sont assuré la propriété exclusive du chœur en le fermant par un horrible mur. De la sorte, la nef est devenue comme une place couverte, un promenoir où les habitants de Bethléem causent et fument, où les gamins polissonnent, où les marchands harcèlent les visiteurs, tandis que les soldats turcs maintiennent l'ordre à coups de courbache.

L'odieux mur franchi, l'iconostase de l'autel grec apparaît et, de chaque côté, s'ouvre une porte, devant laquelle des sentinelles turques se tiennent immobiles, l'arme au pied. De chacune de ces portes un escalier descend à la grotte de la Nativité. Dans celle-ci les Grecs célèbrent l'office et il faut attendre qu'ils aient fini. Leurs voix nasillardes montent de la profondeur sombre, que les lampes étoilent de points d'or. Au bas des escaliers brillent aussi les armes des soldats turcs. Comme au Saint-Sépulcre, leur garde est ici nécessaire. Une querelle entre Grecs et Latins dans l'église de Bethléem a été le prétexte de la guerre de Crimée. Tout récemment, dans la grotte, un cawas du consulat russe fut injurié et frappé par un moine franciscain. Le cawas abattit le moine d'un coup de pistolet. L'affaire n'a pas eu de suites, grâce à l'alliance franco-russe. Le cawas, mis en prison, s'est échappé et, tacitement, on lui a souhaité bon voyage.

Enfin, les Grecs ont terminé et nous pouvons descendre. La pauvre grotte a été somptueusement ornée, dans un goût criard. Les parois et l'aire sont revêtues de marbre. Une étoile d'argent, au-dessous d'un autel, marque la place où serait né le Sauveur. A côté, trois degrés conduisent à une cuve de marbre, remplaçant la crèche où il aurait été placé et qui a été transportée à Rome. Des couloirs sinueux conduisent à d'autres grottes, auxquelles se rapportent diverses dévotions. Elles répondraient à l'endroit où saint Joseph reçut de l'ange l'ordre de fuir en Égypte, au massacre par Hérode d'innocents cachés en cet endroit, au tombeau de saint Jérôme et de saint Paul.

Toutes ces attributions sont incertaines, et il est impossible au croyant de placer un acte de foi à un endroit authentique. Puis le va-et-vient empêche tout recueillement. Pour quelques pèlerins prosternés, les visiteurs pressés dans l'espace étroit et respirant avec peine l'air brûlé par les lampes et chargé d'encens se hâtent de remonter au jour. L'église du Saint-Sépulcre est assez vaste pour que l'on y puisse s'écarter de la cohue et trouver un coin de silence. Dans la grotte de la Nativité, il n'y a qu'à passer en badaud. J'ai vu des prêtres catholiques piétiner dans la file moutonnière, l'air attristé et ahuri.

Ils se reprendront plus tard, lorsque le temps et la distance auront épuré les souvenirs de leur pèlerinage. Leur âme n'en conservera que le parfum. De Bethléem, ils se rappelleront surtout, dans les campagnes de France, sous le ciel noir et dans l'air glacé des Noëls d'Occident, la brise qui courait sur les collines de Réphaïm et le paysage où se sont encadrées les douces figures de Jésus, de Marie et de Joseph. Ils oublieront la grotte bruyante, où la vanité sacerdotale des Grecs entasse les ornements, autant pour s'exalter elle-même que pour parer la crèche primitive, où fut couché l'enfant divin. Ils évoqueront la splendeur des vallées qui rayonnent, comme les branches d'une étoile symbolique, autour de l'église de la Nativité.

XVI

DE JAFFA EN CRÈTE

Le départ de Jérusalem. — Le retour a Jaffa. — Les chrétiens d'Occident a Jérusalem; les Français en Orient. — L'Europe, la Grèce et la Turquie.

En mer, 28 septembre

Je n'ai pas retrouvé, en quittant Jérusalem, l'émotion de l'arrivée. Un départ donne trop à faire pour laisser beaucoup de place au rêve. Pourtant, au moment de quitter à jamais ma cellule de Notre-Dame-de-France, je puis boire quelques dernières gouttes à la coupe de tristesse que Jérusalem présente au voyageur. Dans la vallée de Josaphat, les tombeaux brillent au soleil et découpent leurs ombres nettes sur la terre stérile. Des cloches timides sonnent l'*Angelus* de midi et la voix lointaine des muezzins descend des minarets. Sur l'établissement russe, un drapeau neuf flotte avec orgueil, et le nôtre lui oppose ses couleurs pâlies.

Dans la vibration de chaleur qui flambe sur la ville, à travers les flots de poussière blanche, je gagne la gare à pied. La plupart des Pères de l'Assomption nous ont précédés. Ils restent sur le quai jusqu'au moment où le train s'ébranle. Ces religieux, qui ont brisé tant de liens pour se donner à Dieu, ne cachent pas leur émotion en suivant du regard les Français qui leur ont apporté quelque chose de la patrie. Le jour où un religieux meurt en terre étrangère, le nom de son pays se mêle à sa dernière oraison.

Nous descendons vers Jaffa, plus bruyants qu'à la montée. A la fatigue physique se mêle une détente morale. La rentrée au navire est la première étape du retour définitif. Nous ferons escale à la Canée et à Messine, mais chaque tour d'hélice va nous rapprocher de la patrie. Nous sommes à bout d'émotion. Il nous faut maintenant classer l'acquis de ce voyage, rempli jusqu'à l'encombrement.

A mesure que Jérusalem s'éloigne, il nous semble passer du passé au présent, de la mort à la vie. Nous regardons d'un œil distrait les spectacles orientaux que nous ne verrons plus : les troupeaux de chèvres noires regagnant les villages accrochés au flanc des dernières montagnes, les champs de Ramlèh, où les chameaux défilent de leur pas tranquille sur le fond rouge du ciel, les jardins de Jaffa, où se mêlent les verdures vigoureuses.

Au coucher du soleil, le vent s'est levé, et la mer blanchit au loin sur les rochers du port. Il faut embarquer au plus tôt, avant la nuit qui doublerait la difficulté. Deux officiers du *Sénégal* qui nous ont suivis à Jérusalem nous engagent à nous hâter, et nous traversons la ville en courant. Nous atteignons le quai au moment où, déjà, l'ombre descend sur la mer, et la scène de l'arrivée se reproduit, notablement montée. L'accès du navire est tout à fait pénible ; nos bateliers sont plus gesticulants et plus hurlants que jamais. A la coupée, se tient le commandant Rebufat, très attentif et ses gabiers sous la main, prêt à parer aux accidents. Mais, tout se passe bien et la caravane se retrouve à bord au complet. Nous sommes à table lorsque le paquebot lève l'ancre et, par les fenêtres du salon, nous voyons Jaffa, toute blanche et merveilleusement distincte, s'éloigner sous le ciel rouge. En Orient surtout se vérifie ce que j'entendais dire, il y a quelques semaines, à Champrosay, par Alphonse Daudet, devant les fleurs et les arbres de son parc :

— « Au crépuscule, la lumière rentre et les couleurs sortent. »

Deux jours de mer vont nous conduire à la Canée. Dès lors, commence le tassement et le classement de nos impressions. Je crois bien, par les conversations du bord, que nous arrivons tous à deux conclusions, l'une religieuse, l'autre politique.

Fidèles à la vieille croyance ou affranchis du surnaturel, le séjour de Jérusalem a ravivé notre christianisme. Nous avons été d'abord troublés et scandalisés : le conflit de trois religions, leurs affirmations et leurs négations passionnées, les incertitudes et les impossibilités de la tradition, l'égale puérilité des mêmes légendes dans la bouche des juifs, des chrétiens et des mahométans, ont commencé par attrister les croyants et choquer les incrédules. Puis, la grandeur du sentiment religieux a dominé ces misères : il nous a semblé d'autant plus fort qu'il parvenait à s'en dégager. Ici plus qu'ailleurs le divin s'épure de l'alliage humain.

Mais le christianisme, tel que la vieille Europe le pratique ou le respecte, ressemble-t-il à l'image primitive qui surgit de son berceau? Nous ne l'avons pas reconnu sans peine. La sève gréco-romaine a si profondément pénétré la vieille plante, qu'elle en a changé l'essence. Transportée dans une autre terre et sous un autre ciel, elle ne ressemble plus à ce que le germe primitif donne sur le sol natal. La morale grecque et la politique romaine se sont emparées du dogme chrétien. Peu à peu, de la religion d'Orient, elles ont fait une religion d'Europe.

Il suffit, pour apprécier cette différence, de voir à Jérusalem une cérémonie latine et une cérémonie grecque, un moine latin et un moine grec. Grec, ici, veut dire Byzantin ou Slave, c'est-à-dire Asiatique plus qu'Européen. Tout du Grec choque le Latin, et réciproquement. Ils voient et aiment le même Dieu d'un œil et d'un cœur ennemis.

Aussi, dans nos promenades à Jérusalem, avions-nous tous quelque chose de dépaysé. Dans cette patrie de nos âmes, nous étions des étrangers. Un homme a grandi loin du berceau de la famille. Un jour, il visite les lieux dont il porte le nom, d'où ses ancêtres sont partis et dont sa mère a rempli sa mémoire d'enfant. Il ne reconnaît rien. L'image qu'il a dans le cœur ne ressemble pas à son objet.

Il préfère cette image et il s'en va bientôt, respectueux et déçu.

Combien différente est l'impression de l'Européen à Rome et à Athènes! Tout le charme et l'enchante; il y retrouve une patrie. Il la quitte avec regret. On revient toujours à Rome et à Athènes, où l'on souhaite d'y revenir. A Jérusalem, on ne va qu'une fois.

Pour un Français, il est impossible de parcourir l'Orient sans éprouver un autre sujet de tristesse. L'œuvre que son pays poursuivait ici depuis huit siècles subit un temps d'arrêt. Le Sultan nous joue; les Turcs commencent à croire que nous ne sommes plus à craindre. Il y a trente-deux ans, nos soldats débarquaient en Syrie pour arrêter des massacres, insignifiants auprès de ceux d'Arménie. Cette fois, la France a suivi docilement le concert européen. Pourtant, la première et la plus ancienne, elle a bien des droits à maintenir et des intérêts à défendre. On éprouve quelque malaise à écouter les quelques Français — missionnaires, ingénieurs, professeurs, marins et commerçants — qui ont vu l'impression produite sur notre clientèle par notre attitude trop discrète.

La Russie surtout nous distance, et de fort loin. Nous sommes pour elle des alliés peu exigeants. En Syrie plus qu'ailleurs, malgré les fêtes de Paris et de Saint-Pétersbourg, malgré les difficultés de notre situation européenne et quoique l'empereur d'Allemagne soit, à cette heure, derrière le Sultan, on se demande si notre pays ne sacrifie pas trop au souci de monter la garde sur les Vosges et de s'assurer contre une agression venue de l'Est. Il ne faudrait pas que l'alliance russe fût pour nous une cause de renoncement.

Mais, dira-t-on, la France n'a plus les vastes ambitions d'autrefois. Il s'agit moins pour elle d'être grande que de durer. D'accord, mais pour être respectée, elle doit parler et agir avec la conscience de son passé, de sa force et de son droit. L'humilité serait le pire des dangers, même pour sa sécurité européenne. Elle ne peut pas vivre seulement de luttes électorales et d'intrigues politiciennes. Elle a une marine et un commerce; ses capitaux sont engagés dans le Levant. Elle doit répandre sa langue et ses idées. Pour conserver ses débouchés et son champ d'action, elle doit suivre en Orient une politique ferme et attentive.

Demain nous serons en Crète. Il est impossible, en songeant à l'étrange histoire qui se déroule là-bas, de ne pas plaindre les ministres de l'Europe. Ils ont cru faire de leur mieux dans une situation difficile, mais ils ont dû passer de durs moments, en songeant à la cause générale de la civilisation et au jugement de la postérité. Le mot de Chateaubriand est toujours en situation : « Heureux ceux qui n'auront point été chargés de la conduite des affaires au jour de l'abandon de la Grèce ». En permettant, faute d'accord, l'écrasement de l'hellénisme et le relèvement de la Turquie, l'Europe s'est préparé un gros danger, peut-être une crise sanglante. Partout, en Asie et en Afrique, l'islamisme rêve et espère. Puissions-nous ne pas avoir à briser, dans notre immense domaine colonial, la force qui a pris conscience d'elle-même en Thessalie. L'Islam n'a pas cru vaincre que des Grecs. Les malheureux soldats de Larissa et de Pharsale étaient pour lui l'avant-garde de l'Europe.

XVII

EN CRÈTE

LES CÔTES DE CRÈTE; CANDIE; BEAUFORT A CANDIE. — LA BAIE DE LA SUDE; L'ESCADRE INTERNATIONALE; SOLDATS TURCS ET SOLDATS EUROPÉENS; LES INSURGÉS. — LA CANÉE; LES MASSACRES. — PROPOS D'UN « MARSOUIN » FRANÇAIS. — DJEVAD-PACHA; LE CONCERT EUROPÉEN.

La Canée, 1ᵉʳ octobre

Si j'avais eu besoin d'une nouvelle expérience pour m'assurer que l'on ne voit bien que par ses yeux, et qu'une enquête de quelques heures sur place en apprend plus que des journées de lecture à distance, je serais pleinement édifié par ce que je viens de constater ici. Depuis le mois d'avril dernier, nous savons tous que les affaires de Crète ont commencé par une abominable tragédie et qu'elles se prolongent par le plus confus des imbroglios. La réalité immédiate donne à ce mélange d'odieux et de comique un caractère saisissant. On est moins fier, quand on a vu cela, de vivre dans un siècle de progrès et de faire sa partie dans le concert européen.

Hier, au point du jour, nous commencions à ranger par le nord les côtes de Crète. Nobles et charmantes, couronnées de hautes montagnes, que domine l'Ida, ceintes de plaines fertiles où blanchissent de gros villages, elles étalent sur le bleu profond de la mer Egée une terre où la richesse renaîtra dès que les Turcs, souverains maîtres de paresse et d'oppression stérilisante, l'auront quittée. On comprend, à l'admirer ainsi, splendide sous le soleil et rafraîchie par la brise, l'indomptable volonté des Crétois à chasser leurs tyrans et la douloureuse convoitise des Grecs devant ce bien qui est à eux. Elle est la perle des îles grecques. Et quelle admirable situation à égale distance des trois parties du vieux monde, l'Europe, l'Asie et l'Afrique! Les anciens lui avaient donné pour rois leurs plus grands dieux, Cronos, Zeus, Dionysos. Ils plaçaient ici leurs mythes les plus gracieux et les plus terribles : le jugement des trois déesses, d'où la guerre de Troie devait sortir, l'enlèvement d'Europe, Dédale, inventeur des arts, Thésée et Ariane, le législateur Minos. La Grèce contemporaine a dans cette île ses plus beaux titres de gloire. Pour la huitième fois depuis le commencement du siècle, les Crétois sont en révolte contre des maîtres qui, nulle part, n'ont été plus durs. Vont-ils enfin vérifier à leur profit le droit des peuples à disposer d'eux-mêmes?

Devant ce beau pays, durant cette matinée radieuse, je retrouve une impression analogue à celle que m'avait laissée la côte de Pamphylie. Les lignes sont pures sans sécheresse et la terre se pare de feuillages, comme de voiles élégants. Les collines sont boisées, et de loin en loin, des arbres plus élevés, centenaires robustes, surmontent les cimes, mollement arrondies ou fièrement abruptes. La Grèce, surtout la Grèce insulaire, n'offre guère de tels spectacles. La Crète est un des rares pays helléniques où les Occidentaux trouvent au premier regard la beauté antique, telle qu'ils l'avaient rêvée d'après leur climat. Même la reprise des thèmes anciens par la poésie française semble ici toute naturelle et vraie. S'il est difficile, à Mycènes, d'imaginer l'Iphigénie de Racine sous la porte des Lions et dans l'enceinte de l'Agora, on évoque sans peine au long de ces rivages « la fille de Minos et de Pasiphaé », la Phèdre qui, loin de sa patrie, rêvait d'être « assise à l'ombre des forêts », la grande passionnée, qui invoquait le Soleil, son ancêtre, et « l'univers peuplé de ses aïeux », tendait les bras vers l'ombre de son père, juge des Enfers, et s'écriait : « Pardonne! » L'élégance racinienne n'est pas un contresens devant ce paysage d'une vigueur harmonieuse.

Mais, à cette heure, la Crète éveille un autre intérêt que celui des vieilles légendes et de la tragédie classique. Dès la presqu'île de Spinalonga, l'histoire qui se fait dans ces parages se marque par la vue d'un navire français, le *Bugeaud*. Nous distinguons à la lorgnette le drapeau tricolore flottant sur la carène grise, sous la dure silhouette des mâts militaires. Gendarme de l'Europe, le navire ainsi découvert, point minuscule dans le grand espace, offre la tristesse morne d'une sentinelle perdue.

La Crète « aux cent villes » n'en a plus que trois, la Canée, Candie et Rhétimno. Nous passerons trop loin de Rhétimno pour la voir, cachée au fond d'un golfe, mais, à quelque vingt milles de Spinalonga, Candie apparaît, nette comme sur un plan en relief. A l'entrée du port, deux navires anglais montent la garde, un cuirassé et un transport. Nous passons entre les deux, et, sur le pont du cuirassé, nous voyons les soldats de marine sous les armes et en grande tenue d'inspection, uniforme de toile et casque blanc à pointe de cuivre. Un autre cuirassé de même nation est à l'ancre, au large, devant l'île de Standia. Nous apprendrons tout à l'heure, à la Canée, que ces jours derniers un transport turc s'est présenté pour débarquer des troupes. Avec une politesse anglaise, c'est-à-dire exempte de vaines formules, le commandant de la station l'a invité à reprendre la mer sur-le-champ, et le Turc n'y a pas mis d'insistance. La même scène se reproduit périodiquement sur divers points de la côte.

Candie, surmontée de minarets et de coupoles, est encore serrée dans l'enceinte vénitienne que Morosini dut rendre en 1669. En Europe comme en Asie, le Turc est entré à la manière d'un bernard-l'ermite dans les coquilles formées par d'autres. Il a planté son drapeau rouge et son croissant sur les murs escaladés à coups d'hommes et défendus jusqu'à la mort par une poignée d'Européens abandonnés. Au-dessus des églises, il a élevé les minarets d'où il proclame cinq fois par jour le triomphe d'Allah. Puis, avec l'unique souci de percevoir l'impôt, il a pesé de tout on poids sur le *roumi*, le *giaour*, le *raïa*.

Une fois déjà, sous Louis XIV, la France a essayé d'arracher Candie aux griffes turques. Beaufort, le roi des Halles, amena six mille hommes et une élite de gentilshommes au secours de Morosini. Il fut, à son ordinaire, brave et imprudent. Il attaqua les Turcs avec l'insolence brillante qu'il avait montrée à Corbie. Ses nouveaux adversaires n'avaient pas les ménagements chevaleresques des Espagnols. Ils tuèrent brutalement le petit-fils de Henri IV et de Gabrielle d'Estrées, ou, du moins, il disparut dans une sortie et peut-être finit-il dans une captivité mystérieuse. Ses soldats se rembarquèrent, laissant Morosini capituler.

Ce sont aujourd'hui des soldats anglais qui occupent les bastions où flottèrent les drapeaux de la république de Venise et du Roi-Soleil. Mais, à côté de l'*union-jack*, le pavillon turc claque au vent, très haut, sur la citadelle. Pourtant, la ligne de tentes qui borde l'enceinte, vastes et confortables, dénote un établissement sérieux, à l'anglaise. J'ai idée que, si l'Europe ne parvenait pas à chasser le Turc doucement, par les épaules, ces tentes ne seraient pas abattues de sitôt.

Quelques heures de navigation nous mènent devant la Sude, à l'entrée de la baie dont le nom a été si souvent imprimé au cours de ces derniers mois. L'exact Joanne déclarait, en 1891, que « les flottes des grandes puissances européennes s'y logeraient aisément ». Il ne croyait pas si bien dire. Ces flottes y sont, en effet, massées au fond de la baie.

Le roi de cette armée navale est le cuirassé italien que monte l'amiral Canevaro. Il est superbe de masse et de tenue. Il domine, au milieu de la rade, vaste comme une île. Sur sa carène, la plus grosse mer doit briser sans l'ébranler. Fiers de leur jeune marine, les Italiens ont envoyé ici ce qu'ils avaient de mieux. Notre plus grand navire, à nous, est un croiseur de premier rang, le *Chanzy*, d'un beau type et dont moins que personne je puis dire du mal, car j'ai eu le plaisir et l'honneur, en 1895, lorsqu'il fit son premier voyage, sous le commandement du capitaine Bugard, d'y prendre passage pour le Maroc, où il allait, comme disent les marins, « montrer le pavillon ». Je le revois, fin et fort, à côté du *Troude*, revenu de Beyrout. Mais il faut bien reconnaître que dans ce concours de navires, où figure l'élite des flottes européennes, nous n'avons mis en ligne que de petits bateaux.

La rade est charmante de variété mouvante et de gaieté martiale. Fermée par un îlot que surmonte un fort vénitien, elle s'ouvre, large et profonde, sous la haute montagne de l'Acrotiri. Les embarcations sillonnent l'eau calme; les pavillons bariolés flottent au vent; les sonneries de chaque nation retentissent, vives ou lentes; les sifflets de manœuvre vibrent dans l'air. Sur la plage, basse et marécageuse, un village marin éparpille ses boutiques et ses cafés autour de vastes hangars.

L'amiral Pottier, qui commande la division française, nous avait préparé une réception. Mais nous sommes arrivés plus tôt qu'il ne pensait. Le mouillage du *Sénégal* a été si prompt que nous étions à terre avant que la musique amirale ait pu saluer de la *Marseillaise* l'entrée en rade du pavillon français. La cordialité de tous nos compatriotes, à l'exemple de l'amiral — au premier rang M. le lieutenant-colonel Famin et M. le consul général Blanc, — vaut mieux que toutes les réceptions officielles. Une fois de plus, au cours de ce voyage, nous éprouvons avec eux la douce puissance de la solidarité nationale.

De la terre — où s'aligne, pour nous transporter, une mobilisation de chevaux, de mulets et de ces invraisemblables voitures que l'Europe envoie finir leur carrière en Orient, — on embrasse tout le spectacle d'un coup d'œil. Il est comme l'exposition de la tragi-comédie internationale. Sur le fort vénitien et sur les batteries de côte, les pavillons européens alternent avec le pavillon turc, celui-ci toujours fort grand et flottant très haut, comme pour marquer la possession d'état et la volonté de rester. Mais, encore plus grand et plus haut, sur l'Acrotiri qu'occupent toujours les insurgés, flotte le pavillon grec.

De la baie à la ville, pendant trois quarts d'heure, la route est bordée d'une ligne à peu près continue de maisons. La plupart sont en ruines, éventrées par le bombardement ou brûlées par l'insurrection. Si des marécages rendent la campagne malsaine, ils lui procurent une rare fertilité, mais beaucoup d'oliviers, arbres superbes, plusieurs fois centenaires, gisent à terre. Couper les oliviers est ici la vengeance suprême. Elle détruit, du coup, un capital accumulé et ruine l'adversaire.

D'abord, nous ne voyons que des soldats turcs. Ils patrouillent par petits groupes, déguenillés, crasseux et de fière mine, le fusil à l'épaule et le chapelet de cartouches en bandoulière. Ils n'ont pas l'air d'apercevoir les officiers européens qui passent devant eux; ils les ignorent et nous verrons tout à l'heure la contre-partie de ce manège. Mais, bientôt, paraissent des sentinelles d'une autre mine, des bersagliers italiens, jolis soldats qui n'ont pas voulu quitter leurs triomphants plumets, même en coiffant le casque colonial. Au pied des hauteurs, ces silhouettes lointaines, ce sont les insurgés qui tiennent la campagne à une lieue de la ville. Ils continuent à se garder eux-mêmes des Turcs, et ils font bien. Il y a deux jours, sur la route que nous suivons, un parti de musulmans s'est glissé, la nuit, entre les sentinelles internationales, a dirigé un feu de salve sur des chrétiens qui dormaient à la belle étoile et en a tué trois.

La Canée se découvre brusquement, à un tournant de la route, entre des remparts vénitiens qui se terminent, au bord de la mer, par un gros bastion sur lequel les contingents d'Europe ont arboré leurs drapeaux. On dirait un navire avec son grand pavois. La porte de la ville est gardée par des soldats turcs, mais, aussitôt après, un poste de highlanders aux jambes nues est installé dans une boutique. Une escouade de « marsouins » français passe en corvée. Des fantassins russes, avec la blouse de toile à pattes rouges, la casquette plate et le sabre à fourreau de cuir, roulent des barriques. Officiers européens et turcs vont et viennent, sans se regarder.

Et voici, autrement grandiose et sinistre que dans la campagne, la mise en scène de l'insurrection. Tout le quartier qui s'étend à gauche de la porte, le quartier chrétien, est brûlé. L'opération a été faite avec méthode : l'incendie s'est arrêté aux premières maisons turques. Pour s'échapper, les chrétiens ont dû percer les murs d'une maison à l'autre. Ils s'étaient réfugiés dans leur église, où le consul de France et nos marins vinrent les délivrer. Pendant l'incendie, la garnison turque, rangée sur le rempart, tirait sur le quartier chrétien, *par feux de salve, au clairon et au commandement.*

La ville est bientôt vue. Trois ou quatre rues d'aspect européen et un dédale de ruelles à l'orientale aboutissent au port. Celui-ci est défendu par une citadelle opposée au gros bastion de l'enceinte et sur laquelle le drapeau turc, de plus en plus énorme, fait face aux pavillons européens. Sur le quai, des highlanders montent la garde, admirables de tenue et immobiles sous le soleil. Consciencieusement, à chaque minute, ils portent les armes aux officiers européens ; ils ne bougent pas devant les officiers turcs. Dans les cafés, les Grecs discutent, en buvant un peu de rhaki et beaucoup d'eau fraîche. L'un de ces cafés porte, comme enseigne : *Au Concert européen!*

La ville est sûre à cette heure, grâce aux patrouilles internationales. Pourtant, la lutte est encore trop récente pour qu'il ne reste pas dans l'air une électricité de haine. L'orgueil et le fanatisme turcs sont également excités. Je me suis égaré parmi les ruelles du quartier musulman. Dans l'une d'elles, étroite et déserte, je me suis trouvé face à face avec un soldat turc. Je n'oublierai jamais la lueur féroce qui a brillé dans son œil, cette allure louche et biaise d'hyène, qui voudrait et qui n'ose pas.

Mais il faut tout voir et tout dire. S'il y a des Turcs féroces, il y en a d'inoffensifs. La bonhomie cordiale est un trait de la race comme le fanatisme haineux. Après le soldat inquiétant, je rencontre un officier gros et gras, bien vêtu, chez qui le bien-être physique a développé les vertus morales. Ses yeux sourient dans un visage lunaire. Il comprend que je cherche mon chemin et, par signes, m'engage à le suivre. Il se détourne de sa direction, m'accompagne jusqu'au port et me quitte, sur un salut de grande politesse. Partout en Orient, à Rhodes comme à Adalia, à Damas comme à Jérusalem, j'ai rencontré ces deux espèces de Turcs.

Nous avons visité les marsouins français dans leur caserne. C'est une sorte de palais en bois, élevé dans l'enceinte du bastion où flottent les drapeaux des puissances. Nos soldats sont là ce qu'ils sont partout : propres, endurants et gais. Ils expriment en leur langage cette philosophie railleuse, que rien n'étonne et qui voit juste. L'un d'eux résumait ainsi son opinion sur l'antagonisme des musulmans et des

chrétiens : « Tous ces magots, voyez-vous, c'est kif-kif. Ils passent le temps à se faire de sales blagues! »
Par « sales blagues », mon homme entend les fusillades nocturnes, cent mille oliviers coupés, les barbaries de tout genre, la terreur pesant sur l'île et préparant la faim, pour l'hiver qui vient. Il nous confirme ce que nous savons par ailleurs sur les relations de nos soldats et de nos marins avec leurs camarades internationaux : « On est convenable entre tous, mais, les Autrichiens, c'est presque des Prussiens. Les Russes, c'est des amis, mais avec eux, il faut boire toujours, et on n'est pas de force. Les Anglais, c'est du monde trop chic, tous des milords. Les Italiens sont très gentils. Avec eux, ça va tout seul. » En effet, malgré la Triplice, le sang latin parle plus haut que les groupements artificiels.

Dans le service, partagé à tour de rôle entre les divers contingents, l'entente des chefs a écarté tout conflit. Autant, à l'époque des Croisades, les armées chrétiennes avaient de mal à s'entendre, autant cette petite troupe internationale est exemplaire de discipline et d'endurance, quoique le service soit pénible et malsain. Mais, tandis que la chrétienté, au temps des Croisades, n'avait qu'une pensée contre le Turc, l'Europe d'aujourd'hui compte autant d'avis que d'États. Ainsi la situation d'autrefois est renversée. De là, ces indécisions qui ont traîné toute cette affaire de manière si dangereuse et, à certains jours, ont fait jouer au « concert européen » un rôle ridicule devant les Turcs.

Lorsque l'arrivée de Djevad-Pacha est venue

donner un soufflet moral à l'Europe, deux amiraux, l'italien et le français, ont proposé de lui faire rebrousser chemin. Les autres ont refusé. Le commissaire extraordinaire du sultan a donc débarqué, s'est installé, a voulu entrer en rapports officiels avec les amiraux, en profitant de sa supériorité de rang et de grade. Il a fallu user de diplomatie pour n'être pas joué par lui. Djevad annonçait l'intention de « visiter les casernements ». En ce cas, les troupes internationales auraient dû lui rendre les honneurs et exciter par cette déférence l'orgueil musulman, si prompt à interpréter les moindres apparences comme un hommage au Padischah vainqueur. Il a trouvé les casernes vides : les troupes étaient en service, prenaient l'air, etc. Après quelques tentatives du même genre, il s'est résigné à rester au konak. Mais l'avis de tous les Européens, marins, soldats et diplomates, est que les Turcs *ne veulent pas s'en aller.*

D'autre part, l'Europe a fait des promesses solennelles. Les insurgés en attendent l'effet. Ils sont résolus à rester maîtres chez eux, car il y a dans l'île, en chiffres ronds, deux cent mille chrétiens contre cinquante mille musulmans. Chrétiens et musulmans sont également féroces : à Sitia, les chrétiens coupaient les oreilles et le nez aux femmes et aux enfants musulmans. La Grèce, en débarquant à Platania les soldats du colonel Vassos, a été d'une imprudence et d'une insolence sans excuse; si elle n'eût pas bougé, la Crète lui tombait dans la main comme un fruit mûr. Mais, quels que soient ses torts et le banditisme des insurgés, le droit et la force des choses sont pour elle et pour eux. Si les puissances ne font pas sortir le Turc bon gré mal gré, les fusils crétois vont repartir. Ils s'essayent déjà. Tandis que le « concert européen » ne parvient pas à se mettre d'accord, ils chantent jour et nuit dans la campagne des *solos* qui vont faire un *tutti*.

Au moment où notre navire va quitter la Crète, un gros orage s'amasse sur l'île. Des nuages cuivrés, aux flancs rougis par le soleil couchant, pèsent sur la citadelle turque, et un vent furieux secoue les pavillons des puissances. C'est l'image de la situation.

XVIII

D'ORIENT EN EUROPE

EN VUE DE LA GRÈCE. — LA SICILE; MESSINE ET TAORMINE. FÊTE A BORD. — LES CÔTES DE PROVENCE. — LE RETOUR.

En mer, 3 octobre 1897

En quittant la Canée, nous avons vu des nuages, les premiers depuis Marseille. L'orage est resté derrière nous, mais, au point du jour, les côtes de Morée sont estompées de brume. Le vent nous apporte du Taygète une senteur fraîche. Des tourterelles se posent sur les bordages. Notre patrie commence ici, dans les eaux grecques, en vue de la terre d'où nous est venue notre civilisation, dans l'air tempéré qui nous a nourris.

Le lendemain, à l'aube, nous pénétrons dans le détroit de Messine. Une nappe de lumière vermeille ruisselle sur les côtes de Calabre, franchit le détroit et s'étend de Messine à Catane. La vue de l'Italie et de la Sicile, dans cette aurore fraîche, est aussi nette que les plus clairs matins de Syrie et de Palestine. Elle est plus douce à l'œil, sous une verdure moins foncée, avec des contours moins secs, des oppositions plus harmonieuses de montagnes et de vallées. L'angélus tinte aux clochers de Messine. Nous l'avons entendu à Jérusalem, timide et comme dépaysé sur une terre hostile : maintenant, il lance avec confiance son salut au matin.

A peine le navire a-t-il mouillé dans le port de Messine, qu'une petite barque se range contre son énorme flanc. Elle porte trois musiciens, aux figures pâles et aux vêtements minables. Ils jouent la *Marseillaise*, puis la marche royale, l'hymne à Garibaldi et toute la série de ces mélodies napolitaines, faciles et vulgaires, mais si vivement rythmées, où chante la joie de vivre. Ils ne sont pas très forts; mais leur violon, leur guitare et leur mandoline suivent un tel instinct de mesure et de vivacité qu'ils nous ravissent après la musique arabe et ses tristes mélopées. L'impression est délicieuse, même pour les délicats, et Dieu sait si la délicatesse en musique rend dédaigneux. Près de moi, un wagnérien écoute *Funiculi* avec bonheur.

Nous avons vu Messine, ses rues dallées, ses églises où ronfle le style jésuite, son Campo Santo monumental. Nous avons suivi jusqu'à Taormine la route enchantée qui coupe les vallons étroits et les larges torrents, le long des pentes aux ondulations régulières, où la verdure des orangers, percée par la roche jaunissante, fait comme une tenture de velours brodée d'or et drapée en plis égaux. De loin en loin, au sommet des promontoires, les bergers regardent la mer et rêvent, comme aux temps anciens, la poésie que chantait Théocrite. Sur la haute colline de Taormine où se dresse le théâtre antique, par la brèche du mur de scène, nous avons regardé longuement le plus admirable paysage de terre et de mer que puisse offrir l'Italie et peut-être le monde. Ce coin de Sicile, où s'unissent la beauté grecque et la beauté italienne, est la porte magnifique et charmante de l'Europe.

Le lendemain, la pluie tigre la mer qui se hérisse sous un vent froid. Au départ, elle nous eût semblé odieuse; au retour, nous la trouvons délicieuse. Pour fuir le gros temps, nous montons vers le cap Corse et, le soir, grâce à l'abri que nous procurent la côte d'Italie et l'île d'Elbe, l'état-major du *Sénégal* peut donner la fête d'usage. Jusqu'au dernier moment, on se demandait si elle pourrait avoir lieu. Les matelots ont rattrapé le temps forcément perdu avec une adresse et une rapidité merveilleuses. Ils ont décoré le pont de verdure, de pavillons multicolores et de trophées d'armes, au milieu desquels les lampes électriques brillent comme des fleurs étincelantes.

J'ai déjà vu sur le même navire une fête du même genre. Cette fois, si le nombre restreint des passagers offre un moindre choix d'artistes, la qualité supplée à la quantité et, surtout, la mise en scène est beaucoup plus luxueuse. Il y a un vrai théâtre, avec rideau, coulisses et toile de fond. L'un des commissaires du bord est un peintre de vrai talent. Il a peint sur le rideau une vue de Famagouste, fauve et bleue à souhait, d'une perspective extrêmement adroite. Le programme porte du Banville et du Meilhac. La poésie de Banville, au sortir de Messine et dans les eaux italiennes, est vraiment chez elle. Sur un paquebot, où la coquetterie de la Française et la galanterie du Français se donnent une carrière d'autant plus libre qu'elle est plus courte, le marivaudage de Meilhac est aussi vrai qu'à Paris. La partie musicale unit Wagner aux chansons du Chat-Noir. Décors et programme donnent ainsi l'idée d'une Bodinière flottante, avec l'accompagnement du vent et de la mer, pour remplacer le bruit de la rue Saint-Lazare. Et cela au retour de Jérusalem! C'est que l'Europe nous reprend. Les impressions de Terre-Sainte sont restées au fond de nos âmes. Elles remonteront aux heures de souvenir et de rêverie, à travers le flot changeant de la vie journalière.

Au jour levant, nous longeons les côtes de Provence, aussi belles que celles de Sicile, plus belles que celles d'Italie et de Grèce. Le long des îles de Lérins, à travers l'archipel d'Hyères, nous gagnons Marseille. La « porte de l'Orient » s'ouvre enfin, entre Notre-Dame-de-la-Garde et la Major. Le temps s'est remis au beau. Tout désormais est de France et d'Europe, l'air plus frais, le soleil plus pâle, la population qui se promène sur la jetée ou s'entasse dans les petits vapeurs allant au château d'If. En venant de Paris, ce soleil semblerait ardent; on trouverait un peu vulgaire la cordialité marseillaise qui nous acclame, pour le plaisir d'agiter les chapeaux et de crier. Au retour d'Orient, tout cela est délicieux.

Notre voyage a été singulièrement rapide et fatigant; il était hérissé de difficultés. Cependant, il a dépassé toutes nos espérances, grâce à la bonne humeur et à l'endurance générales, grâce surtout à M. Amphoux, dont la prévoyance et l'esprit pratique nous ont évité tous les mécomptes. Nous devons beaucoup de reconnaissance à ses organisateurs. Grâce à eux, nous avons vu Jérusalem et, désormais, nous aurons tous dans l'âme quelque chose du *hadji*.

Pour moi, j'ai contracté une dette personnelle envers le commandant du *Sénégal*, M. le capitaine Rebufat. Pour la seconde fois, j'avais le plaisir de naviguer avec lui. Comme tous ses passagers j'avais apprécié sa spirituelle courtoisie, sa continuelle et discrète attention à assurer leur bien-être. Personnellement, je lui ai d'autres obligations. Si j'ai pu, au jour le jour, écrire ces lettres, c'est, en partie, grâce aux facilités qu'il me prodiguait, avec tant de simplicité et de bonne grâce qu'il me semblait tout naturel d'être traité de la sorte. Souvent, je n'ai compris qu'à la réflexion combien je lui devais. Je viens de me relire à distance, et par cela même, de repasser mes obligations envers lui. Je le prie de recevoir ici l'expression de ma cordiale reconnaissance.

FIN

TABLE DES MATIÈRES

PREMIÈRE PARTIE

VERS ATHÈNES

I

De Marseille à Itéa.

Le départ. — Les passagers. — L'hellénisme. — La traversée. — La mer Ionienne. — Ithaque................ 3

II

Delphes.

Itéa. — Agoyates et soldats. — La montée de Delphes; le berger. — La vallée de Delphes et le champ des fouilles. — Au théâtre. — Au Musée. — La descente............ 16

III

Olympie.

Pyrgos. — Evzones et gendarmes. — Le musée d'Olympie; l'Hermès de Praxitèle. — L'Altis; le temple de Zeus; l'Héréon; le Stade. — Prélude aux jeux olympiques... 32

IV

Argos. — Mycènes.

Nauplie; canons, fanfares et serpenteaux. — Argos; le théâtre. — La montée de Mycènes. — La porte des

Lions; l'Agora; les fouilles de Schliemann. — Les Atrides; l'horizon de Mycènes. — Le trésor d'Atrée... 46

V

Tirynthe. — La veillée de Pâques à Nauplie.

L'acropole de Tirynthe. — Les murs pélasgiques; les galeries couvertes. — Le retour à Nauplie; réception. — L'office de nuit. — M. le conseiller Cotsakis....... 60

VI

Athènes.

Sounion. — Le Pirée. — Athènes. — L'École française. — L'Acropole... 68

VII

Athènes.

Les jeux olympiques. — Le musée de l'Acropole; les statues archaïques d'Athéna. — Le musée national; le trésor de Mycènes; les coupes de Vaphio; les figurines de terre cuite. — La céramique. — Daphni........... 81

VIII

Sur l'Acropole d'Athènes.

Les aspects de l'Acropole. — La citadelle. — La porte Beulé. — Les Propylées. — L'art grec et l'art romain. — Le temple de la Victoire aptère. — L'horizon de l'Acropole... 96

IX

Sur l'Acropole d'Athènes.

Le Parthénon et l'Érechthéion; l'aire de l'Acropole. — Le génie attique; Thucydide, Sophocle, Aristophane. — Souvenirs de collège. — La raison dans l'ordre dorique; la fantaisie dans l'ordre ionique. — La tribune des Cariatides. — La polychromie et le climat de la Grèce. — Le culte d'Athéna................................. 111

X
Delos.

Le Cynthe. — Panorama des Cyclades. — La caverne du Dragon. — La vie à Délos. — Le *téménos* d'Apollon. — Les maisons gréco-romaines. — Le théâtre; la question du *logéion*. — Le torse d'Artémis.................. 131

XI
De Syra à Messine.

Syra. — Le cap Malée; l'ermite. — Cythère. — Le détroit de Messine; Reggio et Messine; Charybde et Scylla..................................... 145

XII
De Messine à Marseille.

Stromboli. — Fête à bord. — Les bouches de Bonifacio; l'îlot Lavezzi et la *Sémillante*. — La tempête. — Retour à Marseille. — Lettre d'Athènes...................... 155

DEUXIÈME PARTIE
VERS JÉRUSALEM

I
D'Europe en Asie.

Le retour au navire. — Hellénisme et christianisme. — De Marseille à Messine. — Les côtes du Péloponèse. — La chanson du voyage....................... 167

II
Rhodes.

La ville; l'enceinte; la rue des Chevaliers; le bagne. — Le cimetière turc; le siège de 1522. — La France à Rhodes. — Les victoires turques; le salut au padischah.. 175

III

Adalia.

La côte de Pamphylie. — Adalia. — Le khâni; le bazar. — Les remparts; Louis VII à Adalia. — Le gouverneur turc.. 188

IV

Chypre.

L'île de Chypre; le culte de Vénus. — Les Lusignans; Bagradino. — Les Anglais à Chypre. — Famagouste; le palais; la cathédrale; les églises; les remparts. — Joinville à Chypre. — Le commandant anglais. — *Othello* et *Tannhæuser*. — La prison. — L'art chypriote. — Varocha... 196

V

Chez les Jésuites de Beyrout.

L'Institut des Jésuites; la Faculté française de médecine. — Gambetta et Jules Ferry. — La France en Syrie. — L'hostilité turque.. 211

VI

De Beyrout à Damas.

La banlieue de Beyrout; Aïn-Sofar. — Le Liban; la Phénicie et les Phéniciens. — La Cœlé-Syrie; l'Anti-Liban. — Le pays des patriarches............................. 220

VII

Damas.

Le bazar. — Un enterrement turc; le fanatisme damasquin. — Les œuvres françaises à Damas. — Le faubourg du Meidân. — Le cimetière chrétien. — Le coucher du soleil sur Damas. — Les Français devant Damas : Louis VII; Bonaparte et Kléber; Fuad-Pacha et le général d'Hautpoul. — Le gouverneur. — Les jardins du Barada. — La nuit à Damas. — Deux officiers turcs. 226

VIII

Baalbek.

L'histoire de Baalbek. — Les fiacres de Mou'allaka. — Le « lys ». — L'acropole de Baalbek. — L'enceinte; les cours; le grand et le petit temple. — Le colossal dans l'art romain. — Le culte du Soleil à Rome. — Le jour levant à Baalbek; la jeune fille au voile. — Le *Trilithon*.. 238

IX

De Jaffa à Jérusalem.

Les bateliers de Jaffa. — La plaine de Saron. — Bonaparte à Ramlèh. — Les montagnes de Judée. — En vue de Jérusalem.. 249

X

A Jérusalem.

Les cochers de Jérusalem. — Les Pères augustins. — L'église du Saint-Sépulcre. — La « folie hiérosolymitaine ». — Une procession grecque..................... 260

XI

A Jérusalem.

Les moines et les pèlerins au Saint-Sépulcre. — Incertitude des lieux saints. — Les reliques de Godefroy de Bouillon. — Le Mouristan; l'empereur d'Allemagne; les Abyssins. — La voie douloureuse. — Le soir à Jérusalem. — La *Jérusalem délivrée*........................ 271

XII

A Jérusalem.

La vallée de Josaphat et le jugement dernier. — Le tombeau de la Vierge. — Le Gethsémani. — Le mont [des Oliviers. — La mer Morte. — Le *Dominus flevit*....... 283

XIII

A Jérusalem.

Le *Harâm ech Cherif*; la mosquée d'Omar; le muezzin. — La lutte des religions; le sentiment religieux........ 295

XIV

A Jérusalem.

Les Juifs de Jérusalem. — Le mur des Lamentations. — Le Sionisme.. 305

XV

Bethléem.

Les Noëls d'Occident. — L'oasis de Judée. — Ruth et Booz. — Le *Cantique des Cantiques*. — Le village de Bethléem. — L'église de la Nativité.................... 313

XVI

De Jaffa en Crète.

Le départ de Jérusalem. — Le retour à Jaffa. — Les chrétiens d'Occident à Jérusalem; les Français en Orient. — L'Europe, la Grèce et la Turquie............ 323

XVII

En Crète.

Les côtes de Crète; Candie; Beaufort à Candie. — La baie de la Sude; l'escadre internationale; soldats turcs et soldats européens; les insurgés. — La Canée; les massacres. — Propos d'un « marsouin » français. — Djevad-Pacha; le concert européen.................... 330

XVIII

D'Orient en Europe.

En vue de la Grèce. — La Sicile; Messine et Taormine. — Fête à bord. — Les côtes de Provence. — Le retour. 343

Coulommiers. — Imp. Paul BRODARD. — 1084-97

www.ingramcontent.com/pod-product-compliance
Lightning Source LLC
Chambersburg PA
CBHW050313170426
43202CB00011B/1883